AF882818

V&R unipress

Wiener Forum für Theologie und Religionswissenschaft /
Vienna Forum for Theology and the Study of Religions

Band 18

Herausgegeben im Auftrag
der Evangelisch-Theologischen Fakultät der Universität Wien,
der Katholisch-Theologischen Fakultät der Universität Wien
und dem Institut für Islamisch-Theologische Studien der
Universität Wien
von Ednan Aslan, Karl Baier und Christian Danz

Die Bände dieser Reihe sind peer-reviewed.

Falk Wagner

Geld oder Gott?

Zur Geldbestimmtheit der kulturellen und religiösen Lebenswelt

Herausgegeben von Thomas Scheiwiller und Karl Tetzlaff

V&R unipress

Vienna University Press

universität
wien

MIX
Papier aus verantwortungsvollen Quellen
FSC® C083411
www.fsc.org

Bibliografische Information der Deutschen Nationalbibliothek
Die Deutsche Nationalbibliothek verzeichnet diese Publikation in der Deutschen Nationalbibliografie; detaillierte bibliografische Daten sind im Internet über http://dnb.d-nb.de abrufbar.

Veröffentlichungen der Vienna University Press erscheinen im Verlag V&R unipress GmbH.

Gedruckt mit freundlicher Unterstützung des Rektorats und der Evangelisch-theologischen Fakultät der Universität Wien, der Evangelisch-lutherischen Kirche in Bayern, der Evangelischen Kirche in Deutschland (EKD), der Evangelischen Kirche in A. u. H. B. Österreich, der Evangelischen Kirche in Hessen und Nassau und des Evangelischen Bunds Österreich.

2. Auflage
© 2019, V&R unipress GmbH, Robert-Bosch-Breite 6, D-37079 Göttingen
Alle Rechte vorbehalten. Das Werk und seine Teile sind urheberrechtlich geschützt.
Jede Verwertung in anderen als den gesetzlich zugelassenen Fällen bedarf der vorherigen schriftlichen Einwilligung des Verlages.

Umschlagabbildung: © Daniel Domig
Druck und Bindung: CPI books GmbH, Birkstraße 10, D-25917 Leck
Printed in the EU.

Vandenhoeck & Ruprecht Verlage | www.vandenhoeck-ruprecht-verlage.com

ISSN 2197-0718
ISBN 978-3-8471-0992-1

Inhalt

Einleitung der Herausgeber

1. Kontexte

»Gott oder Geld. Ein vernachlässigtes Kapitel in der Theologie«. Unter dieser Überschrift stand eine im Februar 1982 ausgestrahlte Ausgabe der Sendereihe *Evangelische Perspektiven* des Bayerischen Rundfunks.[1] »Über Geld«, so war dort zu hören, sei fatalerweise »in der Theologie in den letzten Jahrzehnten kaum geschrieben worden«. Wo man sich diesem Thema partiell zuwende, werde nur »betont, daß Geld an sich keinen eigenen Wert habe, daß sich aus ihm selbst keine Norm, wie zum Beispiel die Sparsamkeit ableiten lasse, daß es nicht zum Endzweck menschlichen Handelns werden dürfe«. Doch gebe es auch Ansätze, »über Geld heute in der Theologie nachzudenken«, die sich vom Gängigen unterschieden: »An der Universität München hält in diesem Wintersemester Falk Wagner, Professor für Systematische Theologie an der Evangelisch-Theologischen Fakultät ein Seminar ab zum Thema Gott und Geld. Er versucht über eine rein ethische Bewertung des Geldes hinaus auf einen Gesellschaftszustand aufmerksam zu machen, in dem das Geld durch seine Allgegenwart im Begriff ist, Gott abzulösen«, ja sogar »theologisches Denken [...] selbst in einer bestimmten Form durch Geld geprägt ist«.

Seine medial angekündigten Ausführungen legte Falk Wagner (1939–1998) drei Jahre später, 1985, unter dem Titel *Geld oder Gott? Zur Geldbestimmtheit der kulturellen und religiösen Lebenswelt* vor. Für die Abschlusssitzungen dieses Münchner Seminars, das er zusammen mit Friedrich Wilhelm Graf[2] im Win-

---

1 Christoph Stottele; Red.: Hartmut Weber; Regie: Robert Michal; Sprecher/in: Reinhard Glemnitz / Ilse Neubauer: Evangelische Perspektiven. Gott oder Geld. Ein vernachlässigtes Kapitel in der Theologie, in: Bayerischer Rundfunk. Kirchenfunk, 21. Februar 1982 (08.30–09.00 Uhr), Typoskript 10 Seiten.

2 Friedrich Wilhelm Graf, geb. 1948, Studium der Evangelischen Theologie, Philosophie und Geschichte in Wuppertal, Tübingen und München; 1978 Promotion in München; 1986 Habilitation im Fach Systematische Theologie in München; 1988–1992 Professor für Systematische Theologie und neuere Theologiegeschichte an der Universität Augsburg; 1992–1996

tersemester 1981/82 veranstaltete, hatte Wagner bereits ein umfangreiches Diskussionspapier verfasst, auf dessen Grundlage seine Monographie basiert.[3] Wagners Auseinandersetzung mit der Geld-Thematik fiel, wie in der Radiosendung angesprochen, in eine Phase theologischen Schweigens zu ökonomischen Fragestellungen, die ab Mitte der 1980er Jahre aber von einer regelrechten wirtschaftsethischen Hochkonjunktur abgelöst wurde.[4] Gründe für diese Trendwende, in deren Zusammenhang auch *Geld oder Gott?* gehört, sind in einem gesteigerten gesellschaftlichen Krisenbewusstsein angesichts von Massenarbeitslosigkeit, Ölkrise und zunehmendem Nord-Süd-Gefälle zu suchen.[5]

Außerordentlich an Wagners Ansatz ist, auch darauf verweist das Radiofeature, dass seine Arbeit keine rein ethische Bewertung des ökonomischen Handelns und seines Leitmediums Geld bieten will. *Geld oder Gott?* ist vielmehr von der zeitdiagnostischen These geleitet, die Verwertungslogik des Geldes habe den engeren Rahmen des Wirtschaftens längst überschritten und bestimme alle Bereiche des gesellschaftlichen Lebens – Kirche und Theologie eingeschlossen. Dabei seien ursprünglich Gott zukommende Attribute wie Allmacht oder Allgegenwart auf das Geld übergegangen. Der in einem durchweg monetär bestimmten Bewusstsein gefangene Mensch sehe sich – aller modernen Autonomieversprechen zum Trotz – dem Geld gegenüber schlechthin abhängig. Dessen allumfassende Wirksamkeit deckt Wagner auch auf der Ebene wissenschaftli-

---

Lehrstuhl für Evangelische Theologie und Sozialethik an der Universität der Bundeswehr Hamburg; 1996–1999 Ordinarius für Evangelische Theologie mit Schwerpunkt Systematische Theologie und theologische Gegenwartsfragen an der Universität Augsburg; 1999–2014 Ordinarius für Systematische Theologie und Ethik an der Universität München; 1999 Leibniz-Preis; 1994–2015 Vorsitzender der Ernst-Troeltsch-Gesellschaft; 2010 Dr. theol. h.c. der Aarhus University, Dänemark.

3 Ludwig-Maximilian-Universität München, Personen- und Vorlesungsverzeichnis für das Wintersmester 1981/82, 67: »02072, Seminar: Gott oder Geld? Zum Verhältnis von Ökonomie und Theologie -P,V- 2stündig, Mo. 18–20, Falk Wagner m. Graf«, UB München 4H.lit.2878a 1981/82; vgl. die editorische Einleitung zum posthum veröffentlichten Vortrag Wagners *Geld und Schuld. Anmerkungen zur Theologie der Geldwirtschaft*, in: Wagner 2014h, 552. Neben dem 93-seitigen Diskussionspapier griff Wagner beim Verfassen von *Geld oder Gott?* auch auf andere Vorarbeiten zurück. So ist etwa der §6 »›Dialektische Theologie‹ als unmittelbare Kritik der positionellen Theologie« aus seinem Aufsatz *Einleitung in die theo-logische Theologie. Religion – Theologie als Theorie des religiösen Bewußtseins – Theo-logische Theologie*, in: Wagner 2014b, 319–398, hier 363–365, beinahe wörtlich in das spätere Werk (Wagner ^{2}2019, 162–164) aufgenommen worden. Teile dieses Typoskripts gehen auf Vorlesungen zurück, die bereits 1979 gehalten wurden. Dass schon 1982 ein Typoskript vorlag, belegt eine Fußnote in: Wagner 1982a, 78, Fsn. 87 (Seite 92).

4 Vgl. zum Überblick über die Vielfalt die Veröffentlichungen in den 1980er Jahren: Müller / Diefenbacher 1992. Die »Wiederentdeckung der Wirtschaftsethik« (Vgl. Herrmann 2005, 18ff.) wird zumeist mit dem Erscheinen von Arthur Richs Entwurf datiert (Rich 1984). In diesen Zusammenhang gehört auch die ab 1986 in Loccum veranstaltete interdisziplinäre Kolloquienreihe »Theologische Aspekte der Wirtschaftsethik«, an der sich Wagner mit zwei Beiträgen beteiligt hat (Wagner 1987; 1988a).

5 Vgl. etwa die Hinweise bei Jähnichen 2015, 334f.

chen Denkens auf. So erscheint etwa Friedrich Schleiermachers Religionstheorie, weil sie die Kommunizierbarkeit religiöser Gehalte zum Kriterium ihres Wertes erhebt, als theologischer Archetyp des kapitalistischen Tauschprinzips.[6] Ebenso werden verschiedene ökonomische, theologische, soziologische und philosophische Geldtheorien kritisiert, weil diese in positivistischer Manier Geld als bloßes Zahlungsmittel ansehen, ohne dessen alles bestimmender Strukturlogik auf den Grund zu gehen. Auch dies ist Wagner aber nur ein Beweis für die alles bestimmende Macht des Monetären.

Wie lässt sich die Herrschaft des Geldes brechen? In Wagners Augen bedarf es dafür eines Begriffs von Gott, der nicht mit der Verwertungslogik des Geldes verwechselbar ist. Gott kann nicht mehr, wie es von den alttestamentlichen Schöpfungstexten bis zur Barthschen Offenbarungstheologie der Fall ist, als »aus und durch sich selbst seiende[r] [...] Herr« verstanden werden, »dessen Souveränität alles unterworfen ist« und dem »gegenüber [...] nichts anderes einen Eigenwert« hat.[7] Die Kritik des mit Totalitätsanspruch auftretenden Geldmechanismus führt so zu einer theologischen Selbstkritik, die den christlichen Zentralgedanken des Todes Gottes konsequent denkt und somit die traditionelle Asymmetrie in der Gott-Mensch-Beziehung beendet. An ihre Stelle tritt ein Verhältnis wechselseitiger Anerkennung, das zum einen die Anerkennung des Menschen als unverlierbar frei beinhaltet. Zum anderen impliziert es die Anerkennung Gottes durch eine menschliche Freiheitspraxis, die sich für das freie Selbstsein der Anderen im gesellschaftlichen Miteinander öffnet.[8] Die auf der unmittelbaren Selbstdurchsetzung des Eigenen beharrende Logik des Geldes soll dadurch überschritten werden, worin sich eine veränderte Gestalt des Sozialen andeutet.

Dass sich Wagner in *Geld oder Gott?* auf dem angestammten Terrain der Sozialethik bewegt, scheint ungewöhnlich zu sein, hat er sich doch ins theologiehistorische Gedächtnis vorrangig als dem Denken Hegels verpflichteter spekulativer Theologe und Religionsphilosoph eingeschrieben.[9] Der nicht nur gegenüber bereichs- oder anwendungsethischen Entwürfen äußerst originelle Zugriff auf die Sphäre des Wirtschaftens macht aber die Beschäftigung mit diesem Werk gerade zu einer profitablen Unternehmung. Darüber hinaus tendiert Wagners Denken insgesamt zum Ethischen, was im folgenden Abschnitt

---

6 Wagner hat diese Schleiermacher-Interpretation 1984 auf dem Internationalen Schleiermacher Kongress in Berlin unter dem Titel *Theologie im Banne des religiös-frommen Bewußtseins* vorgetragen (wieder abgedruckt in: Wagner 2014q, 259–280).

7 Wagner 2014r, 408. Vgl. in diesem Buch: Wagner ^{2}2019, 164.

8 Ebd., 411.

9 Vgl. exemplarisch die Wagners sozialethische Veröffentlichungen nahezu vollständig ausblendende Darstellung bei Fischer 2002, 255ff. und die einleitende Übersicht in: Raatz / Cordemann / Feldmann 2017, 179f.

anhand seiner bildungs- und werkbiografischen Entwicklung dargestellt wird.[10] Dabei wird augenfällig, dass die Grundlinien von *Geld oder Gott?* bis ins Fundament seiner theologischen Position reichen.

2. Leben und Werk

Dass (christliche) Religion keineswegs in der Pflege innerer Gefühlswelten oder frommer Jenseitsvorstellungen aufgeht, sondern die Gestaltung von Sozialverhältnissen intendiert, war eine Grundüberzeugung Falk Wagners. Noch kurz vor seinem Tod im Jahre 1998 hat er anlässlich eines autobiografischen Rückblicks den Gedanken identifiziert, an dem er aller denkerischen Umbrüche zum Trotz Zeit seines Lebens festgehalten hat: die »letzten Endes sozialethisch motivierte Zielsetzung des Christentums«, dessen »Quintessenz« im »richtig verstandenen Doppelgebot der Liebe« zu entdecken ist.[11] Das Jesuswort ›Du sollst deinen Nächsten lieben wie dich selbst‹ impliziert Wagner zufolge das Ideal einer sozial vermittelten Freiheitspraxis, die er mit Hegel als Verhältnis wechselseitig-symmetrischer Anerkennung beschreibt.[12] Dieses Ideal zielt auf Verwirklichung an allen Orten des gesellschaftlichen Lebens, das auf seinem Hintergrund kritisch beurteilt wird.

Dass Wagner das Christliche an ein im Sozialen begegnetes normatives Sollen bindet, lässt sich mit lebensgeschichtlichen Prägungen in Zusammenhang bringen. 1939 in Wien geboren, wuchs er im Hessischen auf, wo er sich als Jugendlicher der soldatisch-pietistisch geprägten Heliand-Pfadfinderschaft anschloss.[13] Nach eigener Aussage lernte er dort »ein Christentum nicht des schönen Redens, sondern der Tat«[14] kennen – eine Formel, die unter veränderten Vorzeichen auch eine Eigenart seiner ausgereiften theologischen Position zur Sprache bringt. Der im Pfadfinderkontext gewachsene Wunsch, einmal Theologie zu studieren, führte Wagner an die Frankfurter Universität, nachdem er durch den schulischen Religionsunterricht zur ›Heliand-Frömmigkeit‹ Distanz gewonnen hatte. Während seiner beiden Aufenthalte in der Mainmetropole von 1960–1961 und von 1964–1968 wurde Wagner v. a. durch philosophische Lehrer geprägt: Neben Wolfgang Cramer und Bruno Liebrucks, die ihn mit ihrer Lesart

10 Dabei wird die spekulative und religionstheoretische Dimension von Wagners Denken zugunsten der sozialethischen etwas abgeblendet. Vgl. für eine anders gewichtete Darstellung: Fischer 2002; Barth 2003; Dierken / Polke 2014.

11 Wagner 1998a, 299.

12 Vgl. ebd. und den frühen Aufsatz: Wagner 1977, bes. 412f.

13 Vgl. zu den folgenden biografischen Angaben: Wagner 1998a, 277ff.; vgl. zu Wagners eigener Einschätzung seiner Pfadfinderzeit: Wagner 1996.

14 Wagner 1998a, 278.

des Deutschen Idealismus und insbesondere Hegels vertraut machten, ist hier vor allem Theodor W. Adorno zu nennen. Wagners dezidierte Kapitalismuskritik sowie seine damit verbundene soziologische Sensibilität für die tiefe Ambivalenz des modernen Freiheitsversprechens dürften auf das Zusammentreffen mit dem Kritischen Theoretiker zurückgehen. Als eine »Sphäre [...] bloß noch des Konsums [...], die als Anhang des materiellen Produktionsprozesses, ohne Autonomie und ohne eigene Substanz mitgeschleift wird«, erscheint das moderne Leben aus der Perspektive Adornos.[15] »Mittel und Zweck werden vertauscht«, wenn alles und jeder ohne Berücksichtigung seines Eigenwerts zur Ware wird, wie es seines Erachtens unter kapitalistischen Bedingungen der Fall ist.[16] Diese marxistisch inspirierte These greift Wagner in *Geld oder Gott?* auf. Jedoch weist er analog zu einem Hauptwerk der zweiten Generation der Frankfurter Schule, der *Theorie des kommunikativen Handelns* von Jürgen Habermas,[17] einen Weg aus dem »Jammertal der negativen Dialektik Theodor Adornos«[18]. Dafür steht die absolutheitstheoretische Fassung des christlichen Gottesgedankens, die darauf zielt, das Ideal wechselseitig-symmetrischer Anerkennung begrifflich zu entwickeln. Auch dieses lässt sich in Wagners Studienjahre zurückverfolgen.

So zog es ihn nach den ersten Semestern in Frankfurt 1961 gen Mainz, wo er u.a. auf den Neutestamentler Herbert Braun traf.[19] Mit dessen Namen verbindet sich die in den 1960er Jahren hitzig geführte Debatte um den theistischen Gottesbegriff. Diese befeuerte Braun mit der strittigen These, dass Gott aus neutestamentlicher Sicht »eine bestimmte Art der Mitmenschlichkeit« sei, genauer: die als wechselseitiges Verpflichten und Gewähren gelebte Liebe.[20] Zumindest eine Nähe zu Wagners Gottesbegriff lässt sich feststellen, der auf ähnliche soziale Praxiszusammenhänge abzielt. Doch verdankt sich dieser v.a. der intensiven Auseinandersetzung mit der Philosophie Hegels, was bereits in seinen ersten Veröffentlichungen anklingt: »Gott gelangt erst wahrhaft im Selbstbewußtsein oder im Wissen der Gemeinde zur Darstellung seines Selbstbewußtseins«, heißt es in einer frühen Hegel-Auslegung, und dass die »Christen [...] als Personen anerkannt [sind], indem sie das göttliche Versöhnungsgeschehen sich zu eigen gemacht haben«[21].

15 Adorno 1951, 7.

16 Ebd. Die umfassende Reduktion auf den Tauschwert steht auch im Zentrum des Kulturindustriekapitels der *Dialektik der Aufklärung* (Adorno / Horkheimer ^{21}2013, 128–176).

17 Habermas 1981.

18 Bolz 2009, 4.

19 Vgl. zu den folgenden Ausführungen über die Mainzer Studienzeit Rohls 2015, 26ff.

20 Braun 1962, 341.

21 Wagner 1967, 87. Vgl. auch die entsprechende Passage der Dissertation: Wagner 1971a, 281. Der Hegelsche Gedanke einer Auferstehung Gottes als Geist der Gemeinde leitet bei Wagner

Neben Herbert Braun ist als Impulsgeber aus der Mainzer Zeit zum anderen Wolfhart Pannenberg zu erwähnen, bei dem Wagner 1969 seine Promotionsschrift zum *Gedanken der Persönlichkeit Gottes bei Fichte und Hegel*[22] einreichte. Das Verhältnis zum späteren Doktorvater war konfliktreich, hat sich doch Wagner »die inhaltliche Position seiner Geschichtstheologie niemals zu eigen machen können«[23]. Einprägsam für ihn aber war Pannenbergs Insistieren auf einer vernünftig-allgemeinen Plausibilisierbarkeit theologischer Gehalte sowie auf der damit notwendig einhergehenden Beschäftigung mit nichttheologischen Disziplinen, insbesondere mit Philosophie und Sozialwissenschaften. *Geld oder Gott?* ist ein anschauliches Beispiel für das davon inspirierte Unterfangen einer gesellschaftstheoretischen Vermittlung des Christentums, die der Legitimität von dessen universalem Wahrheitsanspruch Ausdruck verleihen will. Bereits in der 1968 im Rahmen des Examens bei der Evangelischen Kirche in Hessen und Nassau eingereichten und später veröffentlichten Hausarbeit *Über die Legitimität der Mission* heißt es entsprechend: »Die Wahrheit und die Absolutheit des Christentums erweist sich [...] allein in der Anerkenntnis [...] fremde[r] Wahrheitsmomente«, nicht aber per unmittelbarer Durchsetzung eines abstrakten »Ausschließlichkeitsanspruch[s]«[24]. Nur wenn die christlichen Grundgehalte in andere Zusammenhänge, etwa in die Strukturen der Ökonomie, übersetzbar sind, können sie demnach darin auch normative Wirkung entfalten.

Die im Falle von *Geld oder Gott?* für ein solches Vorhaben unabdingbare Kompetenz in wirtschaftlichen Fragen begann Wagner sich nach seinem Studienabschluss anzueignen. So war er von 1968–1969 als wissenschaftlicher Mitarbeiter bei der Evangelischen Wirtschaftsgilde in Karlsruhe tätig, einem Dialogforum für Kirche, Ökonomie und Gesellschaft. Dort beschäftigte Wagner sich intensiv mit Grundfragen der Volkswirtschaftslehre und der Wirtschaftsethik, was auch in die Arbeit an *Geld oder Gott?* einfloss. Ende der 1960er Jahre hat Wagner zudem in der Evangelischen Erwachsenenbildung und im Deutschen Institut für Internationale Pädagogische Forschung (DIPF) gearbeitet. Im Zuge der gesellschaftlichen Veränderungen sah sich die Kirche gezwungen, die sich wandelnden Ansprüche ihrer Mitglieder mittels Datenerhebungen zu evaluieren. Seine grundlegende Zustimmung zu den sozio-kulturellen Forderungen der 68er-Bewegung – nicht aber zu deren politischen Ansprüchen – wurden im Anschluss an seine empirisch angelegte Tätigkeit beim DIPF reflektiert und verschriftlicht.[25]

über zur sozialen Realisation des Christentums in Vollzügen wechselseitig-symmetrischer Anerkennung.

22 Wagner 1971a.

23 Wagner 1998a, 281.

24 Wagner 1968, 45.

25 Vgl. Wagner 1998a, 285f.; Strunk / Wagner / von Stern 1970; Wagner 2014a, 15–120.

1970 wechselte Wagner wieder an die Universität, indem er an der 1967 gegründeten evangelisch-theologischen Fakultät der Ludwig-Maximilians-Universität München (LMU) eine Habilitationsstelle annahm. Bereits 1971 reicht er seine Arbeit zu Schleiermachers Dialektik ein.[26] Von 1973 bis 1988 war Wagner erst als Wissenschaftlicher Rat, dann als Professor in München tätig. Dort herrscht ein »geistig-offene[s] und liberale[s] Klima«, das mit Wolfhart Pannenberg, Trutz Rendtorff, Eilert Herms, Hermann Timm und Jörg Baur »hochkarätig[e]«[27] Gesprächspartner bot. Neben gemeinsamen Interessen an klassischen Themen der systematischen Theologie (der Deutsche Idealismus, Schleiermacher und eine kritische Auseinandersetzung mit der ›Wort-Gottes Theologie‹) haben sich auch in anderen Bereichen viele Berührungspunkte und Schnittmengen gefunden. Schon früh standen soziologische und gesellschaftstheoretische Fragen u. a. in Auseinandersetzung mit Niklas Luhmann im Zentrum.[28] Ebenso wurden Fragen zum Recht,[29] zur theologischen Anthropologie[30] und zur Sozialethik[31] zu dieser Zeit in München thematisiert. In den 1980er kamen zunehmend auch ökonomische Fragestellungen in den Fokus.[32]

Wagner profilierte sich mit seinen Themen und Interessen im intellektuellen Klima der LMU. Er arbeitete sich u. a. an anthropologischen Fragen und Positionen ab, indem er in Auseinandersetzung mit Arnold Gehlens Handlungsbegriff dessen Vorwurf abwehrte, dass menschliches Handeln mit einem spekulativen Zuschnitt von Philosophie unvereinbar sei. Weil Gehlens Handlungs- und Institutionsbegriff eine vermittelnde Reflexion äußerlich ist, führt sie – so Wagner – unweigerlich dazu, dass »das Individuum […] sich von den Institutionen konsumieren« lässt.[33] Ein gelungener sozialethischer Theorieansatz hat aus Wagners Sicht immer auf die Vermittlung des Einzelnen bzw. des Besonderen mit dem Allgemeinen, d. h. der subjektiven Freiheit mit den gesellschaftlichen Institutionen zum Thema. Für die kirchliche Praxis bedeutet dies, politische Bildung als zentrale Gegenwartsaufgabe zu begreifen, hat sie doch in all ihren Vollzügen das freie Personsein des Menschen zum Ziel.[34] Wagners sozialethische Bemühungen kreisen seit dieser frühen Münchener Zeit um die drei Themengebiete Rechtstaatlichkeit, Ökonomie bzw. Geldbegriff und um die

26 Wagner 1998a, 287.
27 Ebd.
28 Herms 1974; Rendtorff 1972a.
29 Rendtorff 1968; 1969; Herms 1983. Publikationen rund um den Themenbereich Recht und Rechtfertigung können auf das Wirken Jörg Baurs zurückzuführen sein.
30 Pannenberg 1962; Herms 1977; Timm 1978.
31 Timm 1967.
32 Herms 1986.
33 Wagner 1973, 228; vgl. 1974; 1977; 1989b.
34 Vgl. Wagner 1971b, 7 f.

Fragestellung von Gewalt und Frieden.[35] Praktisch-ethische Untersuchungen zur Sexual- oder Bioethik sind Gegenstand von Gelegenheitsschriften geblieben. Jedoch zeigen diese Texte, dass Wagner auch ganz konkrete Themenstellungen, wie den in der BRD der 1970er Jahre heiß diskutieren Schwangerschaftsabbruch, in den Bahnen seines Denkens bearbeiten konnte: Als entscheidende Frage identifiziert er die »Anerkennungsfähigkeit des nasciturus und der Frau, ihr Leben entsprechend der Struktur von Subjektivität zu gestalten«[36].

Falk Wagners Arbeiten zum Religionsbegriff können in vier zentrale Themenfelder aufgeteilt werden: 1. die Philosophie Hegels; 2. der Versuch, dem aporetisch verfassten Religionsbegriff ein philosophisch solides Grundgerüst entgegenzusetzen, u.a. weil die Erklärung von Existenz und Handlungsmacht Gottes immer auf einen *infiniten regress* hinausläuft; 3. die Konstituierung des religiösen Bewusstseins nach Kants Widerlegung des kosmologischen Gottesbeweises; 4. die Sozialethik unter spezieller Berücksichtigung der Kapitalismuskritik.[37] Seine religionstheoretischen Bemühungen sind dabei sicherlich das bekannteste Themenfeld. Der epistemologisch nur schwer zu regulierende Begriff der Religion wird – so die provokante These – zugunsten des philosophischen Begriffs aufgehoben: ›Gott als das Absolute soll gedacht werden‹.[38] Anstoß und gleichzeitig bleibende Schwierigkeit für Wagners Theologie bildeten die Einwände der historisch-genetischen Religionskritik, die sich in den späteren Jahren vorwiegend in Auseinandersetzung mit dem Freiburger Soziologen Günter Dux zeigte. Eine Theorie des Absoluten bleibt auf der Stufe eines ›Gedanken von dem Absoluten‹ stehen und »Gott« somit stets »ein Wort unserer Sprache«.[39] Diesem Aporie-Vorwurf der Religionskritik zu begegnen, war das Hauptanliegen von Wagners spekulativer Theologie. Die Theologie soll in eine philosophische Theo-Logie überführt werden.[40]

Im Bereich der Ethik verfährt Wagner ähnlich. Eine ontologisch-teleologische Ethik (Güterethik, Naturrecht, Utilitarismus, Wertethik), welche ›nur‹ eine »Freiheit als Ethik« postuliert, lehnt Wagner ab, da diese von Grundlagen- und Zielsetzungen ausgeht. Nur eine »Ethik als Freiheit« im Sinne einer kantischen Pflichtethik ist in der Lage, über selbstgesetzte Maximen eine »vermittelte Selbstbestimmung« zu erreichen, weil der Mensch »als intelligible Subjektivität

35 Vgl. dazu Stübinger 2015, 171; zur Rechtstaatlichkeit: Wagner 1979a; 1982a; 1994a; 2014o; 1995a; 1995b; zu Ökonomie und Geldbegriff: Wagner 1987; 1988a; 1988b; 2014k; 1991a; 2014n; zu Gewalt und Frieden: Wagner 1989a, 73–92; 1989c; 1982a; 1983a.

36 Wagner 2014e, 499.

37 Vgl. Barth 2003, 168–170.

38 Vgl. Wagner 1986, 570–589.

39 Dierken / Polke 2014, 4f.; vgl. Wagner 1998c. 1972 hat bereits Trutz Rendtorff mit der Frage ›Gott, ein Wort unserer Sprache?‹ ein Essay verfasst: Rendtorff 1972b.

40 Vgl. Kapitel »Religionskritik als Religionsbegründung« in: Wagner 1986, 570–589.

sowohl der Gesetzgeber der ethisch-inneren als auch der rechtlich-äußeren Ordnung ist« – und somit »ist er frei«.[41] Freiheit solle nicht das Ergebnis, sondern die Grundlage für Ethik sein: ›Freiheit als Ethik‹ statt ›Ethik als Freiheit‹![42] Freiheit ist bei Wagner als eine endliche Freiheit zu verstehen. Die subjektive Freiheit ist demnach durch die Sozialität des Menschen begrenzt, denn wo Freiheit sich als entgrenzt und unmittelbar versteht, pervertiert sie zu Macht und Gewalt.[43]

Beim Aufbau seiner Theologie folgt Wagner der Dreiteilung von Entdeckungs-, Begründungs- und Realisierungszusammenhang (Hans Reichenbach), die angelehnt ist an die wissenschaftstheoretische Auseinandersetzung mit Wolfhart Pannenberg und Georg Sauter.[44] In der Münchner Zeit reformuliert Wagner den trinitarisch gefassten Begründungszusammenhang mittels der Hegelschen Logik so, dass sowohl das innere Verhältnis der trinitarischen Personen als auch das Verhältnis von Gott und Welt bzw. Mensch ein ›gleich-gültiges‹ ist. Die Trinität wird in Verhältnis- und Vermittlungsfiguren aufgeführt: die erste Person verhandelt absolute Selbstbestimmung und Bestimmbarkeit, die Christologie das Verhältnis von Allgemeinem und Besonderem als Selbstbewusstsein und die Pneumatologie ist als die Negation der Negation die Vermittlung bzw. Aufhebung des Andersseins – die sog. ›Selbstexplikation am Orte des Anderen seiner selbst‹.[45] Mit dem ›spekulativen Karfreitag‹ Hegels hat Wagner eine Christologie propagiert, die den Tod am Kreuz als endgültige und für die menschliche Freiheit notwendige Ablösung des Allmacht-Gottes darstellt.[46] Der Machtgott, der menschliches Selbstverständnis nur innerhalb der Parameter von Gehorsam und Sünde definiert, stirbt am Kreuz und negiert damit die bestehende Asymmetrie zwischen Gott und Mensch.

Im Rahmen dieser gewonnenen Freiheit findet auch das Lehrstück der Pneumatologie seinen Platz. Als Sozialethik ist Wagners Pneumatologie niemals eine Anleitung zum moralischen Handeln, sondern sie symbolisiert den Ort, an dem sich das Individuum für eine unbedingte bzw. ›titanische‹ oder aber für eine

41 Wagner 2014g, 545.

42 Vgl. Wagner 2014g.

43 Dierken / Polke 2014, 11.

44 Pannenberg 1973; Sauter 1973.

45 Dierken / Polke 2014, 12: Wagner hat diese seine zentrale Anerkennungsformel unterschiedlich formuliert: ›Selbstexplikation an der Stelle des Andersseins‹ oder ›symmetrische Kopräsenz von Selbst- und Anderssein‹ bzw. ›Symmetrie gleich-gültiger Selbständiger‹ oder direkt sozialphilosophisch als ›wechselseitige Anerkennung‹.

46 Vgl. Wagner 1998a, 289f.; hier schlägt Wagner einen anderen Weg ein, als es die von Nietzsche, Hegel und Bonhoeffer gleichermaßen beeinflussten Vertreter der ›Gott-ist-tot-Theologie‹ der 1960er Jahre propagieren (William Hamilton, Gabriel Vahanian, Thomas J. J. Altizer). Mit Dorothee Sölles Interpretation des Tod Gottes hat sich Wagner in seinem ersten Aufsatz aus dem Jahr 1967 eingehender auseinandergesetzt, Wagner 1967.

vermittelte Freiheit entscheiden kann. Der Geist ist in dieser trinitarischen Konzeption nicht bloß ein Bestandteil,[47] sondern Ziel seines theoretischen Ausgangsgedankens. Der Geist ist der theoretische Ort, an dem die Konstitution des freien Subjekts und die dafür adäquate Sozialgestalt (Recht, Bildung, Ökonomie, Politik) reflektiert werden.[48] In der Pneumatologie wird jene Idee einer ›vermittelten Selbstbestimmung‹ von Christus und dem unmittelbaren Überbietungsanspruch göttlicher Asymmetrie auf die Gemeinde übertragen. Eine ekklesiologische Dimension dogmatischer und sozialethischer Fragestellungen tritt dabei hinter den Anspruch zurück, Theologie und moderne Gesellschaft bzw. Staat »*übersetzbar*« zu denken.[49]

In dem 1975 publizierten Text *Sozialethik als Theorie des Geistes* ist – im Gegensatz zu späteren Texten – noch deutlich zu erkennen, dass der Geist vorwiegend als »Realisierung der Subjektivität der Gesellschaft in Recht, Wirtschaft und Bildung etc.«[50] entfaltet wird. Die Individualität ist innerhalb ethischer Fragestellungen im Gegensatz zu der vermittelten Sozialgestalt verkürzt dargestellt.[51] Neben Hegels Sozialphilosophie hat Wagner zusehends auf Luhmanns kommunikationstheoretische Systemtheorie zurückgegriffen. In dessen Beschreibungen von Säkularisierung und Ausdifferenzierung der Gesellschaft sieht Wagner die Chance, die sozialethische Funktion der einzelnen ›Sozialen Systeme‹ mit einer Subjektivitätstheorie zu verbinden, die der Theologe Wagner beim Soziologen Luhmann als unterrepräsentiert einstuft.[52] Im Übergang von den 1970er zu den 1980er Jahren traten die Sozialformen des Rechts[53] und das Problemfeld von Gewalt und Frieden[54] ins Zentrum akademischer Arbeiten und wurden oft als moderne Transformationsgestalten der Rechtfertigungslehre verhandelt. Das sind Themen, denen er sich Mitte der 1990er Jahre in *Zur gegenwärtiger Lage des Protestantismus* noch einmal zugewendet hat.[55]

Dass theologische Ethiken klassischen Zuschnitts (Zwei-Reiche-Lehre, Schöpfungsethik oder Königsherrschaft Christi) keine adäquaten Antworten für die Komplexität eines modernen Wirtschaftssystem bieten können, hat Wagner

47 Vgl. Danz 2014, 148–152.
48 Vgl. dazu Barth 2003, 171.
49 Wagner 2014j, 618; vgl. Dierken / Polke 2014, 15.
50 Wagner 2014 l, 33ff. 52.
51 Vgl. Danz 2005, 107; Wagner 2014l, 50: »Die Bestimmung des Zieles, die die theologische Sozialethik zum Zwecke der Praxis des sozialen Wandels vornimmt, besteht sonach darin, daß sie eine Struktur des Allgemeinen, der Institutionen und sozialen Systeme entwirft, die die Selbstexplikation des Individuellen im Allgemeinen ermöglicht.«
52 Vgl. Wagner 2014p; vgl. Barth 2003, 172.
53 Wagner 1979a; 1982a.
54 Wagner 1989c; 1983a; 2014f.
55 Wagner 1995.

mehrfach herausgestrichen.[56] Theologische Ethik neigt auf der einen Seite dazu, Kapitalismus bzw. soziale Marktwirtschaft religiös zu begründen. Andererseits werden Marktwirtschaft und Religion als moralisch unvereinbar ausgewiesen, was der differenzierten gesellschaftlichen Verflechtung von sozialen Systemen nicht gerecht wird.[57] Die Sozialethik Wagners bleibt somit weder bei einem theologischen Moralappell an das Individuum noch bei einer Perhorreszenz moderner Kulturgestalten stehen. Vielmehr zielt diese auf Strukturen, die als ›Subjektivität‹ dem Individuum Freiheit ermöglichen. Weder Ethik noch Religion als (Sub-)Systeme der ausdifferenzierten Gesellschaft können ein unmittelbares Urteil im Wirtschaftssystem beanspruchen. Wagner muss demnach nachweisen, dass das Wirtschaftssystem in sich die Dilemmata von Gewinnmaximierung unter dem Credo des ›ewigen Wirtschaftswachstums‹ und der reinen Bedarfsorientierung bzw. von Freiheitspotenzialen und -gefahren kommuniziert.[58] Die im ökonomischen System kommunizierten Spannungen sind auf einer religiösen oder moralischen Ebene allein nicht zu lösen, daher empfiehlt Wagner, »ethische Grundsätze so weit wie möglich in rechtliche Regelungen« zu transformieren.[59] Denn erst im Rechtssystem wird der individuelle Moralanspruch in eine allgemeine Form überführt und damit eine Vermittlung zwischen personalem Selbst und sozialem Anderen hergestellt. Besonders deutlich wird dies beim späten Wagner, der die individuelle Freiheit noch einmal stärker pointiert. Eine theologische Sozialethik als Theologie der Gesellschaft setzt sich nicht nur zum Ziel, Sozialformen für die Entfaltung individueller Freiheit bereitzustellen, sondern das Religionssystem findet seine Funktion in der Reflexion von Sozialität und Personalität innerhalb der Parameter einer krisenhaften Gestaltung moderner Individualität.[60]

Zum einen ist festzuhalten, dass Wagner die Konkretionen des Wirtschaftssystems bzw. mögliche Lösungsansätze wie betriebliche Mitbestimmung, Humanisierung der Arbeitswelt, Abschöpfung der Gewinne von Unternehmen[61] nur andeutungsweise expliziert hat.[62] Zum anderen kann hervorgehoben werden, dass Wagners Anerkennungsmodell in den Debatten um Gewaltmonopol,[63] Soziale Marktwirtschaft bzw. Kapitalismus[64] dem kritischen Anspruch der Frankfurter Tradition verpflichtet bleibt.[65] Neben Hinweisen auf Wohlstand und

56 Vgl. Wagner 2014o, 149–152; 2014e, 485f.; 2014 g, 547f.
57 Vgl. Danz 2005, 119.
58 Ebd., 121.
59 Wagner 1995a, 153.
60 Danz 2005, 122; vgl. dazu Wagner 1993a.
61 Vgl. Wagner 2014l, 52–54; 1989d, 484–487.
62 Vgl. Stübinger 2015, 172.
63 Wagner 1989c.
64 Wagner 1987; 1997a.
65 Vgl. Stübinger 2015, 177.

Komfort moderner Lebensumstände, weist er auch sehr eindringlich auf die Kosten hin, die Mensch und Umwelt dafür tragen müssen.[66] Wagner redet in der ethischen Auseinandersetzung mit dem technisch-ökonomischen Wachstum von »Sollensprinzipien« und einer »›Selbstbegrenzung aus Verantwortung‹«, die aufgrund einer »Halbierung der Aufklärung« ihre normative Geltung zuungunsten einer reagierenden Funktion eingebüßt haben.[67] Wenn Wagner in diesem Zusammenhang von ›Askese‹ spricht, dann wird der Protestantismus daran erinnert, sich nicht nur auf die Konstituierung der inneren Freiheit zu konzentrieren, sondern »dieselbe Freiheit im äußeren soziokulturellen Dasein rechtlich, politisch und wirtschaftlich zu realisieren«[68].

In weiteren Aufsätzen, die nach der Publikation von *Geld oder Gott?* im Jahr 1985 erschienen sind, hat Wagner die konfliktreiche Konstellation eines pantheistisch um sich greifenden Geldbegriffs und der damit verbundenen Quantitätslogik herausgestellt.[69] Zeitgleich zu *Geld oder Gott?* arbeitet Wagner an seinem Opus magnum *Was ist Religion? Studien zu ihrem Begriff und Thema in Geschichte und Gegenwart*, das 1986 erschien.[70] Beide Publikationen sind wohl als zwei Teile eines Ganzen anzusehen: *Was ist Religion?* bietet eine Reflexion des religiösen Bewusstseins und dessen Kommunikation auf der Grundlage einer Religionskritik. Das Geld-Buch nimmt hingegen die moderne Lebenswelt aus theologischer Perspektive kritisch in den Blick. Die Theologie wird von Wagner als ein Ort der Kritik verstanden, dem eine besondere Expertise in der Reflexion von Allgemeinheitsansprüchen – wie jenem des Geldmediums – zugesprochen wird. Phasenweise scheint das Werk jedoch aus der Zeit zu fallen. Im Laufe der 1970er Jahre rückten nämlich Fragen nach Erfahrung, Individualität, Authentizität und Glück[71] ins Zentrum des Diskurses, womit der von der 68-er Bewegung getragene Geist der Gesellschaftskritik sich – eher spät – in einer Publikation niederschlägt. Im Zuge ökologischer Fragestellungen der 1980er Jahre liegt der Fokus stärker auf sog. Bereichsethiken, die auch die Wirtschaftsethik zum Thema erklärt. Wagners Vorhaben einer dezidiert systematisch-theologischen Reflexion jenseits moralischer Evaluierungsbemühungen dürfte mit ein Grund sein, warum er trotz seiner Expertise nicht primär als Wirtschaftsethiker wahrgenommen wurde bzw. werden wollte.[72]

In seiner Münchner Abschiedsvorlesung vom 27. Juli 1988 resümierte Wagner seine bisherigen theoretischen Bemühungen unter dem Titel »*…zwi-*

---

66 Wagner 2014k, 638f.
67 Ebd., 639. 640.
68 Ebd., 641.
69 Vgl. Wagner 1988b; 1998b; 1999, 167–190; 2014h; 2014n.
70 Wagner 1986.
71 Vgl. zu dieser Entwicklung: Rutschky 1980; Lindner 1998; Felsch 2015.
72 Vgl. dazu auch Stübinger 1994, 62.

schen...« – Verhältnisse und Selbstverhältnisse. Er sei zu dem Ergebnis gekommen, dass das Verhältnis von Gott und Mensch einer »Patt-Situation« gleichkomme. Demnach erweist sich »das Bedingte als Bedingung und die Bedingung als Bedingtes«[73]. Aufgrund der zunehmenden Zweifel, die Theologie mit der Hegelschen Logik begründungslogisch aufzubauen, nahm Wagner in den Folgejahren den Realisierungszusammenhang verstärkt in den Fokus seiner Arbeit.[74] Der »Irdische[]-Geld-Gott« ist dabei eine Chiffre für die »Unmittelbarkeit des menschlichen Selbstverhältnisses«,[75] gegen deren Gefahren von Hybris, totaler Austauschbarkeit und drohender totaler Konkurrenz sich Wagners Anerkennungs- und Korrespondenzgedanken richten.

Schon emphatischer klingt der Titel der Antrittsvorlesung vom 13. Januar 1989 an der evangelisch-theologischen Fakultät der Universität Wien, der mit *Christentum und Moderne* ein Programm vorzeichnet, das auf eine pneumatologische Freiheitskonzeption mit dezidiert sozialwissenschaftlicher Ausrichtung hinweist.[76] In der theoretischen Ausrichtung Wagners hat sich in den 1990ern eine Verschiebung abgezeichnet. Der »menschliche[] Selbst- und Weltumgang« ist nachdrücklicher an der Stelle des Individuums »gemäß dem Prinzip freier Subjektivität zu begreifen und zu gestalten«.[77] Weil Religion sich immer weniger durch Schrifthermeneutik, Dogmatiken oder Bekenntnissen auszeichne, wird sie zusehends als ein Kommunikationsgeschehen von Individuen verstanden. Von einer dynamischen Religion kann dann noch gesprochen werden, wenn Individuen das »Interesse ihrer Selbstthematisierung« in religiösen Kommunikationsformen thematisieren.[78]

Auch unter den veränderten Vorzeichen von erodierenden Begründungsbemühungen bleiben Fragen nach ›Übertragung‹, ›Vermittlung‹, ›Umformung‹, ›Übersetzbarkeit‹ bzw. ›Transformation‹ von Theologie und moderner Gesellschaft zentrale Anliegen in Wagners Theoriedesign.[79] In Auseinandersetzung mit Volker Drehsens Qualifikationsschriften hat Wagner mit einer Praktischen Theologie religionssoziologischen Zuschnitts einen Ansatz gefunden, der die gestörte Verbindung von christlichem und menschlichem Bewusstsein – das Grundproblem einer natürlichen Theologie – reflektieren und überwinden kann. In den 1990er Jahren ist Wagner endgültig von einer spekulativen Begründung abgerückt und dazu übergegangen, christliche Inhalte an der Kom-

73 Wagner 2014d, 473.
74 Wagner 1998a, 293.
75 Wagner 2014d, 471. 470.
76 Wagner 2014m.
77 Ebd., 87.
78 Wagner 1999, 43.
79 Vgl. Barth 2003, 176–181.

munikabilität der Lebenswirklichkeit zu messen.[80] Das spiegelt sich deutlich im Lehrprogramm wider, das Wagner seit dem Wintersemester 1988/89 als Professor für Systematische Theologie A.B. in Wien angeboten hat. Gleich in seinem zweiten Semester, dem Sommersemester 1989, hat Wagner ein Seminar zu den *Grundzügen der Wirtschaftsethik* abgehalten.[81] In Ergänzung zu den theologischen Lehrstücken hat er über die Jahre etliche sozialethische, soziologische, anthropologische und rechtsphilosophische Themen angeboten.[82] Das für das Wintersemester 1998/99 geplante Privatissimum zum Thema *Geld – Kultur – Religion: Grundprobleme der Religionssoziologie von Georg Simmel* konnte Wagner aufgrund seines Todes im November 1998 nicht mehr realisieren.[83] Das Lehrangebot des Wiener Wagner zeigt aber deutlich seine Neuausrichtung, die in Anlehnung an die Säkularisierungs- und Ausdifferenzierungsthese Luhmanns, eine Konzentration auf das religiöse Individuum mit sich bringt. Aufgrund der »*Privatisierung* religiösen Entscheidens«[84] enthebt sich das Religionssystem stärker von funktionalen Sachzwängen wie das bei anderen sozialen Systemen der Fall ist und kann sich dadurch als ein »soziale[r] Ort der Reflexion der das Individuum auszeichnenden Differenz von Personalität und Sozialität, von psychischem Bewußtsein und sozialer Kommunikation empfehlen«[85].

Abschließend kann gesagt werden, dass trotz ›Brüchen‹ und ›Neuausrichtungen‹ gerade der Fokus von Wagners Sozialethik auf ein »soziale[s] Frei-

80 Vgl. ebd., 181f.; Wagner 1990; Drehsen 1988.

81 Österreichische Nationalbibliothek, ÖNB 391121-B.Per1989, 30. Falk Wagners Dienstbeginn war der 1. Oktober 1988. Aus diesem Grund konnten seine Lehrveranstaltungen nicht mehr in das offizielle Vorlesungsverzeichnis aufgenommen werden. Dem ›Lehrveranstaltungsführer‹ der Fakultätsvertretungen der Evangelischen und Katholischen Fakultäten Wiens ist zu entnehmen, dass Wagner in seinem ersten Semester eine Vorlesung zur *Geschichte der deutschsprachigen evangelischen Theologie des 19. Jahrhunderts im Rahmen der Geistes- und Sozialgeschichte* las sowie ein Proseminar zum *Gottesgedanken* und ein Seminar zu *Schleiermachers Glaubenslehre* abhielt, 26–28.

82 Einige seien hier erwähnt: J. Habermas' Theorie des kommunikativen Handelns (Privatissimum WS 1989/90, ÖNB 391121-B.Per1989/90, 27); Theologischen Kosmologie und Anthropologie und zur Einführung in die Religionswissenschaft (Religionssoziologie, Religionspsychologie, Religionsphänomenologie) (Vorlesungen SS 1990, ÖNB 391121-B.Per1990, 26; Theologie der Gesellschaft, Kultur und Geschichte. Grundlegung der Sozialethik, (Vorlesung WS 1990/91 und WS 1994/95 unter dem leicht veränderten Titel: Theorie der Gesellschaft, Kultur und Geschichte als Grundlegung der Sozialethik (ÖNB 391121-B.Per1990/91, 30; ÖNB 391121-B.Per1994/95, 38); Recht und Religion (Seminar SS 1991, ÖNB 391121-B.Per1991, 31); Niklas Luhmanns systemtheoretische Religionssoziologie (Privatissimum SS 1993 und WS 1993/94, ÖNB 391121-B.Per1993, 31; ÖNB 391121-B.Per1993/94, 31); Ethik zwischen individueller Moral und sozialem Recht – Grundprobleme der philosophischen und theologischen Ethik (Seminar WS 1996/97, ÖNB 391121-B.Per1996/97, 38).

83 Österreichische Nationalbibliothek, ÖNB 391121-B.Per1998/99, 43.

84 Luhmann 1977, 232.

85 Wagner 1997b, 538.

heitsverhältnis«[86] bei gleichzeitiger Ablehnung eines interpersonellen Moralismus die 30 Jahre seiner akademischen Tätigkeit geprägt haben. In dem posthum veröffentlichten Buch *Metamorphosen des modernen Protestantismus* zeigt sich einmal mehr, dass Wagner den Diskurs mit der sog. ›Theologentheologie‹ und deren hermetischen Ausbildungsvorstellungen abgebrochen hatte. Demgegenüber setzte er eine offenere Bildungsvorstellung entgegen, die in ihrer religionstheoretischen und soziologischen Schwerpunktsetzung besser auf die Lebenswelt von zukünftigen Theologinnen und Theologen vorbereiten solle als dies mit Bibelhermeneutik und Kirchentradition der Fall ist.[87] Nur dann kann die christliche Religion der Herausforderung entsprechen, die sich für Wagner auch 15 Jahre nach dem Erscheinen von *Geld oder Gott?* ungebrochen stellt: »Innerhalb einer ökonomie- und geldbestimmten Gesellschaft [...] im Interesse der Individuen die Erinnerung an die praktische Freiheitsidee wach[zu]halten.«[88]

Dass Wagner mit seinem Denken, das an Traditionen rüttelt, nicht frei von Polemik ist, ja radikal genannt werden muss, auf Widerspruch stieß, ist kaum verwunderlich. Jedoch ist *Geld oder Gott?* gerade aufgrund der Aktualität seines Themas auf ein sehr differenziertes Echo gestoßen, das im folgenden Abschnitt skizziert wird.

3. Rezeption

Als längst ›überfälligen‹ ›Tabubruch‹ beschrieb der Diakoniewissenschaftler Markus Rückert *Geld oder Gott?* in seiner kurzen Rezension in den *Nachrichten der Evangelisch-Lutherischen Kirche in Bayern* von 1986.[89] Ebenfalls positiv werden die Thesen Wagners von Edgar Thaidigsmann in der *Theologischen Rundschau* von 1987 aufgenommen: »Schon lange war eine Untersuchung fällig, die der Frage nachgeht, wie tief die gegenwärtige Gestalt christlichen Glaubens und christlicher Theologie von der ökonomischen Rationalität bestimmt ist, die das Leben beherrscht, und wie theologisch damit umzugehen ist.«[90] Wagner stelle dabei die Faszination einer »Analogie zwischen Geld und Gott« (219) als absolute Strukturmomente der Besorgnis gegenüber, dass die begrenzenden und bestimmenden Momente der Besonderheit durch die vollständige Austauschbarkeit von Gütern, Ideen und Menschen gefährdet ist. Thaidigsmann betont in seiner Rezension damit einen zentralen Punkt in Wagners Denken:

86 Wagner 1998a, 299.
87 Vgl. Wagner 1999, Kap. 1, 5 und Anhang (1ff., 191ff., 243ff.).
88 Ebd., 190.
89 Rückert 1986, 57.
90 Thaidigsmann 1987, 219f. (im Folgenden Nachweise im Text in Klammern).

»den Gegenstand des Glaubens« gelte es »aus der Abhängigkeit von der ihn verwertenden Subjektivität zu befreien« (220). Neben viel Lob kritisiert der Rezensent Wagner in folgenden drei Punkten: Einerseits folge Wagner mit seiner Sprache »in penetranter Weise« der von ihm kritisierten »Verwertungsstruktur abstrakter Vermittlung von allem mit allem«. Thaidigsmann fehlt die für ihn notwendige Konsequenz einer am Besonderen ausgerichteten Sprache, welche dem »Schleier reflexiver Totalvermittlung« entkommt (220). Andererseits drohe Wagner mit dem Postulat einer totalen Kommunikabilität über den Geldbegriff in einer rein theoretischen Welt zu operieren, was dazu führe, dass die »Gewalt« der daraus entstehenden »Zwänge« kaum wahrnehmbar sei. Abschließend weist Thaidigsmann noch darauf hin, dass Wagners theologische Vermittlung dort bei Verallgemeinerungen stehen bleibe, wo er das singuläre Ereignis bzw. Moment des Christentums trinitarisch nicht adäquat einzubinden vermag.

1988 erschien in der *Vierteljahresschrift für Theologie und Philosophie* eine weitere Rezension des katholischen Theologen Hans-Joachim Höhn.[91] Höhn streicht in erster Linie die interdisziplinäre Relevanz des Wagnerschen Vorhabens heraus. Die von der »Kommerzialisierung« geprägte Moderne fördere ein Bewusstsein und ein Weltverständnis, das nicht nur Waren, sondern auch Inhalte – wie beispielsweise »Werte« – einer Logik der vollständigen Austauschbarkeit aussetzt. »Wie das religiöse Bewußtsein ursprünglich eine Welterfahrung und -gestaltung ›sub ratione Dei‹ anstrebte, so macht nun das ›monetarisierte‹ Denken das Geld zum wirklichkeitsbestimmenden Prinzip.« Höhn erachtet die provokante These Wagners von einer »Geldbestimmtheit der Religion« als äußerst gewinnbringend für die theoretische Reflexion sektiererischer Religionspraxis. Die These der Geldlogik auch für die »Theorie und Praxis der christlichen Kirchen« geltend zu machen – diesen Schritt will Höhn nur bedingt mitgehen.

Auch Traugott Jähnichen gesteht Wagner auf einer sozialtheoretischen Ebene Innovationspotential zu, indem er in seiner Habilitationsschrift *Sozialer Protestantismus und moderne Wirtschaftskultur* aus dem Jahr 1998 darauf hinweist, dass Wagner »die Grenzen der allein anthropologisch argumentierenden Geldkritik der theologischen Tradition«[92] überwindet. Der Bochumer Professor für christliche Gesellschaftslehre kritisiert an Wagner in erster Linie die von ihm behauptete »Dominanz bzw. Universalität des geldgeprägten Weltumgangs« (173). V.a. die in *Geld oder Gott?* verabsäumte Differenzierung zwischen ›Dominanz‹, ›Universalität‹ bzw. ›Totalität‹ des Geldbegriffs hat Jähnichen herausgestrichen (vgl. 172–174). Das von Wagner als ›omnipotent‹ und ›omnipräsent‹[93]

91 Höhn 1988, 154.
92 Jähnichen 1998, 173 (im Folgenden Nachweise im Text in Klammern).
93 Vgl. Wagner ^{2}2019, 168.

beschriebene Medium Geld will Jähnichen deshalb eingeschränkt wissen, weil dieser dem Geld lediglich eine potentielle Ubiquität zugesteht.

In seinem Aufsatz *Der gute und schlechte Tausch* aus dem Jahr 2001 kritisiert der Hamburger Professor für Homiletik Hans-Martin Gutmann, dass Wagner bei seiner Herleitung und Interpretation moderner Modelle von Geld und Gott Verkürzungen vorgenommen habe. Nicht nur die Entstehungsgeschichte des Geldes falle dabei einseitig aus, auch der gelegentlich auftretende Einwand Luthers gegen den ›Kapitalismus‹ könne nicht als systematische Kritik interpretiert werden.[94] Gutmann wendet dagegen ein, dass Friedrich-Wilhelm Marquardt bereits 1983 in seinem Aufsatz *Gott oder Mammon* gezeigt hat, dass Luther den ›Mammon‹ als Problem eines frühkapitalistischen Systems identifiziert. Einerseits beurteilt Luther den Mammon als ethische Herausforderung, andererseits wird die ökonomische Beschreibung der Welt »hypostasiert«[95]. Aufgrund dieser ›Personifikation‹ wird der Mammon als Konkurrenzkonzept des 1. Gebots im engeren und als theologische Wirklichkeitsbeschreibung im weiteren Sinne gedeutet.[96] Nach dem Referat der theologiegeschichtlichen Kapitel von *Geld oder Gott?* kommt Gutmann zu dem Schluss, dass Wagner mit der Beobachtung einer strukturellen Ähnlichkeit zwischen den jeweils im Bürgertum verankerten Vorstellungen vom Umgang mit Geld und dem Gottesgedanken eine zentrale »Konstruktionsbedingung[] dogmatischen Denkens« (205) angesprochen hat. Wichtig ist in diesem Zusammenhang der Hinweis darauf, dass der »*Anspruch auf Totalität*« (205) als das gemeinsame Dritte aus dem Vergleich von Geld und Gott zu stehen kommt.[97] Wagner könne aufzeigen, dass Geld und Gott weder als Übereinstimmung noch als Ausschluss funktionieren, sondern das ›Absolute‹ bzw. die ›Totalität‹ gemeinsame Begriffe für die Gegenüberstellung von ›Geld‹ und ›Gott‹ sind. Damit sich die Theologie von einem weltlich-pantheistischen Geld-Gott unterscheiden kann, müsse ein Differenzmoment eingezogen werden. Das Moment von Trennung *und* Verbindung findet in der Trinitätslehre seinen Reflexionsort, wo sowohl die Selbständigkeit Gottes als auch die menschliche Unabhängigkeit in Freiheit vermittelt wird. Der Hamburger Theologe kritisiert in diesem Zusammenhang weniger Wagners dogmatische Voraussetzungen. Vielmehr beanstandet er, dass Wagner neben der Geldwirtschaft keine alternativen ökonomischen Konzepte als Denkansätze ventiliert. Denn Gutmann

94 Vgl. Gutmann 2001, 202 (im Folgenden Nachweise im Text in Klammern).

95 Marquardt 1983, 183.

96 Ebd., 186: »[...] und darum ist das Problem des Kapitalismus [...] weder bei Luther noch überhaupt nur eine ethische, es ist eine theologische Frage. In ihr steht letztlich [...] nichts weniger als der rechte Gott zur Diskussion.«

97 Bereits Karl Marx und Friedrich Engels haben in der Manuskriptsammlung der Deutschen Ideologie darauf hingewiesen, dass »das *Geld* [...] das stehende tertium comparationis aller Menschen & Dinge« sei, vgl. Marx / Engels 2017, 498.

geht davon aus, dass theologische Kommunikation und Inhalte – wie beispielsweise die Versöhnungslehre – vorwiegend über »nicht-geldabhängige[]« bzw. »nicht-äquivalente[]« Denkmuster laufen. (206)

Die These von der »Geldstufe des Bewußtseins« bzw. vom »Geldpantheismus« bestimmt auch die Wagnerinterpretation in der 2002 von Christoph A. Weber-Berg an der Universität Zürich eingereichten Dissertation zur *Kulturbedeutung des Geldes als theologische Herausforderung.*[98] Als besonderes Merkmal weist Weber-Berg Wagners Intention einer »›Entmythologisierung des Mammon‹« (193. 202. 204) aus. Das Individuum wird dabei weder moralisch beschuldigt noch wird eine ethische Beurteilung abzuleiten versucht. Vielmehr wird Geld als das zentrale Medium des Wirtschaftssystems auf dessen vermehrt systemübergreifende Funktion hin analysiert. Weber-Berg kritisiert, dass Wagners Text von einem »marxistisch abgegriffenen Vokabular[]« getragen ist, gesteht ihm aber gleichzeitig zu, »einen substantiellen Beitrag zur Bewusstseinsbildung im Hinblick auf die Durchdringung moderner Kultur und Gesellschaft durch die Strukturlogik des Geldes« (191) zu leisten. Die Ökonomie hat die Religion als zentrales Prinzip der funktionalen Ausdifferenzierung von Gesellschaft abgelöst. Darin mag ein Grund liegen, dass Subjekt und Welt durch das ›geldgeprägte Bewußtsein‹ und »nicht (mehr) durch religiöse Sinnzusammenhänge […], sondern durch nutzenorientierte Verwertungsfunktionen« vermittelt werden (193).

Wesentlich ist die scharfe Kritik an Wagners Gottesgedanken, die Weber-Berg zwei Ansatzpunkten entnimmt: einerseits der Wagnerschen Aufsatzsammlung *Religion und Gottesgedanke* aus dem Jahr 1996 und andererseits der kritischen Auseinandersetzung mit Wagners Werk durch Ingolf U. Dalferth. Die unvereinbaren Grundvoraussetzungen theologischen Denkens zwischen Dalferth und Wagner, die das Verhältnis von Glauben und Vernunft, Gott und Gottesgedanken bzw. Glaubensakt und -inhalt umfassen, haben sich in zahlreichen antagonistischen Rezensionen niedergeschlagen.[99] Die Auseinandersetzung mit dem ›aus sich selbst entwickelten Gottesgedanken‹ in Wagners Rekonstruktion der Cramerschen ›Theorie des Absoluten‹ bezeichnet Weber-Berg einerseits als »grosses Verdienst« (200), andererseits lassen Weber-Bergs Rückfragen an Wagner ein grundsätzliches Missverständnis an dessen ›Theo-Logie‹ vermuten: »Ist Wagner mit seiner Darstellung des Gottesgedankens ein Gottes*beweis*, eine Fremdbegründung des Glaubens durch die Vernunft gelungen?«[100] Daran schließt die

98 Weber-Berg 2002 (im Folgenden Nachweise im Text in Klammern).

99 Dalferth Rez. 1989; Rez. 1999; Wagner Rez. 1993b; Rez. 1991b; Rez. 1994b.

100 Weber-Berg 2002, 200; So urteilt auch der Rezensent Voigt Rez. 2004, Sp. 836: »Der Vf. erkennt Wagners Anliegen, die tauschlogische Struktur des Gottesgedankens durch eine Theorie des Absoluten zu überwinden zwar grundsätzlich, dessen genauere Bestimmung sowie die vom Vf. geübte Kritik an der ›Konsistenz des Wagner'schen Gottesgedankens‹

grundlegende Kritik an, dass Wagners vernünftiger Gottesbegriff nicht in der Lage ist, der religionskritischen These zu entgehen, auch wenn Religion als »ein Konstrukt eines bestimmten kulturellen oder psychologischen Bewusstseins« (201) aufgefasst wird. Mit Dalferth argumentiert Weber-Berg, dass Wagners Vorwurf an tautologisch und zirkulär argumentierenden Theologien sich in seiner Argumentation lediglich verschiebt.[101] Analog zum Vorwurf einer sich aus Glauben tautologisch begründenden Theologie will Weber-Berg Wagners Argumentation mit einem ebenso zirkulär begründeten Vernunftbegriff widerlegen: »Der Gottesgedanke kann deshalb die Gotteswirklichkeit nicht einholen ohne diese spekulativ auf das Gott-Denken zu reduzieren.«[102] Weil Wagner die »Selbstüberschreitung der Theo-logie zur Theologie« (207) rational nicht gelingen kann, muss dieser nach Weber-Berg auf einen ›stillschweigenden‹ Glaubensbegriff zurückgreifen. Mittels der Annahme einer »Intelligenz als ›Vernunftkapital‹«, das »sich selber zur absoluten Vernunft hin [...] überschreiten« (208) will, sei Wagner nicht in der Lage, seinen eigenen Anspruch zu realisieren, also die Überwindung der ›Geldstufe des Bewusstseins‹. Theologie sinkt – so Weber-Berg mit Dalferth – zu einem »komplexen, aber bedeutungslosen Gedanken« (209) herab, der nur nach einer »allgemeingültige[n] und neutrale[n] Begründung des Glaubens«[103] sucht.

Die Frage nach einem adäquaten Begriff des Absoluten und der damit einhergehenden ethischen Beurteilung ist auch Gegenstand der Auseinandersetzung von Alois Halbmayr mit Falk Wagner.[104] In Halbmayrs 2009 erschienen Habilitationsschrift *Gott und Geld in Wechselwirkung* kritisiert der Professor für katholische Dogmatik in erster Linie den Versuch, Moralismen und Leitsätze, welche von der ›alles bestimmenden Wirklichkeit‹ des Geldes abgeleitet werden, mit einer neuen Begrifflichkeit des Absoluten zu überwinden. Dieser Versuch überzeuge ebenso wenig wie Wagners »Reflexionen über die Korrelation von autonomer Vernunft und trinitarischem Gottesbegriff« (109). Es mangelt Halbmayr bei der Vermittlung zwischen Gott als Seinsurheber *und* als Garant für menschliche Autonomie an Konkretionen. Zudem wirft der Salzburger Theologe Wagner vor, sich in Undeutlichkeiten und Rhetorik zu flüchten. Mit dem Begriff der »*Verwechselbarkeit*« (109) von Gott bzw. Geld als das Absolute will Halbmayr die Inkonsequenz in *Geld oder Gott?* aufzeigen, dass Religion bzw. Theologie die

verfehlen allerdings ihr Ziel, wenn sie in Wagners Theorie des Absoluten den Versuch sehen, einen ›Gottesbeweis, eine Fremdbegründung des Glaubens durch die Vernunft‹ [200] zu liefern.«

101 Weber-Berg 2002, 201; vgl. Dalferth 1992, 102–104.

102 Weber-Berg 2002, 206; vgl. Dalferth 1992, 15f. 18f.; Wagner 1993b, Sp. 253: »Diese Art der auf Gründen des Glaubens beruhenden Rationalität [...] fällt jedoch zirkulär aus: Als Grund des Glaubens wird Christus aufgrund des Glaubens geglaubt.«

103 Dalferth 1999, Sp. 435.

104 Halbmayr 2007, 106–111 (im Folgenden Nachweise im Text in Klammern).

Vergleichbarkeit von Gott und Geld nicht verhindern können, aber dennoch in der Lage seien, ein Differenzbewusstsein zu schaffen. Wagners Theologie begründet demnach gut, warum das individuelle Moment in der vom Geldpantheismus geprägten Welt bedroht wird, fällt aber bei dem theo-logischen Verhältnis einseitig auf »individualisierte Entscheidungsprozesse« (109) zurück. Mit einer ähnlichen These kommt Rolf Kramer in seiner *Ethik des Geldes*[105] zum Schluss, dass eine Wirtschaftsethik wegen des absoluten Charakters des Geldes bei Wagner verunmöglicht wird, weil aufgrund eines fehlenden Gegenübers kein Korrektiv aufgebaut wird. Wagner weist der Theologie die Aufgabe zu, ein dem Geldpantheismus gegenüber unverwechselbar-alternatives Konzept von Absolutheit zu denken.[106] Anhand der Rückfrage, ob die Möglichkeit »ein zweites Absolutes zu denken« (110) besteht, formuliert Halbmayr den Vorwurf, dass es in Wagners Thesen zu einer Verdopplung von Geld und Gott als Absolutheitsansprüche gekommen ist. Außerdem merkt Halbmayr analog zur Kritik von Hans Martin Gutmann[107] an, dass Wagner die von einer Tauschlogik ausgenommen Sprachformen und Symbole nur andeutet bzw. die Ökonomie lediglich auf die Tauschlogik reduziert. Wie Friedrich-Wilhelm Marquardt so habe auch Falk Wagner die positive Seite des Geldes, die Gesellschaft konstituiert, zugunsten einer perhorreszierenden Darstellung vernachlässigt.

Jörg Dierken geht in seinen Essay *Gott und Geld – Ähnlichkeit im Widerstreit* aus dem Jahr 2017 wieder stärker von der »Originalität«[108] des Wagnerschen Ansatzes aus. Die von Rudolf Bultmann – und unter anderen Bedingungen von Wolfhart Pannenberg – verwendete ›Beschreibung‹ Gottes als ›alles bestimmende Wirklichkeit‹[109] hat Wagner auf den Geldbegriff übertragen. Dieser Geldbegriff wird – so Wagner – von der Volkswirtschaftslehre lediglich zirkulär definiert, indem von der Annahme ausgegangen wird, dass »das durch den Tausch definierte Geld den Tausch ermöglicht« (18). Die Bestimmung des Geldes als Funktion einer Werteinheit von Wirtschaftsgütern läuft mit einer auf Geldlogik basierenden Güter- und Leistungsbegriffen nur auf eine tautologische ›Scheindefinition‹ von Geld hinaus. Des Weiteren ist zu fragen, wie eine Verbindung zwischen der »reine[n] Medialität« und der »kapitalistischen Selbst-

105 Kramer 1996, 65f.

106 Vgl. Wagner ^{2}2019, 177.

107 Vgl. Gutmann 2001, 201f. 206: »Gerade die religiöse Kommunikation aber bleibt, bis in die dogmatische Versöhnungslehre hinein, von dieser anderen, nicht-geldabhängigen, nicht-äquivalenten Ökonomie bestimmt.«

108 Dierken 2017, 17 (im Folgenden Nachweise im Text in Klammern).

109 Bultmann 1933, 26: »Denn wo überhaupt der Gedanke ›Gott‹ gedacht ist, besagt er, dass Gott der Allmächtige, d. h. die Alles bestimmende Wirklichkeit sei.«; Pannenberg 1973, 304: »Wenn unter der Bezeichnung ›Gott‹ die alles bestimmende Wirklichkeit zu verstehen ist, dann muß alles sich als von *dieser* Wirklichkeit bestimmt erweisen und ohne sie im letzten Grunde unverständlich bleiben.«

zweckhaftigkeit« (20) des Geldes zu denken ist? Kann der Marktwert eines Produktes allein im ökonomischen Handlungsfeld – im Schnittpunkt von Angebots- und Nachfragekurve – eruiert werden oder sind nicht doch andere Faktoren relevanter, welche in Form von Arbeits- oder Kapitalkosten dem Marktprozess vorausgehen?

Wagner will herausstreichen, dass eine »geldförmig-verabsolutierte[] Kommunikation« (20) nicht nur im kulturellen, sondern auch im religiösen Bereich wirksam ist. Werden die religiösen Gehalte allein an ihrer Kommunikabilität mit anderen Inhalten gemessen, erodieren nicht nur ihre Eigenschaften, sondern auch ihre Eigenständigkeit.[110] Dierken verweist in diesem Zusammenhang auf jene Stelle in *Geld oder Gott?*, wo Wagner zeigt, dass theologische und religiöse Gehalte nur unter der Bedingung von theologischen Setzungen davon ausgenommen sind, einer Logik von allgemeinen Kommunikations- und Austauschprozessen zu folgen.[111] Sowohl in der Soteriologie (›Sünde‹ – ›Gerechtigkeit‹) als auch in der Zwei-Naturen-Lehre der Christologie (Austausch der menschlichen und göttlichen Eigenschaften Jesu Christi) ist eine vermeintliche Tauschlogik eingeschrieben. Die christologische Struktur einer Gott-Mensch-Einheit[112] kann jedoch deshalb nicht als ›verabsolutierte Tauschlogik‹ beschrieben werden, weil weder die Erlösung noch die *communicatio idiomatum* die Beziehung von Mensch und Gott begründen, sondern diese immerwährende Beziehung im Glauben christologisch zum Thema machen. Der auf Vermittlung abzielende Gottesbegriff muss mit einer geldförmigen Bestimmung des ›Weltumgangs‹ dahingehend in Konflikt geraten, weil letztere nur nach der Logik des Geld-Gottes funktioniert, also innerhalb der Struktur von ›Selbsterhaltung‹ und kapitalistischer »Selbstvermehrung« (22). Dierken kritisiert diese Gegenüberstellung eines vermittelten Gottes und eines Geld-Gottes, der aufgrund seiner Logik von »*unmittelbarer* Selbstbestimmung, Selbsterhaltung und Selbstbehauptung« nur eine »›titanische‹ Freiheit«[113] begründen kann. Denn Wagner beschreibt mit Luhmann und Marx die Geldwirtschaft gerne als »verabsolutierte Kommunikation« und hat damit eher eine jegliche Selbstbestimmung tilgende Struktur »vollkommener Vermittlung« (22) im Sinn. Auf der absolutheitstheoretischen Ebene stellt sich für Dierken abschließend die Frage, ob bei der Entscheidung zwischen »Selbstbezug und Totalvermittlung« dem Geld ein »selbständiges Zentrum« zukommt oder ob jenes ›Zentrum‹ in den »dezentralen geldvermittelten Kommunikationsvollzügen« verschwindet (22).

110 Vgl. Wagner ^{2}2019, 145f.
111 Vgl. ebd., 138.
112 Vgl. ebd., 134.
113 Ebd., 172.

4. Ausblick in ökumenischer und interreligiöser Perspektive

Geld oder Gott? – Die Titelfrage von Falk Wagners Überlegungen *Zur Geldbestimmtheit der kulturellen und religiösen Lebenswelt* will eine klare Entscheidung provozieren. Ein geldbestimmtes Leben kann kein gottbestimmtes sein und umgekehrt. Diese rigorose Sicht hat im Christentum Tradition und spricht sich in dem bekannten Jesuswort aus: »Ihr könnt nicht Gott dienen und dem Mammon« (Mt 6,24; Lk 16,13). Wirkmächtig fortgeschrieben wurde dieser Vers in Martin Luthers *Großem Katechismus*, wo das Geld als »aller gemeinst [allergewöhnlichster] Abgott [...] auff Erden«[114] erscheint. Manche Menschen, so der Reformator, legen ihr ganzes Vertrauen und all ihre guten Erwartungen in finanziellen Besitz, der dadurch pseudo-divinen Charakter erhält.[115] So rückt das Geld an die Stelle Gottes – ein Vorgang, der nicht nur protestantische Kritikerinnen und Kritiker und bis zum heutigen Tag auf den Plan ruft. »Nein zur neuen Vergötterung des Geldes«,[116] heißt es in *Evangelii Gaudium*, dem ersten Apostolischen Schreiben von Papst Franziskus aus dem Jahr 2013. Dort mahnt er die globale Herrschaft des Ökonomischen ab, dessen Steigerungszwängen sich der Mensch voll und ganz unterzuordnen habe.[117] Doch auch über christliche Kreise hinaus ist die Entgegensetzung von Gott und Geld ein traditioneller Topos. Der Koran etwa erklärt den Verzicht auf Zinsnahme zum Ausweis von Gottesfurcht (Sure 2,278), denn wer sich auf die Heilswirkung seines Reichtums verlässt, dem wird göttliche Strafe in Aussicht gestellt (Sure 104,1–9). Um den eigenen Glauben mit einer kredit- und zinsbestimmten Weltwirtschaft vereinbaren zu können, haben islamische Staaten in der zweiten Hälfte des 20. Jahrhunderts ein eigenes zinsfreies und somit Schari'a-konformes Finanzsystem aufgebaut.[118]

Für das glaubende Subjekt bedeutet der Umgang mit dem Geld nicht nur einen Konflikt mit der eigenen theistischen Vorstellungswelt, sondern stellt auch ein moralisches Problem dar. Jedoch wird Geldbesitz an sich weder in abrahamitischen noch in dharmitischen Religionen verurteilt. Im Hinduismus ist *Artha* (der Wohlstand) eines von vier möglichen Zielen hinduistischer Lebensweise. Moralisch ist *Artha* legitim, wenn kein Konflikt mit der Lebensweise des *dharma* (dem Gesetz) besteht.[119] Der Buddhismus sieht vielmehr im starken Ego westlichen Zuschnitts ein illusorisches Durchgangsmoment, dessen Überbetonung die moralische Ursache für die sog. ›Geistesgifte‹ Hass, Gier und Unwissenheit bedeutet. Meditation und soziale Achtsamkeit sind auf ihre je

114 Luther 2014 [1529], 932.
115 Vgl. ebd., 932f.
116 Franziskus 2013, 46 [55.–56.].
117 Ebd., 45f. [53.–54.].
118 Vgl. Mahlknecht 2009; Nassery 2014.
119 Vgl. Ali 2010; Kumar / Ram 2007, 156.

eigene Weise für die Überwindung des Egoismus und für eine Betonung des Sozialen verantwortlich. Das Geld als substanzloses Mittel zum Zweck kann seine Realität nur durch den Gebrauch bzw. durch einen kollektiven Glaubens- und Vertrauensvollzug an seinen Wert bestimmen. In gewissen Schulen des Buddhismus (Mādhyamaka-Schule) werden – analog zum Geld – Denk- und Handlungsstrukturen als ›soziale Wirklichkeiten‹ reflektiert: Menschliches Handeln wird als zirkulär gedachte Bedingung von ›Tat‹ und ›Täter‹ interpretiert, die Realität nur in ihrer sozialen Anerkennung findet.[120]

Dass Wagner in *Geld oder Gott?* nicht versucht hat, seinen Denkansatz explizit in einen interreligiösen Dialog zu setzen, kann als Manko oder Gewinn gedeutet werden. Ob und wie religiös motivierte Wirtschaftssubjekte oder -institutionen auf ökonomische Veränderungen reagieren, tritt einzig beim Thema der Askese in seinen Fokus. In den »östlich-mythische[n] oder mystisch-ganzheitliche[n]« Ausprägungen innerer Einkehr sieht Wagner jedoch kein Potenzial, sein Realisierungsprojekt »äußere[r] Freiheit« in der Gestalt von Politik, Recht und Verfassung zu verwirklichen.[121] Erst durch die »kulturalistische Wende« wurde wieder verstärkt danach gefragt, ob und wie Konfuzianismus, Islam oder charismatische Bewegungen des Christentums Einfluss auf ökonomisches Agieren und Entscheiden nehmen.[122] Kritische Rückfragen an derartige Forschungsvorhaben ließen nicht lange auf sich warten. Denn es ist keineswegs eindeutig, ob es sich bei Zuschreibungen wie dem asiatischen ›Beziehungskapitalismus‹ (*crony capitalism*) oder dem ›protestantischen Buddhismus‹[123] tatsächlich um religionswissenschaftliche Beschreibungen von Synkretismen handelt. Oder werden nicht doch mit kulturtheoretischen Fragestellungen Eurozentrismen indigenisiert? Das würde den Verdacht erwecken, dass in den ›Kulturen der Anderen‹ Entstehungsgeschichten europäischer Systeme – wie jenem des Kapitalismus – (re-)konstruiert werden.[124]

Dass in Wagners theoretischen Überlegungen interreligiöse oder ökumenische Fragestellungen weniger im Fokus standen[125] überrascht v.a. deshalb, weil er von 1979 bis 1988 als evangelischer Vorsitzender in der *Gesellschaft für christlich-jüdische Zusammenarbeit* in München tätig war.[126] Im Zuge dessen hat

120 Zur Analogie von Buddhismus und Geldbegriff vgl. Brodbeck 2014, 124.

121 Wagner 2014k, 640; vgl. dazu eingehender: Graf 1999.

122 Vgl. dazu Hartmann / Janich 1998; Siegenthaler 1993; Barro / McCleary 2003.

123 Vgl. Gombrich 1997, 177–200.

124 Conrad 2004, 233. Sebastian Conrad folgt hier der These vom »anti-eurozentrischen Eurozentrismus« von Immanuel Maurice Wallerstein 2007, 58.

125 Eine Ausnahme bildet hier die erst im Nachlass veröffentlichte Auseinandersetzung mit der Theologie der Befreiung, die Wagner affirmierend als »Spielart des *Kulturchristentums*« bezeichnete. Wagner 2014i, 600.

126 Reden, lernen, erinnern. 50 Jahre Gesellschaft für Christlich-Jüdische Zusammenarbeit e.V.

er bis in die Mitte der 1980er Jahre eine Vielzahl von Publikationen zum jüdisch-christlichen Dialog rezensiert.[127] Seine Überlegungen zum Verhältnis von Geld und Religion hat er jedoch nie in diesem Kontext thematisiert, obwohl die damit verbundenen Ambivalenzen sich im (historischen) Verhältnis von Judentum und Christentum besonders problematisch gezeigt haben. Geld als politisch unberechenbares Machtmedium wurde in der Geschichte christlich-jüdischen Zusammenlebens immer wieder zur Ablehnung der jüdischen Minderheiten instrumentalisiert. Gegen das Medium Geld an sich richteten sich die Aversionen in Krisensituationen deutlich seltener.[128] Auch mit dem Aufkommen moderner soziologischer und ökonomischer Blickwinkel auf die Gesellschaft seit 1900 ist die moralische Komponente im Verhältnis von Geld und Judentum nicht revidiert worden. Vielmehr hat bspw. Werner Sombart in Analogie zur Protestantismus-These von Max Weber nach dem Einfluss jüdischer Religion auf die Entstehung des Kapitalismus gesucht. Die Verbindung von Judentum und Kapitalismus wird dort nicht mehr als Frage, sondern als akademische Tatsache vorgestellt und vermeintlich ›wertfrei‹ und ›wissenschaftlich-objektiv‹ behandelt. In *Die Juden und das Wirtschaftsleben* von 1911 will Sombart zeigen, welche Rolle die Juden beim »Aufbau der modernen Volkswirtschaft«[129] gespielt haben: »Saharismus und Nomadismus« als geographisch-sozioökonomische ›Determinanten‹ des ›jüdischen Wesens‹ stehen dort für das flüchtig-unbestimmte und quantifizierende Moment des Geldes, als deren »Hüter des Hortes« die jüdische Bevölkerung fungiert haben soll.[130]

Religionen werden auch künftig auf die Globalisierung und damit einhergehende Chancen und v. a. Gefahren reagieren. Fraglich ist jedoch, ob religiöse Moralvorstellungen oder eine theologische Ethik im global agierenden Supersystem ›Wirtschaft‹ noch gehört werden.[131] Im Schaffen und Bewahren von gesellschaftlichem Vertrauen gründet das ›soziale Kapital‹ von Religion als Funktion des menschlichen Zusammenlebens und ökonomischen Handelns.[132] Inwiefern sich die Systematik von Gott, Ethik und Geld durch zeitgenössische Ideen und Umsetzungen auf dem Geldmarkt verschieben wird, ist theologisch zu reflektieren. Gerade die Entdifferenzierung von ökonomischem und politischem System verweist auf gesellschaftspolitische Tendenzen, die einkommens- und machtpolitische Asymmetrien befördern. Ein für *alle* funktionierendes Wirt-

München (= Dāvar, lāmad, zāḵar), hg. v. *Gesellschaft für christlich-jüdische Zusammenarbeit München – Augsburg – Regensburg*, München 1998, 34.

127 Wagner Rez. 1979b; Rez. 1979c; Rez. 1979d; Rez. 1982b; Rez. 1982c; Rez. 1982d; Rez. 1982e; Rez. 1983b; Rez. 1983c; Rez. 1984; 1981; 2014c.

128 Gross 2013, 8.

129 Sombart 1911, V; vgl. Berg 2011.

130 Sombart 1911, 426.

131 Vgl. Graf 1999, 576.

132 Graf 1999b; Fukuyama 1995.

schaftssystem wird daher sowohl klassische Antwortmodelle in Form von Geboten oder Steuern als auch aktuellere Konzeptionen wie non-monetäre Ökonomie,[133] Vollgeld, Kryptowährungen oder gar Akzelerationismus[134] evaluieren müssen. Der Markt und das Geldwesen werden zusehends schneller und mathematisch komplexer, was die Verstehbarkeit des ökonomischen Systems gefährdet. Banken und Großkonzerne schnüren Giralgeld zu unübersichtlichen (Hedge-)Fonds und Wertpapier-Portfolios zusammen. Außerdem werden Gewinne und Verluste zusehends mittels Algorithmen im Hochfrequenzhandel kalkuliert.[135]

Insbesondere der Umgang mit dem Monetären scheint gefährdet zu sein, Gott als die Schöpfungsmacht bzw. als Beurteilungsinstanz unseres Handelns durch ein weltliches Surrogat zu ersetzen. Statt auf einer äußerlich bleibenden Entgegensetzung zu beharren, lässt sich daraus der Schluss ziehen, dass Gott und Geld aufgrund ihrer Verwechslungsgefahr viele Gemeinsamkeiten aufweisen. Genau an dieser Stelle setzt Falk Wagners Untersuchung an. Sie soll nicht nur aufzeigen, dass in der kapitalistisch geprägten Moderne »[d]as Geld [...] den Gott der Religion in der Funktion« ablöst, »die alles bestimmende Wirklichkeit zu sein«[136]. Wagner intendiert zugleich, die implizit vorausgesetzte Vergleichbarkeit von Gott und Geld eigens zu thematisieren. Im Ergebnis zeigt sich »die Theologie vom Geld [...] mehr bestimmt [...], als sie selber wahrhaben will«[137] und ihre nach außen gehende Ökonomiekritik gerät zur Selbstbefragung: Wie kann Gott so begriffen werden, dass er mit dem Medium des Geldes nicht ausgetauscht werden kann?[138] Diese Frage berührt Wagners gesamtes Denken und bringt seinen sozialethischen Zugang zu wirtschaftlichen Themen zum Ausdruck.

5. Zur Neuauflage

Diese Neuauflage hat sich zum Ziel gesetzt, Falk Wagners seit Jahren vergriffene Monographie *Geld oder Gott? Zur Geldbestimmtheit der kulturellen und religiösen Lebenswelt*, das ursprünglich im Klett-Cotta Verlag erschienen ist, in weithin unveränderter Gestalt dem Buchmarkt wieder zugänglich zu machen. Bei der Überarbeitung und Digitalisierung mussten dennoch einige Verände-

133 Vgl. Heidenreich 2017.
134 Vgl. Avanessian 2013. Mit dem Akzelerationismus soll der Kapitalismus mit seinen eigenen Mitteln ›Antrieb‹ und ›Wachstum‹ korrumpiert werden.
135 Lewis 2014; Gresser 2018.
136 Wagner ^{2}2019, 48.
137 Ebd., 47.
138 Vgl. ebd., 177.

rungen vorgenommen werden. Zum einen sind dies kleinere Anpassungen im Erscheinungs- und Schriftbild, welche aufgrund des Verlagswechsels zu V&R unipress bzw. der Schriftenreihe *Wiener Forum für Theologie und Religionswissenschaft* erfolgten. Zum anderen wurden einige Formalia angepasst und vereinheitlicht: Dies sind bspw. eine einheitliche Angabe von Namen bzw. Autoren, welche im Fließtext in Klammern gesetzt wurden; Buch- und Aufsatztitel wurden konsequent kursiv gesetzt; ebenso wurden fremdsprachige Ausdrücke kursiv gesetzt, da diesbzgl. zwischen Kursivsetzung und dem Setzen in einfachen Anführungszeichen keine Einheitlichkeit zu erkennen war. In Zitaten hat Wagner des Öfteren Kursivierungen recte bzw. vice versa gesetzt. In diesen Fällen haben die Herausgeber in der Fußnote jeweils die Zusätze [*im Original kursiv*] bzw. [*Kursivsetzung F.W.*] angefügt. An einigen wenigen Stellen wurden Quellenangaben zum besseren Nachvollzug vervollständigt. Auf eine Überarbeitung des Textes im Sinne der neuen Rechtschreibung und einer gendergerechten Sprache wurde zur Vermeidung von Anachronismen verzichtet.

Schließlich ist jenen zu danken, die diese Neuauflage möglich gemacht haben. Frau Dagmar Wagner-Rauca gebührt Dank für die Erlaubnis, das Werk ihres verstorbenen Mannes wieder herauszugeben. Dies wäre freilich ohne die großzügigen Druckkostenzuschüsse verschiedener Institutionen nicht möglich gewesen. Unser Dank gilt der der Evangelisch-Lutherischen Kirche in Bayern, dem Rektorat der Universität Wien, der Evangelischen Kirche in Deutschland, der Evangelischen Kirche A. u. H.B. in Österreich, der Evangelisch-Theologischen Fakultät der Universität Wien der Evangelischen Kirche in Hessen und Nassau und dem Evangelischen Bund Österreich. Bei der Suche nach einem neuen Publikationsort erschien uns die im Verlag V&R unipress in Kooperation mit Vienna University Press herausgegebene Reihe *Wiener Forum für Theologie und Religionswissenschaft* wegen ihres Bezugs zu Wagners letzter Wirkungsstätte als besonders passend. Für die Aufnahme in die Reihe danken wir namentlich den für deren Herausgabe zuständigen Einrichtungen, dem Institut für Islamische Studien, der Evangelisch-Theologischen und Katholisch-Theologischen Fakultät der Universität Wien.

Wir hoffen, dass Wagners Reflexionen zum Verhältnis von Geld und Gott durch diese Neuauflage noch breitere Aufmerksamkeit erfahren werden. Angesichts der Krisenlage, in der sich das westliche Gesellschaftsmodell gegenwärtig befindet, hat sie an Aktualität nichts eingebüßt. Auch wer Wagners Thesen nicht teilen mag, wird sich durch sie doch zu jener Suchbewegung anstoßen lassen, auf die der erste Satz des Vorworts zielt: »Gott – das Absolute – ist zu jeder Zeit gegenwärtig; es fragt sich nur, in welcher Gestalt.«[139]

139 Ebd., 45.

Literaturverzeichnis

Adorno, Theodor W.: Minima Moralia. Reflexionen aus dem beschädigten Leben, Frankfurt a.M. 1951.

Adorno, Theodor W. / Horkheimer, Max: Dialektik der Aufklärung. Philosophische Fragmente, Frankfurt a.M. [21]2013.

Ali, Daud: Art. Artha, in: Brill's Encyclopedia of Hinduism, Vol. II: Sacred Texts and Languages, Ritual Traditions, Arts, Concepts (Handbook of Oriental Studies, Section 2 South Asia 22/2), hg. v. Knut A. Jacobsen, Leiden / Boston 2010, 680–684.

Avanessian, Armen (Hg.): #Akzeleration, Berlin 2013.

Barro, Robert J. / McCleary, Rachel M.: Religion and Economic Growth across Countries, in: American Sociological Review 68/5 (2003), 760–781.

Barth, Ulrich: Die Umformungskrise des modernen Protestantismus. Beobachtungen zur Christentumstheorie Falk Wagners, in: Ders.: Religion in der Moderne, Tübingen 2003, 167–199.

Berg, Nicolas (Hg.): Kapitalismusdebatten um 1900. Über antisemitisierende Semantiken des Jüdischen, Leipzig 2011.

Bolz, Norbert: Das Paradies des Diskurses, in: taz. Die Tageszeitung (18.06.2009), 4.

Braun, Herbert: Die Problematik einer Theologie des Neuen Testaments, in: Ders.: Gesammelte Studien zum Neuen Testament und seiner Umwelt, Tübingen 1962, 325–341.

Brodbeck, Karl-Heinz: Erkenntnis und Mitgefühl. Argumente für einen sozial engagierten Buddhismus, in: von Stosch, Klaus (Hg.): Wirtschaftsethik interreligiös, Paderborn 2014, 111–128.

Bultmann, Rudolf: Welchen Sinn hat es, von Gott zu reden?, in: Glauben und Verstehen. Gesammelte Aufsätze, Bd. 1, Tübingen 1933, 26–37.

Conrad, Sebastian: Arbeit, Max Weber, Konfuzianismus. Die Geburt des Kapitalismus aus dem Geist der japanischen Kultur?, in: Berghoff, Hartmut / Vogel, Jakob (Hg.): Wirtschaftsgeschichte als Kulturgeschichte. Dimensionen eines Perspektivenwechsels, Frankfurt a.M. / New York 2004, 219–239.

Dalferth, Ingolf U.: Über Einheit und Vielfalt des Christlichen Glaubens. Eine Problemskizze, in: Härle, Wilfried / Preul, Reiner (Hg.): Marburger Jahrbuch Theologie IV: Glaube, Marburg 1992, 99–137.

Danz, Christian: Sozialethik als Theorie der modernen Gesellschaft. Sozialethische Implikationen philosophischer Theologie, in: Ders. / Dierken, Jörg / Murrmann-Kahl, Michael (Hg.): Religion zwischen Rechtfertigung und Kritik. Perspektiven philosophischer Theologie, Frankfurt a.M. 2005, 105–122.

Danz, Christian: Protestantismus als Religion für »freie Geister«. Überlegungen zur Pneumatologie als Reflexionsort eines endlichen Freiheitsbewusstseins, in: Ders. / Murrmann-Kahl, Michael (Hg.): Zwischen Geistvergessenheit und Geistversessenheit. Perspektiven der Pneumatologie im 21. Jahrhundert, Tübingen 2014, 145–159.

Dierken, Jörg / Polke, Christian: Falk Wagner: Zur Einführung, in: Dies. (Hg.): Falk Wagner. Christentum in der Moderne. Ausgewählte Aufsätze, Tübingen 2014, 1–29.

Dierken, Jörg: Gott und Geld. Ähnlichkeit im Widerstreit, Tübingen 2017.

Drehsen, Volker: Neuzeitliche Konstitutionsbedingungen der Praktischen Theologie. Aspekte der theologischen Wende zur soziokulturellen Lebenswelt christlicher Religion, 2 Bde., Gütersloh 1988.

Felsch, Philipp: Der lange Sommer der Theorie. Geschichte einer Revolte 1960–1990, München 2015.

Franziskus, Apostolisches Schreiben Evangelii Gaudium des Heiligen Vaters Papst Franziskus an die Bischöfe, an die Priester und Diakone, an die Personen geweihten Lebens und an die christgläubigen Laien über die Verkündigung des Evangeliums in der Welt von heute (24. November 2013), hg. v. Sekretariat der Deutschen Bischofskonferenz, Bonn 2013.

Fukuyama, Francis: Trust. The Social Virtues and the Creation of Prosperity, New York 1995.

Gombrich, Richard: Der Theravada-Buddhismus. Vom alten Indien bis zum modernen Sri Lanka, Stuttgart / Berlin / Köln 1997.

Graf, Friedrich Wilhelm: Interdependenzen von Religion und Wirtschaft, in: Korff, Wilhelm et al. (Hg.): Handbuch der Wirtschaftsethik, Bd. 1, Gütersloh 1999, 567–596.

Graf, Friedrich Wilhelm: ›In God we trust‹. Über mögliche Zusammenhänge von Sozialkapital und kapitalistischer Wohlfahrtsökonomie, in: Ders. / Platthaus, Andreas / Schleissing, Stephan (Hg.): Soziales Kapital in der Bürgergesellschaft, Stuttgart / Berlin / Köln 1999b, 93–130.

Gresser, Uwe: Hochfrequenzhandel. Kompakt, verständlich, aktuell, Wiesbaden 2018.

Gross, Raphael: Vorwort, in: Juden. Geld. Eine Vorstellung, Ausstellung des Jüdischen Museums Frankfurt a.M., 25. April–6. Oktober 2013, hg. v. Fritz Backhaus / Liliane Weissberg / Raphael Gross, Frankfurt a.M. 2013, 7–10.

Gutmann, Hans-Martin: Der gute und der schlechte Tausch. Das Heilige und das Geld – gegensätzliche ökonomische Beziehungen?, in: Ebach, Jürgen et al. (Hg.): »Leget Anmut in das Geben«. Zum Verhältnis von Ökonomie und Theologie, Gütersloh 2001, 162–225.

Habermas, Jürgen: Theorie des kommunikativen Handelns, 2 Bde., Frankfurt a.M. 1981.

Halbmayr, Alois: Gott und Geld in Wechselwirkung. Zur Relativität der Gottesrede, Paderborn 2007.

Hartmann, Dirk / Janich, Peter: Die kulturalistische Wende, in: Dies. (Hg.): Die kulturalistische Wende. Zur Orientierung des philosophischen Selbstverständnisses, Frankfurt a.M. 1998.

Heidenreich, Stefan: ~~Geld~~. Für eine non-monetäre Ökonomie, Berlin 2017.

Herms, Eilert: Das Problem von ›Sinn als Grundbegriff der Soziologie‹ bei Niklas Luhmann, in: Zeitschrift für Evangelische Ethik 18 (1974), 341–359.

Herms, Eilert: Pastorale Beratung als Vollzug theologischer Anthropologie, in: Wege zum Menschen 29 (1977), 202–223.

Herms, Eilert: Das Kirchenrecht als Thema der theologischen Ethik, in: Zeitschrift für evangelisches Kirchenrecht 28 (1983), 199–277.

Herms, Eilert: Aufgaben und Probleme einer theologisch begründeten Wirtschaftsethik, in: Ders. / Jarre, Jan (Hg.): Theologische Aspekte der Wirtschaftsethik I, Loccum 1986, 2–49.

Herrmann, Ute: Vielgestaltigkeit als Wettbewerbsvorteil. Ansätze Evangelischer Wirtschaftsethik von 1970–1995, Münster 2005.

Jähnichen, Traugott: Sozialer Protestantismus und moderne Wirtschaftskultur. Sozialethische Studien zu grundlegenden anthropologischen und institutionellen Bedingungen ökonomischen Handelns, Münster 1998.

Jähnichen, Traugott: Wirtschaftsethik, in: Huber, Wolfgang / Meireis, Torsten / Reuter, Hans-Richard (Hg.): Handbuch der Evangelischen Ethik, München 2015, 331–400.

Kramer, Rolf: Ethik des Geldes. Eine theologische und ökonomische Verhältnisbestimmung, Berlin 1996.

Kumar, R. / Ram, S.: Encyclopaedia of Hinduism, Bd. 9, Economic Ideas of the Hindus, Delhi 2007.

Lewis, Michael: *Flash Boys. Revolte an der Wall Street*, Frankfurt a.M. / New York 2014.

Lindner, Rolf: Die Idee des Authentischen, in: Kuckuck. Notizen zur Alltagskultur und Volkskunde 13/1 (1998), 58–61.

Luhmann, Niklas: Funktion der Religion, Frankfurt a.M. 1977.

Luther, Martin: Der Große Katechismus [1529], in: Dingel, Irene (Hg.): Die Bekenntnisschriften der Evangelisch-Lutherischen Kirche, Göttingen 2014, 912–1162.

Mahlknecht, Michael: Islamic Finance: Einführung in Theorie und Praxis, Weinheim 2009.

Marquardt, Friedrich-Wilhelm: Gott oder Mammon aber: Theologie und Ökonomie bei Martin Luther, in: Ders. et al. (Hg.): Einwürfe 1, München 1983, 176–216.

Marx, Karl / Engels, Friedrich: Deutsche Ideologie. Manuskripte und Drucke (1845–1847), in: Karl Marx und Friedrich Engels Gesamtausgabe (MEGA), Bd. I/5, hg. v. der Internationalen Marx-Engels-Stiftung Amsterdam, Berlin / Boston 2017.

Müller, Eckart / Diefenbacher, Hans (Hg.): Wirtschaft und Ethik. Eine kommentierte Bibliographie, Heidelberg 1992.

Nassery, Idris: Grundlagen des islamischen Finanzwesens und der islamischen Wirtschaftsethik, in: von Stosch, Klaus (Hg.): Wirtschaftsethik interreligiös, Paderborn 2014, 71–91.

Pannenberg, Wolfhart: Was ist der Mensch? Die Anthropologie der Gegenwart im Lichte der Theologie, Göttingen 1962.

Pannenberg, Wolfhart: Wissenschaftstheorie und Theologie, Frankfurt a.M. 1973.

Rendtorff, Trutz: Freiheit und Recht des Menschen. Theologische Überlegungen zur Erklärung der Menschenrechte, in: Lutherische Rundschau 18 (1968), 215–227.

Rendtorff, Trutz: Schuld und Rechtfertigung. Erwägungen zum Zusammenhang von Theologie und Strafrecht, in: Zeitschrift für Evangelische Ethik 13 (1969), 153–163.

Rendtorff, Trutz: Von der Kirchensoziologie zur Soziologie des Christentums. Über die soziologische Funktion der ›Säkularisierung‹, in: Ders.: Theorie des Christentums. Historisch-theologische Studien zu seiner neuzeitlichen Verfassung, Gütersloh 1972a, 116–139.

Rendtorff, Trutz: Gott, ein Wort unserer Sprache? Ein theologischer Essay, München 1972b.

Rich, Arthur: Wirtschaftsethik. Grundlagen in theologischer Perspektive, Gütersloh, 1984.

Rohls, Jan: Falk Wagner im Kontext der protestantischen Theologiegeschichte der Nachkriegszeit, in: Danz, Christian / Murrmann-Kahl, Michael (Hg.): Spekulative Theologie und gelebte Religion. Falk Wagner und die Diskurse der Moderne, Tübingen 2015, 13–44.

Rutschky, Michael: Erfahrungshunger. Ein Essay über die siebziger Jahre, Köln 1980.

Sauter, Gerhard: Wissenschaftstheoretische Kritik der Theologie. Die Theologie und die neuere wissenschaftstheoretische Diskussion. Materialien, Analysen, Entwürfe, München 1973.

Siegenthaler, Hansjörg: Regelvertrauen, Prosperität und Krisen. Die Ungleichmäßigkeit wirtschaftlicher und sozialer Entwicklung als Ergebnis individuellen Handelns und sozialen Lernens, Tübingen 1993.

Sombart, Werner: Die Juden und das Wirtschaftsleben, Leipzig 1911.

Strunk, Gerhard [unter Mitarbeit von Wagner, Falk / von Stern, Peter]: Liebe – Ehe – Sexualität. Zur Ethik modernen Sexualverhaltens, Gütersloh 1970.

Stübinger, Ewald: Ökonomie als Thema des ›pneumatologischen Realisierungszusammenhangs‹. Systematisch-theologische Prolegomena zur Wirtschaftsethik, in: Berger, Martin / Geist, Matthias / Tschank, Ingrid (Hg.): Gott und die Moderne. Theologisches Denken im Anschluß an Falk Wagner, Wien 1994, 58–68.

Stübinger, Ewald: Symmetrische Anerkennungsverhältnisse und/oder theologische Sozialethik?, in: Danz, Christian / Murrmann-Kahl, Michael (Hg.): Spekulative Theologie und gelebte Religion. Falk Wagner und die Diskurse der Moderne, Tübingen 2015, 163–182.

Timm, Hermann: Friedrich Naumanns theologischer Widerruf. Ein Weg protestantischer Sozialethik im Übergang vom 19. zum 20. Jahrhundert, München 1967.

Timm, Hermann: Geist der Liebe. Die Ursprungsgeschichte der religiösen Anthropotheologie (Johannismus), Gütersloh 1978.

Wagner, Falk: Hegels Satz »Gott ist tot«. Bemerkungen zu Dorothee Sölles Hegel-Interpretation, Zeitwende 38 (1967), 77–93.

Wagner, Falk: Die Legitimität der Mission, München 1968.

Wagner, Falk: Der Gedanke der Persönlichkeit Gottes bei Fichte und Hegel, Gütersloh 1971a.

Wagner, Falk: Was führt die Christen zum gesellschaftlichen Handeln? Überlegungen zur politischen Bildung, in: Diskussionen. Zeitschrift für Akademiearbeit und Erwachsenenbildung 6 (1971b), 4–8.

Wagner, Falk: Gehlens radikalisierter Handlungsbegriff. Ein theologischer Beitrag zur interdisziplinären Forschung, in: Zeitschrift für Evangelische Ethik 17 (1973), 213–229.

Wagner, Falk: Ethischer Pluralismus? Erwägungen zu A. Gehlens ›Moral und Hypermoral‹, in: Zeitschrift für Evangelische Ethik 18 (1974), 21–37.

Wagner, Falk: Recht als Voraussetzung wirklicher Freiheit. Recht – Philosophie – Theologie, in: Nembach, Ulrich / von Bonin, Konrad (Hg.): Begründungen des Rechts, Göttingen 1979a, 49–67.

Wagner, Falk: Zur exemplarischen Bedeutung des christlich-jüdischen Dialogs, in: Lapide, Pinchas / Pannenberg, Wolfhart (Hg.): Judentum und Christentum. Einheit und Unterschied, München 1981, 46–49.

Wagner, Falk: Grundwerte als Pervertierung des Rechts, in: Behrendt, Ethel L. (Hg.): Rechtsstaat und Christentum. Besinnung auf Identitäten, Besinnung auf Differenzen, Bd. II, München 1982a, 63–92.

Wagner, Falk: Auf dem Weg zur Friedensfähigkeit des Christentums. Auseinandersetzungen mit theologischer Literatur, in: Theologia Practica 18 (1983a), 165–176.

Wagner, Falk: Was ist Religion? Studien zu ihrem Begriff und Thema in Geschichte und Gegenwart, Gütersloh 1986 [^{2}1991].

Wagner, Falk: Weltanschaulich-metaphysische Voraussetzungen im Konzept der sozialen Marktwirtschaft von Alfred Müller-Armack, in: Herms, Eilert / Habicht-Erenler, Susanne (Hg.): Theologische Aspekte der Wirtschaftsethik III, Loccum 1987, 67–93.

Wagner, Falk: Religionssoziologisch-theologische Rahmenbedingungen und theologisch-sozialethische Prinzipien und Kriterien für die Konstitution und Beurteilung sozialer, insbesondere sozioökonomischer Verhältnisse, in: Eilert Herms / Susanne Habicht-Erenler (Hg.), Theologische Aspekte der Wirtschaftsethik IV, Loccum 1988a, 73–129.

Wagner, Falk: Art. Geld, in: Wörterbuch des Christentums, hg. v. Volker Drehsen et al., Gütersloh 1988b, 396f.

Wagner, Falk: Politische Theorie des Nationalsozialismus als politische Theologie, in: Ders.: Was ist Theologie? Studien zu ihrem Begriff und Thema in der Neuzeit, Gütersloh 1989a, 73–92.

Wagner, Falk: Der Mensch zwischen Selbstbestimmung und Abhängigkeit. Thesen zum Verhältnis von Anthropologie, Ethik und Gotteslehre, in: Ders.: Was ist Theologie? Studien zu ihrem Begriff und Thema in der Neuzeit, Gütersloh 1989b, 351–369.

Wagner, Falk: Systematisch-theologische und sozialethische Erwägungen zu Frieden und Gewalt, in: Ders.: Was ist Theologie? Studien zu ihrem Begriff und Thema in der Neuzeit, Gütersloh 1989c, 394–454.

Wagner, Falk: Religionssoziologisch-theologische Rahmenbedingungen und theologisch-sozialethische Prinzipien und Kriterien für die Konstitution und Beurteilung sozialer, insbesondere sozioökonomischer Verhältnisse, in: Ders.: Was ist Theologie? Studien zu ihrem Begriff und Thema in der Neuzeit, Gütersloh 1989d, 455–498.

Wagner, Falk: Praktische Theologie als Theologie der Praxis der gelebten Religion, in: Theologische Rundschau 55 (1990), 228–241.

Wagner, Falk: Der irdische Gott des Geldes, in: Religion heute 1 (1991a), 32–37.

Wagner, Falk: Religion und die Zweideutigkeit der modernen Individualitätskultur, in: Barth, Ulrich / Gräb, Wilhelm (Hg): Gott im Selbstbewußtsein der Moderne. Zum neuzeitlichen Begriff der Religion (FS Hans-Walter Schütte), Gütersloh 1993a, 140–151.

Wagner, Falk: Art. Naturrecht, in: Theologische Realenzyklopädie, Bd. XXIV, hg. v. Gerhard Müller, Berlin / New York 1994a, 153–185.

Wagner, Falk: Recht und Moral in der theologischen Ethik, in: Ders.: Zur gegenwärtigen Lage des Protestantismus, Gütersloh 1995a, 137–157.

Wagner, Falk: Protestantische Kirchen zwischen Demokratie und Demokratisierung, in: Ders.: Zur gegenwärtigen Lage des Protestantismus, Gütersloh 1995b, 158–179.

Wagner, Falk: Frömmigkeitsstil und Pädagogik der Heliand-Pfadfinderschaft in den 50er Jahren, in: Weit sind die Wege. 50 Jahre Heliand-Pfadfinderschaft 1946–1996, hg. v. Stefan Wiesner im Auftrag der Heliand-Pfadfinderschaft im Ring der Evangelischen Jugendwerke in Hessen, Frankfurt a.M. 1996, 375–376.

Wagner, Falk: Protestantismus und soziale Marktwirtschaft. Theologische und sozialethische Entwicklungslinien, in: Hüttig, Christoph (Hg.): Protestantismus und soziale Marktwirtschaft. Zur Bedeutung ethischer, kultureller und religiöser Faktoren wirtschaftlicher Entwicklung [Tagung der Evangelischen Akademie Loccum vom 22.–24. November 1996], Rehburg-Loccum 1997a, 39–65.

Wagner, Falk: Art. Religion II, in: Theologische Realenzyklopädie, Bd. XXVIII, hg. v. Gerhard Müller, Berlin / New York 1997b, 522–545.

Wagner, Falk, Selbstdarstellung, in: Henning, Christian / Lehmkühler, Karsten (Hg.): Systematische Theologie der Gegenwart in Selbstdarstellungen, Tübingen 1998a, 276–299.

Wagner, Falk: In den Klauen des Mammon. Die diabolischen Folgen des modernen Geldpantheismus, in: Evangelische Kommentare 31 (1998b), 192–196.

Wagner, Falk: Gott – ein Wort unserer Sprache?, in: Faulhaber, Theo / Stillfried, Bernhard (Hg.): Wenn Gott verloren geht. Die Zukunft des Glaubens in der säkularisierten Gesellschaft, Freiburg i.Br. / Basel / Wien 1998c, 222–240.

Wagner, Falk: Metamorphosen des modernen Protestantismus, Tübingen 1999.

Wagner, Falk: Die Bedeutung der Theologie für die inhaltliche Gestaltung des Religionsunterrichts, in: Ders.: Zur Revolutionierung des Gottesgedankens. Texte zu einer modernen philosophischen Theologie, aus dem Nachlaß ediert von Christian Danz und Michael Murrmann-Kahl, Tübingen 2014a, 15–120.

Wagner, Falk: Einleitung in die theo-logische Theologie. Religion – Theologie als Theorie des religiösen Bewußtseins – Theo-logische Theologie, in: Ders.: Zur Revolutionierung des Gottesgedankens. Texte zu einer modernen philosophischen Theologie, aus dem Nachlaß ediert von Christian Danz und Michael Murrmann-Kahl, Tübingen 2014b, 319–398.

Wagner, Falk: Laudatio für Herrn Schalom Ben-Chorin zur Verleihung der theologischen Ehrendoktorwürde, in: Ders.: Zur Revolutionierung des Gottesgedankens. Texte zu einer modernen philosophischen Theologie, aus dem Nachlaß ediert von Christian Danz und Michael Murrmann-Kahl, Tübingen 2014c, 455–461.

Wagner, Falk: »…zwischen…«. Verhältnisse und Selbstverhältnisse, in: Ders.: Zur Revolutionierung des Gottesgedankens. Texte zu einer modernen philosophischen Theologie, aus dem Nachlaß ediert von Christian Danz und Michael Murrmann-Kahl, Tübingen 2014d, 462–477.

Wagner, Falk: Gesetz und Geschichte als Problem der Ethik, in: Ders.: Zur Revolutionierung des Gottesgedankens. Texte zu einer modernen philosophischen Theologie, aus dem Nachlaß ediert von Christian Danz und Michael Murrmann-Kahl, Tübingen 2014e, 481–501.

Wagner, Falk: Gesetz und Gerechtigkeit im protestantischen Verständnis. Das Thema der Rechtfertigungslehre unter der Bedingung der Moderne, in: Ders.: Zur Revolutionierung des Gottesgedankens. Texte zu einer modernen philosophischen Theologie, aus dem Nachlaß ediert von Christian Danz und Michael Murrmann-Kahl, Tübingen 2014f, 502–520.

Wagner, Falk: Ethik als Freiheitsvollzug. Vom Verhältnis von philosophischer und theologischer Ethik, in: Ders.: Zur Revolutionierung des Gottesgedankens. Texte zu einer modernen philosophischen Theologie, aus dem Nachlaß ediert von Christian Danz und Michael Murrmann-Kahl, Tübingen 2014g, 540–551.

Wagner, Falk: Geld und Schuld. Anmerkungen zur Theologie der Geldwirtschaft, in: Ders.: Zur Revolutionierung des Gottesgedankens. Texte zu einer modernen philosophischen Theologie, aus dem Nachlaß ediert von Christian Danz und Michael Murrmann-Kahl, Tübingen 2014h, 552–587.

Wagner, Falk: Die latein-amerikanische Befreiungstheologie. Eine Herausforderung für europäische Theologien und Kirchen?, in: Ders.: Zur Revolutionierung des Gottesgedankens. Texte zu einer modernen philosophischen Theologie, aus dem Nachlaß ediert von Christian Danz und Michael Murrmann-Kahl, Tübingen 2014i, 588–604.

Wagner, Falk: »Mein Reich ist nicht von dieser Welt?« Systematisch-theologische und sozialethische Erwägungen zum Verhältnis von Staat, Gesellschaft und Christentum in Geschichte und Gegenwart, in: Ders.: Zur Revolutionierung des Gottesgedankens. Texte zu einer modernen philosophischen Theologie, aus dem Nachlaß ediert von Christian Danz und Michael Murrmann-Kahl, Tübingen 2014j, 605–622.

Wagner, Falk: »Religion des Wachstums« und protestantische Askese, in: Ders.: Zur Revolutionierung des Gottesgedankens. Texte zu einer modernen philosophischen Theologie, aus dem Nachlaß ediert von Christian Danz und Michael Murrmann-Kahl, Tübingen 2014k, 623–642. Von diesem Text wurde außerdem eine spanische Übersetzung publiziert: ders.: »Religión del crecimiento« y ascetismo protestante, in: Insausti Ugarriza, Xabier / Aguirre Oraa, José María (Hg.): Pensamiento crítico, ética y absoluto. Homenaje a José Manzana (1928–1978), Vitoria 1990, 475–495.

Wagner, Falk: Sozialethik als Theorie des Geistes, in: Ders.: Christentum in der Moderne. Ausgewählte Aufsätze, hg. v. Jörg Dierken / Christian Polke, Tübingen 2014l, 33–54.

Wagner, Falk: Christentum und Moderne, in: Ders.: Christentum in der Moderne. Ausgewählte Aufsätze, hg. v. Jörg Dierken / Christian Polke, Tübingen 2014m, 72–91.

Wagner, Falk: Geld oder Gott. Systematisch-theologische und sozialethische Erwägungen zum Geld als alles bestimmende Wirklichkeit, in: Ders., Christentum in der Moderne. Ausgewählte Aufsätze, hg. v. Jörg Dierken / Christian Polke, Tübingen 2014n, 100–119.

Wagner, Falk: Recht und Religion in der Sicht protestantischer Theologie, in: Ders., Christentum in der Moderne. Ausgewählte Aufsätze, hg. v. Jörg Dierken / Christian Polke, Tübingen 2014o, 136–158.

Wagner, Falk: Systemtheorie und Subjektivität. Ein Beitrag zur interdisziplinären theologischen Forschung, in: Ders.: Christentum in der Moderne. Ausgewählte Aufsätze, hg. v. Jörg Dierken / Christian Polke, Tübingen 2014p, 161–192.

Wagner, Falk: Theologie im Banne des religiös-frommen Bewußtseins, in: Ders., Christentum in der Moderne. Ausgewählte Aufsätze, hg. v. Jörg Dierken / Christian Polke, Tübingen 2014q, 259–280.

Wagner, Falk: Die Wirklichkeit Gottes als Geist. Dogmatische Erwägungen zur Gotteslehre, in: Ders., Christentum in der Moderne. Ausgewählte Aufsätze, hg. v. Jörg Dierken / Christian Polke, Tübingen 2014r, 406–413.

Wagner, Falk: Geld oder Gott? Zur Geldbestimmtheit der kulturellen und religiösen Lebenswelt, Göttingen [2]2019 [1. Auflage Stuttgart 1985].

Wallerstein, Immanuel Maurice: Die Barbarei der anderen. Europäischer Universalismus, Berlin 2007.

Weber-Berg, Christoph A.: Die Kulturbedeutung des Geldes als theologische Herausforderung. Eine theologische Auseinandersetzung mit Georg Simmels »Philosophie des Gelds«, Zürich 2002.

Rezensionsverzeichnis

Dalferth, Ingolf U.: Rez. zu Wagner, Falk: Was ist Religion? Studien zu ihrem Begriff und Thema in Geschichte und Gegenwart, Gütersloh 1986, in: Philosophische Rundschau 36 (1989), 155–159.

Dalferth, Ingolf U.: Rez. zu Wagner, Falk: Religion und Gottesgedanke, Bern u. a. 1996, in: Theologische Literaturzeitung 124/4 (1999), Sp. 432–435 (= Dalferth, Ingolf U.: Rez.: Falk Wagner, Religion and the Concept of God, in: Review of Theological Literature 1/2 (1999), 113–116).

Höhn, Hans-Joachim: Rez. zu Wagner, Falk: Geld oder Gott? Zur Geldbestimmtheit der kulturellen und religiösen Lebenswelt, Stuttgart 1985, in: Vierteljahresschrift für Theologie und Philosophie 63 (1988), 154.

Rückert, Markus: Rez. zu Wagner, Falk: Geld oder Gott? Zur Geldbestimmtheit der kulturellen und religiösen Lebenswelt, Stuttgart 1985, in: Nachrichten der Ev.-Luth. Kirche in Bayern 41/3 (1986), 57.

Thaidigsmann, Edgar: Rez. zu Wagner, Falk: Geld oder Gott? Zur Geldbestimmtheit der kulturellen und religiösen Lebenswelt, Stuttgart 1985, in: Theologische Rundschau 52/3 (1987), 219f.

Voigt, Friedemann: Rez. zu Weber-Berg, Christoph A.: Die Kulturbedeutung des Geldes als theologische Herausforderung, in: Theologische Literaturzeitung 129 (2004), Sp. 834–836.

Wagner, Falk: Rez. zu Samson, Lothar: Naturteleologie und Freiheit bei Arnold Gehlen, Freiburg i.Br. / München 1976, in: Zeitschrift für Evangelische Ethik 21 (1977), 236–238.

Wagner, Falk: Rez. zu Müller, Gotthold (Hg.): Israel hat dennoch Gott zum Trost. Festschrift für Schalom Ben-Chorin, Trier 1978, in: Nachrichten der Ev.-Luth. Kirche in Bayern 34 (1979b), 358f.

Wagner, Falk: Rez. zu Kogon, Eugen / Metz, Johann Baptist (Hg.): Gott nach Auschwitz. Dimensionen des Massenmords am jüdischen Volk, Freiburg i.Br. / Basel / Wien 1979, in: Nachrichten der Ev.-Luth. Kirche in Bayern 34 (1979c), 398.

Wagner, Falk: Rez. zu Stöhr, Martin (Hg.): Erinnern, nicht vergessen. Zugänge zum Holocaust, München 1979, in: Nachrichten der Ev.-Luth. Kirche in Bayern 34 (1979d), 358.

Wagner, Falk: Rez. zu Mosse, George L.: Rassismus. Ein Krankheitssymptom in der europäischen Geschichte des 19. und 20. Jahrhunderts, Königstein 1978, in: Zeitschrift für Evangelische Ethik 26 (1982b), 235–238.

Wagner, Falk: Rez. zu Petuchowski, Jakob J.: Gottesdienst des Herzens. Eine Auswahl aus dem Gebetsschatz des Judentums, Freiburg i.Br. 1981, in: Nachrichten der Ev.-Luth. Kirche in Bayern 37 (1982c), 37f.

Wagner, Falk: Rez. zu Petuchowski, Jakob J. / Strolz, Walter (Hg.): Offenbarung im jüdischen und christlichen Glaubensverständnis, Freiburg i.Br. / Basel / Wien 1981, in: Nachrichten der Ev.-Luth. Kirche in Bayern 37 (1982d), 161f.

Wagner, Falk: Rez. zu Sievers, Leo: Juden in Deutschland. Die Geschichte einer 2000jährigen Tragödie, Hamburg ^{4}1981, in: Nachrichten der Ev.-Luth. Kirche in Bayern 37 (1982e), 322f.

Wagner, Falk: Rez. zu Ginzel, Günther B. (Hg.): Auschwitz als Herausforderung für Juden und Christen, Heidelberg 1980, in: Zeitschrift für Evangelische Ethik 27 (1983b), 346–349.

Wagner, Falk: Rez. zu van Norden, Günther: Der deutsche Protestantismus im Jahr der nationalsozialistischen Machtergreifung, Gütersloh 1979, in: Zeitschrift für Evangelische Ethik 27 (1983c), 338–340.

Wagner, Falk: Rez. zu Falaturi, Abdoldjavad / Strolz, Walter / Talmon, Shemaryahu (Hg.): Zukunftshoffnung und Heilserwartung in den monotheistischen Religionen, Freiburg i.Br. 1983, in: Nachrichten der Ev.-Luth. Kirche in Bayern 39 (1984), 218f.

Wagner, Falk: Rez. zu Dalferth Ingolf U.: Theology and Philosophy, Oxford 1988, in: Theologische Literaturzeitung 116/1 (1991b), Sp. 56–58.

Wagner, Falk: Rez. zu Ingolf U. Dalferth, Kombinatorische Theologie. Probleme theologischer Rationalität (Quaestiones Disputatae 130), Freiburg i.Br. / Basel / Wien 1991, in: Theologische Literaturzeitung 118/3 (1993b), Sp. 252–254.

Wagner, Falk: Rez. zu Ingolf U. Dalferth, Gott. Philosophisch-theologische Denkversuche, Tübingen 1992, in: Theologische Literaturzeitung 119/5 (1994b), 449–451.

Falk Wagner: Geld oder Gott?

Vorwort

Gott – das Absolute – ist zu jeder Zeit gegenwärtig; es fragt sich nur, in welcher Gestalt. Unter den Bedingungen der modernen, ökonomisch bestimmten Gesellschaft tritt das Geld seine Karriere als alles bestimmende Wirklichkeit an. Damit löst es die Funktion des Gottesgedankens in der Gestalt eines Geld-Pantheismus ab, der alle lebensweltlichen und systemischen Bereiche des individuellen und sozialen Weltumgangs durchdringt. Die Tatsache, daß alle kulturellen, sozialen und religiösen Inhalte ihre Verwert- und Kommunizierbarkeit mit der grenzenlosen Mitteilbarkeit des Geldes teilen, wird von der Theologie weitgehend verdrängt. Solche Verdrängung schließt jedoch nicht aus, daß die geldbestimmte Kommunikations- und Bewußtseinsform auch die Darstellung religiöser Inhalte und theologischer Positionen prägt. Der Pantheismus des Geldes hält dann auch dort Einzug, wo man sich zugute hält, zwischen Gott und Abgott, Gott und Welt, Religion und Aberglaube unterscheiden zu können.

Die hier veröffentlichten Untersuchungen sind in ihrer ersten Fassung im Rahmen eines Seminars entstanden, das ich zusammen mit Herrn Dr. Friedrich Wilhelm Graf im Wintersemester 1981/82 an der Universität München zum Verhältnis von Theologie und Ökonomie durchgeführt habe. Für kritische Einwände und Anregungen habe ich Herrn Graf ebenso zu danken wie Herrn Dr. Dr. Dietrich Kerlen; letzterer hat auch – zusammen mit Frau Hannelore Winkert – die Einrichtung des Manuskripts für die Drucklegung betreut. Ihnen und dem Verlag Klett-Cotta danke ich für die bewährte gute Zusammenarbeit.

Eichenau, im April 1985 F. W.

Einleitung

Das Verhältnis von Gott und Geld, Religion und Geld scheint kein die Theologie besonders interessierendes Thema zu sein. Obwohl alle Individuen und Institutionen, alle personalen und sozialen Systeme jeder Gesellschaft täglich mit Geld umgehen, tritt die theologische Reflexion dem Geld mit vornehmer Zurückhaltung entgegen. Wer ein vornehmes Verhalten an den Tag legt, weiß sich von anderen Verhaltensweisen so unterschieden, daß er einen Vergleich mit ihnen überhaupt ablehnt. Die vornehme Zurückhaltung der Theologie gegenüber dem Geld läßt sich so allerdings nicht als Verwirklichung des gegenseitigen Ausschlusses von Gott und Geld, von Gottesdienst und Dienst am »Mammon« deuten, den die Evangelien (Matthäus 6,24; Lukas 16,13) thematisieren. Denn wer sich vornehm zurückhält, scheut den Vergleich, der im Falle des Verhältnisses von Gott und Geld dann doch offenbaren könnte, daß die Theologie vom Geld als dem »existierenden allgemeinen *Wert* der Dinge und der Leistungen«[1] mehr bestimmt ist, als sie selber wahrhaben will. Allerdings hängt diese vornehme Zurückhaltung, sozialgeschichtlich und wissenssoziologisch geurteilt, offensichtlich mit der Tatsache zusammen, daß die bildungsbürgerliche Familie, zu der im 19. und bis weit ins 20. Jahrhundert hinein vorrangig auch die Haushalte der Pfarrer und Universitätstheologen gehörten, eine vom kapitalistischen System wenig berührte »Oase« darstellte. Das Geld, über das man kaum sprach, erhielten diese Haushalte von staatlichen oder staatlich getragenen Stellen, so daß sich das bildungsbürgerliche Bewußtsein weitgehend unbeeinflußt von den Stätten kapitalistischer Produktion und Zirkulation erhalten konnte. »Die bildungsbürgerliche Familie in Deutschland stellt damit einen Sonderfall, ein ›Unikum‹ dar. Ein Unikum, das die gesamte politische Atmosphäre in Deutschland bis heute viel stärker beeinflussen sollte, als Klassentheoretiker je wahrhaben wollten.«[2]

Gleichwohl ist nicht zu übersehen, daß außerhalb der professionellen

1 Hegel 1962, § 299.

2 Claessens / Claessens 1979, 187; vgl. 151, 183f., 186f.

Theologie, nämlich insbesondere in der Politischen Ökonomie (Volkswirtschaftslehre), Soziologie, Psychoanalyse[3] und Philosophie der, sei's positive, sei's negative, Zusammenhang von Gott und Geld immer wieder betont wird. So konstatiert schon der junge Marx: »Das Geld ist der eifrige Gott Israels, vor welchem kein anderer Gott bestehen darf. Das Geld erniedrigt alle Götter des Menschen – und verwandelt sie in eine Ware. Das Geld ist der allgemeine, für sich selbst konstituierbare *Wert* aller Dinge. Es hat daher die ganze Welt, die Menschenwelt wie die Natur, ihres eigentümlichen Wesens beraubt. Das Geld ist das den Menschen entfremdete Wesen seiner Arbeit und seines Daseins, und dies fremde Leben beherrscht ihn, und er betet es an.«[4] In der modernen bürgerlichen Gesellschaft tritt an die Stelle der ›alles bestimmenden Wirklichkeit‹ Gottes das Geld, durch das alles, die innere und äußere Natur des Menschen, die Arbeit und ihre Produkte, verwertet wird. Auch der Marx des *Kapitals*, der die Religionskritik in die Kritik der politischen Ökonomie überführt, deren falscher Ausdruck die Religion sein soll, kann die trinitarische bzw. binitarische Gottesvorstellung als Analogie des sich selbst verwertenden Kapitals heranziehen.[5] Wenn man auch die sachliche Richtigkeit dieser Analogie bezweifeln mag, so zeigt die Marxsche Verhältnisbestimmung von Gott und Geld immerhin dies: Das Geld löst nicht nur den Gott der Religion in der Funktion ab, die alles bestimmende Wirklichkeit zu sein; diese Ablösung setzt überdies voraus, daß das Verhältnis von Gott und Geld nicht nur auf die negative Beziehung des gegenseitigen Ausschlusses von Gott und Geld reduziert werden kann.

Der Zusammenhang von Gott und Geld zielt dabei nicht nur auf die seit der Antike wiederholt getroffene Feststellung, daß Geld die Welt regiere,[6] oder daß das Geld »gleichsam der Geist der Gesellschaft« (Paul Valéry) sei. Derartige generell gehaltene Behauptungen, die der römische Lustspieldichter des 1. Jahrhunderts v. Chr. Publilius Syrus in seiner Sentenz »Pecunia una regimen est rerum omnium« genauso festhält wie Goethe in seinem *Faust:* »Nach Golde drängt, am Golde hängt doch alles«, bedürfen erst eines *tertium comparationis*, des Umweges über die Totalität, auf die Geld und Gott gleichermaßen bezogen sind. Die damit gegebene Vergleichbarkeit von Gott und Geld ist zwar nicht von der Hand zu weisen; aber ihre Gleichsetzung wird das religiöse Bewußtsein doch

3 Ausgehend von Sigmund Freud wird wird in der psychoanalytischen Behandlung des Geldes der Zusammenhang von Geld und Kot herausgestellt; Geld wird schon bei archaischen Völkern als »Kot der Hölle« (Altbabylonien)oder als »Götterdreck« (Azteken) bezeichnet. Dazu vgl. Borneman 1977.

4 Marx 1972, 374f.

5 Vgl. Marx 1947, 162.

6 Karl Julius Weber (1767–1832), in: Demokritos, oder Hinterlassene Briefe eines lachenden Philosophen, 12 Bde., 1832–1840.

zurückweisen wollen, wie es schon Luther in der Form eines bei Tische formulierten Rätsels tat:

»Ich weiß ein Wort, das hat ein L;
Wer das sieht, der begehrt es schnell.
Wenn aber das L weg und fort ist,
Nichts Bessres im Himmel und auf Erden ist.
Hast du nun einen weisen Geist,
So sage mir, wie das Wörtlein heißt.«[7]

Aber ein Bewußtsein, das angesichts der ›physischen Notdurft‹ (Hölderlin) zwischen dem Geschick des Himmels und dem der Erde zu unterscheiden gelernt hat, wird die Gegenrechnung präsentieren: »Ums Geld kann man alles haben. Gehens hin mit der Ehr Gottes, und schauens, ob Ihnen der Becker um einen Kreutzer Brod drauf borgt.«[8] Wo von Geld die Rede ist, da scheint Gott nicht weit weg zu sein, und sei's auch nur, um die Umwertung des Wertes zu konstatieren, die sich zwischen der Bewertung des ›himmlischen‹ und des ›irdischen‹ Gottes, des Geldes, vollzogen hat:

»Dem Geld erweisen die Menschen Ehren.
Das Geld wird über Gott gestellt.
Willst du deinem Feind die Ruhe im Grab verwehren
Schreibe auf seinen Stein: Hier ruht Geld.«[9]

Geld ersetzt nicht nur religiöse Sicherungsmittel, sondern wird auch selber zum »god term«,[10] der nicht nur im engeren Bereich der Wirtschaft seine universale Geltung unter Beweis stellt. Die Konkurrenz, die zwischen Gott und Geld zustandekommt, ist nicht nur ein Sachverhalt, der sich der indirekten Beobachtung philosophischer oder sozialwissenschaftlicher Reflexion verdankt. Die mit ihr zutage tretende Einsicht ist auch der direkten Anschauung zugänglich, so wenn beispielsweise auf US-Dollar-Noten der Satz erscheint: »In God we trust«, oder die griechischen 1000-Drachmenscheine das Bild des Gottes Poseidon[11] tragen, was dem Satz Kafkas: »Poseidon saß [an seinem Arbeitstisch] und rechnete« seine abgründige Plastizität verleiht. Indem die bürgerliche Gesellschaft alle wirtschaftlich beurteilten Dinge und Handlungen – und welche sind das nicht? – auf Geld bezieht, ersetzt sie »die Omnipotenz Gottes durch die Omnipotenz des

7 Luther 1983, 43.
8 Bucher 1980, Vorbericht.
9 Brecht 1967, 303.
10 Vgl. Burke 1962, 355f., auf den Luhmann 1971a, 214, hinweist.
11 Auf den 1000-Drachmen-Scheinen wird die abgebildete Statue (Kopf) zwar auf Zeus bezogen; aber das im Athener Nationalmuseum ausgestellte Original der Statue wird von der überwiegenden Mehrzahl der Archäologen und Kunsthistoriker als Darstellung des Gottes Poseidon angesehen.

Geldes«[12]. »Quod ubique, quod semper, quod ab omnibus creditum est« (Vinzenz von Lerin), das ist in der bürgerlichen Gesellschaft, in der das kapitalistische Wirtschaftssystem den Funktionsprimat innehat, der in der alteuropäischen *societas civilis sive politica* der Politik zukam, das Geld, das in der Gestalt des Kapitals nicht nur Betriebe, Märkte, Haushalte und die Arbeit, sondern zunehmend auch die kulturellen Bereiche – Kulturindustrie – durch seinen Verwertungsmechanismus steuert. Immerhin kann so auch von theologischer Seite, wenn auch nur vereinzelt, festgestellt werden: »Faktisch ›universal‹ ist in der heutigen Welt nur das *Geld.*«[13] Indem das Geld, systemtheoretisch betrachtet, als das am weitesten ausdifferenzierte Kommunikationsmedium erscheint, das sowohl die Übertragung von Informationen zwischen den Subsystemen der Wirtschaft als auch zwischen den sozialen Systemen überhaupt regelt,[14] wird die Theologie mit der auf dem Boden einer systemtheoretischen Religionssoziologie formulierten Frage konfrontiert, ob das Kommunikationsmedium des Glaubens nicht »geldähnlicher institutionalisiert werden«[15] könne; der Systemtheoretiker verspricht sich von der geldähnlichen Reformulierung des Glaubens effektivere Möglichkeiten, durch die ihm die Chance zur weitergehenden Ausdifferenzierung und größeren Anschlußrationalität an andere Subsysteme der Gesellschaft eröffnet werden soll. Diese systemtheoretische Sicht konvergiert offensichtlich mit der oft zitierten Bemerkung Dostojewskijs, Geld sei »geprägte Freiheit«: aufgrund seiner prägnantesten Ausdifferenzierung und universalen Verwendbarkeit soll das Geld »die höchsten Grade der Freiheit und Komplexität zulässiger Operationen«[16] erreichen. Dabei ist jedoch nicht zu übersehen, daß ein Begriff der Freiheit, der vorrangig auf die Steigerung von Möglichkeiten zielt, immer auch in sein Gegenteil gezogen werden kann. Denn die Möglichkeit, das »Vermögen« des Geldes zieht alles, was mit ihm in Berührung kommt, midasartig in seinen Bann, so daß, was immer in den Verwertungsprozeß des Geldes eintritt, zum verrechenbaren Mittel wird. So wird an das liberale Freiheitspathos, das mit den quantitativ unendlichen Möglichkeiten der verwertenden Leistungen des Geldes sich verbindet, die Frage zu richten sein, ob und inwieweit in der grenzenlosen Herrschaft des Geldes nicht *zugleich* sein »Fluch« liegt. »Geld ist nicht nur Herrschaft über die Dinge. In ihm, im Umgang mit dem Geld, erhalten die Dinge selbst Geldcharakter. Sie werden qualitativ leer, inhaltlos. Die Herrschaft des Geldes wird von den Dingen damit

12 Luhmann 1972, 191.

13 Moltmann 1975, 191.

14 Zu T. Parsons' Medientheorie des Geldes vgl. Habermas 1979, 68–105 = Habermas 1981, Bd. 2, 384–419. Zur Weiterentwicklung der Theorie der Kommunikationsmedien und der des Geldes vgl. Luhmann 1971a; 1971b; 1972; 1975.

15 Luhmann 1977, 141.

16 Ebd.; vgl. Ehrlicher 1979.

beantwortet, daß sie uns nur noch ihr quantitatives ›Gesicht‹ zukehren. Diejenigen, die auf Grund der Geldwirtschaft hergestellt werden, haben kein anderes mehr. Darin liegt der ungeheure Weltverlust beschlossen, in dem wir heute stehen.«[17]

Wer nicht nur auf das zwielichtige Verhältnis von Gott und Geld, sondern auch auf den ambivalenten Charakter des Geldes selbst und seine Möglichkeiten hinweist, muß mit dem Einwand der gegenwärtigen Sozialwissenschaften, der Volkswirtschaftslehre zumal, aber auch der Soziologie rechnen, daß die ambivalente Beurteilung des Geldes zu Lasten einer falschen Fragestellung ginge. Die Frage nach dem, was Geld seinem »Wesen«, d. h. seiner logisch-kategorialen Struktur nach ist, sei unbeantwortbar und insofern aus der sozialwissenschaftlichen Betrachtung des Geldes auszuscheiden. An die Stelle der als »metaphysisch« oder »mystisch« disqualifizierten Frage nach der »Wesensstruktur« des Geldes habe die »Perspektive« zu treten, »in der abschätzbar ist, was als Geld fungieren kann«[18]. So stimmen die nach Marx auftretende Politische Ökonomie und Soziologie weitgehend darin überein, daß das Geld allein aufgrund der ihm zugeschriebenen *Funktionen* erfaßt werden könne. Wo überhaupt noch eine Nominaldefinition des Geldes angegeben wird, fällt sie nicht nur tautologisch aus, sondern sie läßt überdies schon die funktionale Vorgehensweise erkennen. So eröffnet Hans-Joachim Jarchow seine vielbenutzte volkswirtschaftliche Geldtheorie mit dem lapidaren Satz: »Ganz allgemein kann man unter *Geld* oder *Zahlungsmittel* alles verstehen, was im Rahmen des nationalen Zahlungsverkehrs einer Volkswirtschaft generell zur Bezahlung von Gütern und Dienstleistungen oder zur Abdeckung anderer wirtschaftlicher Verpflichtungen akzeptiert wird.«[19] Aber unbeschadet der Tatsache, daß moderne Volkswirtschaftslehre und Soziologie in positivistischer Manier allein daran sich orientieren, wie unter den gegebenen Bedingungen einer Volkswirtschaft Geld als Zahlungsmittel funktioniert, regt sich sogar zuweilen bei Vertretern der volkswirtschaftlichen Zunft der Zweifel am Erkenntnisgewinn, der mit der Reduzierung des Geldes auf seine Funktionen einhergehen soll. »Denn da herrscht zunächst einmal in der modernen Volkswirtschaft die schreckliche Ungewißheit, was eigentlich Geld ist.«[20] Auch ein nicht völlig verbissen auf den Modell-Positivismus eingeschworener Ökonom kann den Satz einer Ethnologin mit dem Anflug von Selbstironie zitieren: »Was Geld ist, weiß jedermann, nur nicht

17 Liebrucks 1972, 292.
18 Luhmann 1972, 200.
19 Jarchow 1978, 13.
20 Galbraith 1980, 203.

der Sozialökonom; zwar kann auch er das Geld beschreiben, [...] aber niemals kann er es in festen Umrissen definieren.«[21]

Die Beschreibungen, die die Sozialwissenschaften von den Funktionen des Geldes geben, haben, sofern sie nicht bloß tautologischen Nominaldefinitionen aufsitzen, ihr bedingtes Recht, weil, empirisch gesehen, das volkswirtschaftliche Handeln selber innerhalb dieser Funktionen sich bewegt. Wer jedoch mit dem Hinweis auf die faktisch-empirischen Geldfunktionen die Frage nach der strukturellen Bestimmtheit des Geldes abblenden oder gar als »metaphysisch« denunzieren will, übersieht, daß die Funktion »die Substanz nicht verdrängt« hat, da die Funktion selbst als Substanz fungiert,[22] nämlich als selbständige, selbstzweckhafte Verwertung von anderem. Ist das aber der Fall, so ist nach den Strukturbestimmtheiten zu fragen, die nicht nur für die Geldfunktionen selbst, sondern ebenso für die objektiven Gestaltungen des sozialen und kulturellen Weltumgangs des Menschen bestimmend sind. Wenn das Geld in seinen dominanten Funktionen »so stark generalisiert« wird, »daß es in anderen Gütern keine funktionalen Äquivalente mehr findet«, und wenn es von so universaler Relevanz ist, »daß es auf *alle* Dinge und Handlungen beziehbar ist, sofern sie wirtschaftlich beurteilt werden«,[23] dann ist zu erwarten, daß sich das Geld über den funktionalen Primat der Wirtschaft für das moderne Gesellschaftssystem insgesamt zu einer Bewußtseinsstufe verdichtet, der ein entsprechender Weltzustand des Geldes korrespondiert.

Unter dieser Voraussetzung kann das Verhältnis von Gott und Geld bzw. von Geld und Religion nicht bloß auf der Ebene der ethischen Beurteilung des Geldes diskutiert werden. Sieht man davon ab, daß die äußerst spärliche Behandlung des Geldes in den theologischen Ethiken[24] entweder auf eine christologische und individualethische Engführung hinausläuft[25] oder bloß ökonomisch gegebene Konstellationen abbildet,[26] so gelangt die ethische Erörterung des Geldes über die Wahrnehmung von Oberflächenphänomenen der Geldverwendung[27] nur dann hinaus, wenn sie sich den Gegenstand des Geldes nicht einfach von einer

21 Schmölders 1978, 9, der die Ethnologin Alison Hingston Quiggin 1949 zitiert: »Everyone, except an economist, knows wat ›money‹ means, and even an economist can describe it [...], but it is impossible to define with rigid outlines.« [1]; vgl. Schmölders 1966, 28.

22 Liebrucks 1972, 283.

23 Luhmann 1972, 192 f.

24 Vgl. Kasch 1979, der das Defizit der ethisch-theologischen Beurteilung des Geldes zusammenfassend darstellt. So taucht beispielsweise im Register des *Handbuchs der christlichen Ethik*, 3 Bde., Freiburg u. a. 1978/82, nicht einmal ›Geld‹ als Stichwort auf.

25 Vgl. Delekat 1957; für die alte Kirche vgl. Staats 1979; zur pietistisch vermittelten Einstellung zum Geld vgl. Grün 1963.

26 Vgl. Kasch 1979, passim; Rendtorff 1981, 64–68; Honecker 1983; 1984.

27 Das gilt weitgehend für die von Kasch herausgegebenen Beiträge zum Thema *Geld und Glaube* als auch im engeren Sinne ethische Partien in der Studie von W. Weber 1979.

positivistisch verkürzten Volkswirtschaftslehre vorgeben läßt. Diese positivistische Fixierung ist durch eine philosophisch-theologische Bestimmung des Geldes zu überschreiten. Für die sozialwissenschaftlich erhebbaren Funktionen des Geldes sind dann die kategorialen Strukturen aufzudecken, die nicht nur die inner-ökonomische Verwendung des Geldes, sondern ebenso die bewußtseinsmäßigen und kulturellen Zustände bestimmen, die unter Imperativen einer durch Geld gesteuerten Verwertung sich bilden. Angesichts der Führungsrolle, die der Wirtschaft für das Gesellschaftssystem insgesamt zukommt, fallen die Grenzen der verwertenden Funktion des Geldes nicht mit den Grenzen der im engeren Sinne ökonomischen Funktionen des Geldes zusammen. Vielmehr greifen die vom Geld regulierten ökonomischen Verwertungsprozesse auf von Hause aus nicht ökonomische Bereiche über, so daß die Individuen in ihren Verhaltensbeziehungen, die auf Interpersonalität beruhenden Verhältnisse und die Beziehungen zur Natur und zu den Objektivationen der Kultur immer auch geldmäßig durchdrungen sind. Weil eine ähnlich universale Durchdringung allenfalls noch für die fortschreitenden Tendenzen zur Verrechtlichung aller Lebensbereiche zu beobachten ist, die jedoch selber als Folge der durchgehend ökonomisierten Gesellschaft in Erscheinung treten,[28] kommt es nicht von ungefähr, daß die westlichen Gesellschaften als »kapitalistische« oder »spätkapitalistische« Gesellschaften apostrophiert werden. Denn wenn es auch richtig ist, daß »die Lösung der Probleme der Lebensführungspraxis« nicht »allein durch die Wirtschaftsorganisation vermittelbar«[29] ist, so ist doch nicht zu übersehen, daß alle individuellen, sozialen und kulturellen Belange durch die verwertende Rationalität des Geldes direkt oder indirekt mitbestimmt werden.

Wenn das Geld im Gesellschaftssystem und seiner Umwelt, der Lebenswelt der Individuen, allgegenwärtig ist, so ist zu erwarten, daß die Objektivität des geldgeprägten Daseins die Entstehung einer Bewußtseinsform nach sich zieht, die sich in dem Geldmechanismus entsprechenden Denk- und Handlungsweisen und Gefühlslagen äußert. Ohne daß diese Bewußtseinsform unmittelbar in die Verwertungsprozesse des Geldmediums eintritt, hätte dann doch angesichts der gesellschaftlichen Omnipotenz des Geldes zu gelten, daß sie geldbestimmt ist, ohne direkt mit Geld selbst zu kommunizieren. Diese Bewußtseinsform würde also an der Strukturlogik des Geldmediums partizipieren, ohne unmittelbar, gegenständlich und real, mit Geld zu tun zu haben. Die Omnipräsenz des Geldverkehrs würde dann in der Gestalt eines Bewußtseins erscheinen, das unbeschadet der sinnlich-gegenständlichen Abwesenheit des Geldes gleichwohl durch dieses bestimmt wird. *Dieses Bewußtsein hätte dann der Sache nach als ein religiöses Bewußtsein zu gelten, ohne es in seinem faktischen Selbstver-*

28 Vgl. Habermas 1981, Bd. 2, 522ff.
29 Rendtorff 1981, 84.

ständnis zu sein: Wie sich das religiöse Bewußtsein von Gott abhängig weiß, ohne daß dieser für das Bewußtsein unmittelbar gegenständlich-sinnlich präsent ist, so beruhte auch die Struktur des geldbestimmten Bewußtseins auf einer nichtsinnlichen und ungegenständlichen Gegenwart des Geldmediums.

Die Plausibilität dieser thetisch eingeführten Hypothese hängt allerdings von einer Reihe von Argumentationsschritten ab. Auszugehen ist von den Grundlagen der sowohl ökonomischen als auch allgemein gesellschaftlichen Geldkommunikation. Diese Grundlagen werden im *I. Hauptteil* unter dem Gesichtspunkt der *Funktionalität* des Geldes erarbeitet. Da es um die Entfaltung einer systematischen Hypothese zu tun ist, wird von der *gegenwärtigen volkswirtschaftlichen Geldtheorie* ausgegangen (I/1). Insofern aber der Geldverkehr in der modernen Gesellschaft nicht auf rein ökonomische Abläufe beschränkt ist, werden in einem weiteren Schritt die allgemeine gesellschaftliche Bedeutung und Funktion des Geldes erörtert, wozu *soziologische Geldtheorien* von Max Weber bis zu Niklas Luhmann herangezogen werden (1/2). Sowohl die ökonomischen als auch die soziologischen Geldtheorien setzen jedoch die Funktionen des Geldes immer schon als gesellschaftlich gegeben voraus. Deshalb ist in einem dritten Schritt auf die Geldtheorien zu rekurrieren, die im Zuge der Entstehung der modernen bürgerlichen Gesellschaft von Adam Smith bis Karl Marx ausgebildet worden sind. Dieser *historische Rückgang* verdankt sich dem *systematischen Interesse*, das von den gegenwärtigen ökonomischen und soziologischen Theorien beiseite geschobene Problem der Deduktion des Geldes und seiner Funktionen zu vergegenwärtigen. Bedeutung des Geldes, Geldfunktionen und seine Funktion als Kapital können offensichtlich nur auf der Basis einer eigenständigen *Werttheorie* sichtbar gemacht werden. Im Kontext der auf dem Boden der werttheoretisch verankerten Funktionen des Geldes und des Kapitals kann dann auch der erste Versuch zu einer genaueren Strukturierung des Geldmediums unternommen werden (I/3).

Im *II. Hauptteil* werden in Rezeption philosophischer Geldtheorien die Konsequenzen aufgezeigt, die die totale Indienstnahme des Geldes für den gesellschaftlichen und individuellen Weltumgang des Menschen, für Lebenswelt und Bewußtseinsverfaßtheit hat. Eine arglos-liberale Deskription des geldbestimmten Weltumgangs (Georg Simmel) ist dabei mit der Einsicht in die Ambivalenz geldgesteuerter Daseins- und Bewußtseinsvollzüge zu konfrontieren (Bruno Liebrucks). Diese Ambivalenz basiert darauf, daß die durch den Geldgebrauch eröffnete Freiheit und Distanz personaler, sozialer, zeitlicher und räumlicher Art durch Abhängigkeitsverhältnisse konterkariert werden, denen zufolge der menschliche Weltumgang einschließlich des Daseins der Person als fungibles Mittel geldgesteuerter Mechanismen verwertet wird (IV/1). Die Einsicht, daß unter den Bedingungen des gesellschaftlichen Geldverkehrs eine Bewußtseinsform existiert, die geldbestimmt ist, ohne unmittelbar an den Geldmechanismus gebunden zu sein, führt zu dem grundlegenden Versuch, eine *Struktur geldbestimmter Kommunikation* zu entwickeln, die terminologisch als *verabsolutierte Kommunikation* gefaßt werden soll. Diese verabsolutierte Kommunikationsform besteht darin, daß alle möglichen Inhalte - Meinungen, Gefühle, Vorstellungen und Gedanken - auf die Perspektive ihrer Tauschbarkeit und Kommunikabilität reduziert werden. Die auf die Form der Tauschbarkeit reduzierten Inhalte des individuellen und soziokulturellen Weltumgangs können ohne Rücksicht auf ihre spezifische Form und ihren eigentümlichen Inhalt als entspeziftzierte Inhalte an die Stelle jeden möglichen anderen Inhalts treten. Die Form dieser allgemeinen Tauschbarkeit bringt es mit sich, daß die Inhalte wie Geld kommuniziert werden können, ohne Geld zu sein oder gegen Geld getauscht zu werden. In die auf die Form allgemeiner Tauschbarkeit reduzierten Inhalte ist der Geldmechanismus auf nicht gegenständliche und nicht sinnliche Weise so gegenwärtig, daß sie wie *Warenobjekte* funktionieren. Aber für dieses Funktionieren bedürfen sie nicht länger des Umweges über das Geld, weil sie wie ökonomische Waren allein ihre Tauschwertigkeit repräsentieren, die in den soziokulturell bedingten Bewußtseinsinhalten als ihre allgemeine Kommunikabilität erscheint. Aus der verabsolutierten Kommunikation der Inhalte, die aufgrund ihrer allgemeinen Tauschbarkeit wie die von ökonomischen Warenobjekten funktioniert, folgt die prinzipielle Vergleichgültigung und Nivellierung aller möglichen Inhalte des soziokulturellen Weltumgangs. Das Geld bedarf also, um in seiner Omnipräsenz zum ›god term‹ zu werden, so wenig wie Gott oder Christus der unmittelbar-sinnlichen Präsenz. Vielmehr ist die nichtsinnliche Omnipräsenz des Geldes in der nicht sinnlich erscheinenden, also nicht-sinnlichen Struktur verabsolutierter Kommunikation präsent, nämlich darin, daß soziokulturelle Bewußtseinsinhalte wie beliebige Warenobjekte kommuniziert werden können, weil sie wie diese auf ihre allgemeine Tauschbarkeit hin entspezifiziert sind (II/2).

Die gewonnene Struktur verabsolutierter Kommunikation wird im *III. Hauptteil* an Bereichen des soziokulturellen Weltumgangs exemplarisch überprüft und konkretisiert. Dabei werden sowohl verschieden gestaltete Kommunikationsabläufe im Medien- und zwischenmenschlichen Bereich (III/1) als auch Erscheinungen des Konsums und der Kultur (III/2) untersucht. Das kann insbesondere in Anlehnung an soziologische, sozialpsychologische und sozialphilosophische Arbeiten geschehen, die im Umkreis der ›Kritischen Theorie‹ entstanden sind, durch die ja auch der hier einschlägige Begriff ›Kulturindustrie‹ geprägt worden ist. Sind schon im Bereich der Massen- und Medienkommunikation direkt und indirekt ästhetische Phänomene beteiligt, so werden bestimmte *ästhetische Erscheinungen und Formen* der modernen Kunst zum Gegenstand eines weiteren Bereichs gemacht. Kunstwerk als Ware, Kunst im Zeitalter der technischen Reproduzierbarkeit, die Funktion von Zitaten, universale Verfügbarkeit der Kunstmittel, Funktion der Montage, Ästhetizismus etc. sind dabei zu berücksichtigen, um die plurale Vergleichgültigung moderner Kunstproduktion und Kunstkonsumtion sichtbar zu machen (III/3).

Schließlich werden, der Gesamtthematik entsprechend, *Religion und Theologie* zum Gegenstand des *IV. Hauptteils* erhoben. Nach einem Überblick über religionsgeschichtliche (IV/1), theologiegeschichtliche (IV/2) und systematisch-theologische (IV/3) Zusammenhänge zwischen Geld und Religion/Theologie werden sowohl moderne Religionstheorien seit Schleiermacher (IV/4) als auch die positionell-pluralistische Verfaßtheit der Theologien des 19. und 20. Jahrhunderts (IV/5) herangezogen, um einen Umgang mit religiösen und theologischen Inhalten sichtbar zu machen, der ihre Vergleichgültigung als tauschfähige Warenobjekte impliziert. Indem religiöse und theologische Inhalte gleichermaßen auf gleichgültige Verwertbarkeit und Kommunikabilität reduziert werden können, wird sichtbar, daß die wie Geld funktionierende verabsolutierte Kommunikation auch in der Theologie die ›alles bestimmende Wirklichkeit‹ ersetzen kann (IV/6).

I. Zur Funktionalität des Geldes

Die funktionale Betrachtung des Geldes, die für die Sozialwissenschaften, Volkswirtschaftslehre und Soziologie, leitend ist, geht von dem Faktum aus, daß es Geld gibt. In dogmengeschichtlichen Darstellungen werden zwar historische Bedingungen berücksichtigt, die zur universalen Verwendung des Geldes beigetragen haben.[1] Aber die systematische Frage nach der Begründung für den faktischen Gebrauch des Geldes in einer Volkswirtschaft wird nicht nur nicht gestellt, sondern überdies als eine Frage behandelt, die im Rahmen einer Funktionsbetrachtung des Geldes nicht interessiert. »Dem Bankier zumal, der sich täglich mit Geldfragen befaßt und der die Wirtschaftsweisen und Mechanismen der Geldwirtschaft kennt, stellt sich Geld lediglich als Instrument zur Rationalisierung und Funktionalisierung wirtschaftlicher Abläufe dar.«[2] Obwohl dem Geld eine Mehrzahl von Funktionen zugeschrieben wird, wird die Frage abgeblendet, was denn eine Funktion zur Funktion macht. Ist eine Funktion, Kant zufolge, eine Handlung zum Zwecke der Einheitsstiftung gegebener Vorstellungen, Gegenstände und Sachverhalte,[3] so führt eine pluralistisch angesetzte Funktionsbetrachtung die diversen Funktionen nicht einmal auf eine einheitliche Grundfunktion zurück. Sie beläßt es bei einem Nach- und Nebeneinander von Funktionsangaben, so daß von einem einheitlichen Gegenstand des Geldes kaum noch gesprochen werden kann. Das Geld selbst wird in seinem funktionalen Sein für anderes mit jedem Wechsel seiner Funktionen ein Anderes: Sein Sein für anderes fällt für jedes funktional bezogene Andere anders aus. Obwohl die Volkswirtschaftslehre den Begriff des Wertes, indem sie ihn mit dem Begriff des Preises identifiziert,[4] als metaphysisch perhorresziert,[5] folgt sie in ihrer perspektivisch wechselnden Funktionsbetrachtung des Geldes doch der Logik von Wertsetzungen. Während die Volkswirtschaftslehre den ursprünglich

1 Vgl. Gerloff 1947; 1952, 30ff.
2 Seidel 1979, 161.
3 Vgl. Kant 1956, B 93.
4 Vgl. Ehrlicher 1979, 76; Robinson / Eatwell 1980, 209ff. Zur Kritik vgl. Mattick 1976, 8ff.
5 Vgl. Robinson / Eatwell 1980, 59ff.

der Ökonomie entstammenden Wertbegriff nivelliert, tritt dieser seine Karriere außerhalb der Ökonomie in Wertphilosophie und Wertethik an;[6] gleichwohl bleibt die ökonomisch installierte funktionsplurale Betrachtung des Geldes der formalen Verfaßtheit des Wertbegriffs verpflichtet. »Ob etwas Wert hat und wieviel, ob etwas wert ist und wie hoch, läßt sich nur von einem – gesetzten – Standpunkt oder Gesichtspunkt aus bestimmen. Die Wert-Philosophie ist eine Punkt-Philosophie, die Wert-Ethik eine Punkt-Ethik. Standpunkt, Gesichtspunkt, Blickpunkt, Augenpunkt sind immer wiederkehrende Stichworte ihres Sprachschatzes.«[7] Die pluralen Funktionen des Geldes stellen derartige Gesichtspunkte dar, unter denen das Faktum des Geldes mit seinem Sein für wechselnde Andere jeweils selber wechselt und anders wird.

1. Zur ökonomischen Geldtheorie

Die folgenden Ausführungen zur wirtschaftswissenschaftlichen Geldtheorie orientieren sich an einer exemplarischen Vorgehensweise. Es ist weder beabsichtigt, in die Pluralität ökonomischer Geldtheorien[8] einzuführen, noch die komplexen Verwendungs- und Gestaltungsweisen des Geldes in einer Volkswirtschaft oder zwischen verschiedenen Volkswirtschaften zu beschreiben. Vielmehr soll an die elementaren Grundlagen der volkswirtschaftlichen Geldtheorien angeknüpft werden, die, weitgehend unabhängig von divergierenden und einander befehdenden Geldtheorien, für jede Beschreibung des ökonomischen Umgangs mit Geld grundlegend sind. Daß im Folgenden gleichwohl in relativ pauschaler Weise von der Volkswirtschaftslehre und ihrer Geldtheorie gesprochen wird, bezieht sich dann allein auf diese allgemein akzeptierten Grundlagen. Nicht differenzierte und mathematisch formalisierte Einzelmodelle zu verschiedenen Sektoren des Geldgebrauchs sind also Gegenstand des Interesses, sondern die primären Bausteine, die jede noch so abstrakt und differenziert auftretende volkswirtschaftliche Theorie des Geldes explizit oder implizit immer schon voraussetzt.

Für die Volkswirtschaftslehre, zumal dann, wenn sie der nominalistischen Geldtheorie verpflichtet ist, ist Geld nichts an sich selbst, sondern allein das, »was als Geld akzeptiert wird«,[9] nämlich etwas, das relativ zu einer gegebenen

6 Vgl. Wagner 1982, bes. 65–81.

7 Schmitt 1979, 33.

8 Die wirtschaftswissenschaftliche Literatur zum Geld und zur Geldtheorie dürfte unübersehbar sein. Schon zur Zeit des 1. Weltkrieges wird von »weit mehr als 6000 selbständigen Schriften und Abhandlungen über ›Geld‹ berichtet« (vgl. Moll 1956, 1). Zur jüngsten Entwicklung der Geldtheorie vgl. u. a. Brunner / Monissen / Neumann 1974; Niehans 1980.

9 Robinson / Eatwell 1980, 308; vgl. 210ff.

Volkswirtschaft kraft staatlicher Setzung »eine Verbindlichkeit des Staates oder des privaten Bankensystems darstellt«[10]. Innerhalb der Grenzen dieses positiven Rahmens erörtert sie die Frage, wie Geld funktioniert, und wie es zu erscheinen hat, damit es funktionieren kann, wie es funktioniert. Also betrifft »die grundlegende Frage der Geldtheorie« »die Dienste oder ›Funktionen‹ des Geldes«;[11] denn »Begriff und Wesen des Geldes ergeben sich aus den Geldfunktionen«[12]. »That which does the money-work is the money-thing.«[13]

Dabei weiß sich die Wirtschaftswissenschaft der Eigenschaft der Quantifizierbarkeit des Geldes selber verpflichtet, wenn sie ihre Geldtheorie mit einer mehr oder weniger locker aneinander gereihten Aufzählung der Geldfunktionen eröffnet.[14] Mit der tautologischen Nominaldefinition, Geld sei etwas, was als Zahlungsmittel akzeptiert wird, soll zugleich »auf die wichtigste Funktion des Geldes, auf die sog. *Tauschmittelfunktion*, hingewiesen«[15] werden. Die Tauschmittelfunktion des Geldes impliziert, daß die in einer arbeitsteiligen Erwerbswirtschaft produzierten Güter und Leistungen durch Verkaufs- oder Kaufakte von jeder beliebigen Person zu jeder beliebigen Zeit und an jedem beliebigen Ort ausgetauscht werden können. Dabei wird aber vorausgesetzt, daß die auszutauschenden Güter und Leistungen immer schon für das allgemein akzeptierte Tauschmittel Geld fungibel sind. »Was auch immer als Geld verwendet wird, verschafft seinem Besitzer Tauschbereitschaft; was auch immer seinen Besitzer tauschbereit macht, ist Geld.«[16] Durch die Tauschfunktion des Geldes funktioniert also der Austausch von Gütern und Leistungen, und durch den Austausch von Gütern und Leistungen funktioniert das Geld als Tauschmittel. So wird durch das Verständnis der Tauschmittelfunktion die tautologisch-zirkuläre Anfangsdefinition des Geldes festgeschrieben: Geld funktioniert als Tauschmittel, weil die der Funktionalität des Geldes unterstellten Güter und Leistungen zeigen, daß es funktioniert, weil es als Gut gegen andere Güter ausgetauscht werden kann.

Neben die auf das bloße Funktionieren reduzierte Definition der Tauschmittelfunktion werden dann zwei weitere Funktionen des Geldes gestellt. Das Geld funktioniert auch als *Recheneinheit* bzw. Rechenmittel, mit der es möglich wird, »den Wert aller Güter, Forderungen und Verbindlichkeiten in Einheiten ein und derselben Bezugsgröße auszudrücken und auf diese Weise vergleichbar zu

10 Stein 1974, 292.
11 Niehans 1980, 12.
12 Veit 1966, 55; vgl. Röpke 1965, 118.
13 Walker 1896, 123.
14 Vgl. z. B. Brunner / Meltzer 1974, 53.
15 Jarchow 1978, 13.
16 Veit 1966, 27.

machen.«[17] Die Vergleichbarkeit des Wertes von Gütern etc. besteht dann in der Angabe eines numerischen Quantums, das bezogen auf die kontinuierlich-diskrete Quantität des Geldes berechnet und mittels dieser Beziehung auch mit numerischen Quanten anderer Güter verglichen bzw. verrechnet werden kann. Warum aber Güter etc. überhaupt über ihre Beziehung auf die kontinuierlich-diskrete Quantität des Geldes mit anderen Gütern verglichen werden können, darüber schweigt sich die Volkswirtschaftslehre aus. Die Rede vom ›Wert‹ der Güter bleibt unausgewiesen; innerhalb des Definitionsrahmens der Volkswirtschaftslehre kann er nur in einem Quantum der quantitativen Größe des Geldes bestehen, auf die sich alle Güter zum Zwecke ihrer Vergleichbarkeit einheitlich beziehen sollen. Der Wert der Güter ist sonach mit ihrem Geldpreis identisch. »In diesem Sinne ist Geld Mittel des Wertausdruckes, der Quantifizierung von Werten, des Wertvergleiches, des Kostenausdruckes, des Kostenvergleiches, des Preisausdruckes, des Preisvergleiches.«[18] Dann hätte man zu formulieren: Das Geld als Recheneinheit dient dazu, den Geldpreis aller Güter etc. in Einheiten ein und derselben Bezugsgröße auszudrücken und auf diese Weise vergleichbar zu machen. Diese Formulierung zeigt den tautologischen Charakter der Definition des Geldes als Recheneinheit in aller Deutlichkeit: Der Geldpreis von Gütern ist vergleichbar, weil ihr Geldpreis auf dieselbe Größe: das Geld bezogen ist. Offensichtlich schreckt aber die Volkswirtschaftslehre vor einer so offen zu Tage tretenden Tautologie zurück, so daß sie die gleichwohl nicht übersehbare Tautologie durch den ansonsten gemiedenen Begriff des Wertes zu verdecken sucht. Die nur notdürftig verdeckte tautologische Definition des Geldes als Recheneinheit macht aber offenbar, daß alle Güter und Leistungen allein nach ihrer in Geldquanten ausgedrückten Verrechenbarkeit bemessen werden. Das quantitative Wertquantum der Güter wird an einem Maßstab gemessen, weil dieser Maßstab eine selber quantitative und insofern meßbare Größe repräsentiert. Die Möglichkeit, die Wertquanten von Gütern auf einen identischen Wertmaßstab zu beziehen, wird sonach daraus erklärt, daß die Wertquanten der Güter auf diesen Maßstab bezogen werden. Wie die Recheneinheit des Geldes immer schon eine einheitliche quantitative Größe darstellt, so werden auch die Güter und Leistungen immer schon als quantifizierbare Geldquanten ausgedrückt, ohne daß die Frage gestellt wird, wie es möglich ist, daß verschiedene Güter als gleichermaßen quantifizierbare Quanten desselben Einheitsquantums in Erscheinung treten können; es ist eben so, weil im Vergleich von Gütern diese als Geldquanten funktionieren. Denn Geld als Rechenmittel ist das Gut, »das im Zähler der Preise aller übrigen Güter erscheint«.[19]

17 Jarchow 1978, 15.
18 Veit 1966, 51 f.
19 Niehans 1980, 143.

Auch die dritte Funktion des Geldes wird in der Manier des Aufzählens eingeführt: »Existiert ein Zahlungsmittel, das die Funktionen eines allgemein akzeptierten Tauschmittels und einer Recheneinheit übernimmt, dann liegt es nahe, daß es auch als *Wertaufbewahrungsmittel* Verwendung findet.«[20] Verkauf und Kauf von Gütern können also insofern zeitlich entkoppelt werden, als das Geld, das durch den Verkauf von Gütern eingetauscht wird, nicht sofort wieder durch den Kauf anderer Güter umgesetzt werden muß, sondern als Kaufkraft akkumuliert werden kann. Diese Akkumulation kann auch so erfolgen, daß die mittels des Geldes wahrgenommene Funktion der Wertaufbewahrung durch funktionale Äquivalente ersetzt wird, die unter der Dominanz der Tauschmittelfunktion des Geldes durch »geldnahe Forderungen« wie Sparguthaben oder durch den Kauf von Wertpapieren und Sachwerten besetzt werden können.

Das der Aufzählung der Geldfunktionen zugrundeliegende Vorgehen ist also so geartet, daß das im Sinne eines Zahlungsmittels tautologisch definierte Geld mit Funktionen versehen wird, so daß das Zahlungsmittel ›Geld‹ auch als Tauschmittel, auch als Recheneinheit und auch als Wertaufbewahrungsmittel in Erscheinung tritt. Die Güter, die herangezogen werden, um das Funktionieren der aufgereihten Geldfunktionen zu illustrieren, werden von vornherein auf ihren quantitativen Ausdruck, sprich: ihren Geldpreis reduziert, weil sich die unmittelbar eingeführten Geldfunktionen des Tauschmittels, der Recheneinheit und der Wertaufbewahrung nur unter der Voraussetzung demonstrieren lassen, daß Substrate gegeben sind, die gegen Geld getauscht bzw. in Beziehung auf Geld berechnet werden können. Diese Substrate – von der Volkswirtschaftslehre Güter und Leistungen genannt – können aber nur gegen Geld getauscht oder in Beziehung auf Geld berechnet werden, weil sie immer schon als einen Geldpreis repräsentierende Quanten genommen werden. Güter werden also allein unter dem Gesichtspunkt betrachtet, gegen Geldquanten austauschbar bzw. in Beziehung auf Geldquanten berechenbar zu sein. Sie interessieren nur in ihrem Wert, für und gegen Geld verwertbar zu sein. Umgekehrt gilt dann ebenso vom Geld, daß es seinem Funktionieren als seinem Sein für anderes dadurch nachkommt, daß den Geldfunktionen unterstellte Güter gegeben sind.

Das Geld ist ein Sein für die Güter, die Güter sind ein Sein für das Geld. Das andere, die Güter, für das das Geld ein Sein für anderes ist, sind selbst ein Sein für anderes, nämlich für das Geld und umgekehrt. Das Funktionieren der Funktionen des Geldes ist sonach darin gebunden, daß Güter im Sinne der Geldfunktionen als Geldquanten funktionieren. Geld funktioniert als Geld, weil Güter als Repräsentanten von Geldquanten funktionieren. Die Funktionalität des Geldes, von der die Volkswirtschaftslehre ausgeht, hängt davon ab, daß anderes, Güter und Leistungen, immer schon geldgemäß verwertet werden. So

20 Jarchow 1978, 15.

gelangt die Volkswirtschaftslehre bei der Einführung des Geldes nicht darüber hinaus, daß das Geld funktioniert, weil es an der Stelle des anderen, der Güter, schon als Geld, nämlich im Sinne der auf Geldquanten reduzierten Güter vorausgesetzt wird. Geld ist das allgemeine Mittel, dem alles andere zum Mittel seiner Verwertung dient, erhält es doch »allein aus dem Tauschverkehr seinen Nutzen und Wert«[21].

Auf der Grundlage der gegebenen Funktionen des Geldes wendet sich die Volkswirtschaftslehre den Mechanismen der Geldverwendung sowohl in den mikro- als auch makroökonomischen Bereichen zu; Techniken der durch Bilanzverlängerung ermöglichten Geldschöpfung bzw. Geldvernichtung und der einzelwirtschaftlichen und gesamtwirtschaftlichen Kassenhaltung stehen dabei im Vordergrund. Von besonderem Interesse ist das Vorgehen der Volkswirtschaftslehre dort, wo sie den monetären mit dem güterwirtschaftlichen Bereich in Beziehung setzt. Denn obwohl die Geldfunktionen so gefaßt sind, daß sie eine Beziehung zwischen monetärem und güterwirtschaftlichem Bereich von Hause aus implizieren, behandelt die Volkswirtschaftslehre zunächst den monetären Bereich als einen in sich geschlossenen Zusammenhang, so daß sich im Sinne der Reflexivität des Geldes Geld auf Geld bezieht. Mit der Beziehung zwischen monetärem und güterwirtschaftlichem Bereich soll jedoch der Einfluß des Geldes auf das reale Sozialprodukt, auf die Beschäftigung und auf das Preisniveau untersucht werden. Dabei versucht beispielsweise die neoklassische Quantitätstheorie, die Hypothese zu verifizieren, »daß die Geldmenge weder einen Einfluß auf die relativen Preise noch auf die Gleichgewichtsmengen des güterwirtschaftlichen Bereichs (und damit auf die Komponenten des realen Sozialprodukts und auf die Beschäftigung) ausübt«[22]. Für diese Hypothese ist jedoch eine für das Vorgehen der Volkswirtschaftslehre entscheidende Prämisse vorausgesetzt.

Während im Zusammenhang der auf das Gleichgewicht des monetären Bereichs zielenden Theorien das reale Sozialprodukt und das Preis- und Beschäftigungsniveau als Parameter eingesetzt werden, werden bei der Betrachtung des güterwirtschaftlichen Bereichs und seiner Beziehung zum Geld umgekehrt die geldpolitischen Maßnahmen als Parameter behandelt. Die als konstant angenommene Geldmenge soll dann den güterwirtschaftlichen Bereich so bestimmen, daß die Geldmenge nicht ihrerseits durch den güterwirtschaftlichen Bereich bestimmt wird. Die als Parameter behandelte Geldmenge tritt innerhalb des Gleichgewichtsmodells des güterwirtschaftlichen Bereichs nicht in Erscheinung, weil sie als gleichmäßig konstante Größe vorausgesetzt wird. Das hat zur Folge, daß die Austauschverhältnisse im güterwirtschaftlichen Be-

21 Veit 1966, 83.
22 Jarchow 1978, 194; vgl. Robinson / Eatwell 1980, 322f.

reich nicht anhand von absoluten Geldpreisen, bei denen das Geld als Tauschmittel und Wertmesser fungierte, sondern bloß aufgrund von relativen Preisen ermittelt werden. »Die Preise können [...] in Einheiten eines bestimmten Gutes oder Faktors gemessen werden. Dieses Gut ist dann Standardgut oder [...] der numéraire.« Daraus zieht die Quantitätstheorie die Folgerung: »Jedes *Austauschverhältnis* gibt dabei an, wieviel Einheiten des n-ten Gutes oder Faktors gegen eine Einheit des i-ten Gutes oder Faktors ausgetauscht werden können. Wird z. B. mit P_n der Lohnsatz pro Stunde und mit P_1 der Preis für ein Kilogramm Schweinefleisch angegeben, dann bedeutet $\frac{P1}{Pn} = \frac{1}{2}$, daß man eine halbe Stunde arbeiten muß, um 1 Kilogramm Schweinefleisch kaufen zu können. Der Produktionsfaktor Arbeit dient also in diesem Falle als numéraire.«[23] Aber die Rechnung, daß man eine halbe Stunde arbeiten müsse, um ein Kilogramm Schweinefleisch zu erwerben, kann nur unter der Voraussetzung aufgestellt werden, daß die halbe Stunde Arbeit und das eine Kilogramm Schweinefleisch quantitativ vergleichbar sind. Eine halbe Stunde Arbeit kann nur durch ein Kilogramm Schweinefleisch ausgedrückt werden, wenn *immer schon* gilt, daß Arbeit und die in Rede stehende Ware aufgrund ihrer Bezugnahme auf dieselbe quantitative Einheit *austauschbar* sind. Obwohl in dem Austauschverhältnis von Arbeit und Ware an die Stelle der absoluten Geldpreise relative Preise im Sinne der Austauschverhältnisse treten sollen, kann die Volkswirtschaftslehre doch nicht umhin, die Austauschbarkeit von Ware und Arbeit durch ihre Geldbestimmtheit sicherzustellen. Die Geldbestimmtheit, d. h. der Bezug auf das Geld als Recheneinheit und Wertmaßstab wird für die Eliminierung der Geldbestimmtheit, nämlich für das in relativen Preisen ausgedrückte Austauschverhältnis in Anspruch genommen. Das Austauschverhältnis von Ware und Arbeit funktioniert nur aufgrund ihrer *Tauschbarkeit*, d. h. dadurch, daß für die Ware der absolute Geldpreis und für die Arbeit der Geldlohnsatz feststehen. Indem die Volkswirtschaftslehre jedoch die durch den Geldpreis repräsentierte Tauschbarkeit im Austauschverhältnis von Ware und Arbeit voraussetzen und zugleich tilgen muß, um die Behauptung zu erweisen, daß für das Austauschverhältnis der Güter weder der absolute Geldpreis noch die Geldmenge eine Rolle spielen, widerspricht sie sich selbst. Dieser Widerspruch wird durch einen verschleiernden Metapherngebrauch nur notdürftig verdeckt: »Die Geldmenge überdeckt diese Größen [sc. Ware und Arbeit und ihre relativen Preise] wie ein Schleier und hat in dem dargestellten System offenbar eine untergeordnete Bedeutung.«[24] Dieser Schleier kommt jedoch durch eine Verschleierung zustande, die darin besteht, daß vom Geld als Wertmesser und von der Geldmenge im Austauschverhältnis von Gütern abstrahiert wird, obwohl die an die rech-

23 Jarchow 1978, 192.
24 Ebd., 194.

nerische Geldeinheit gebundene Tauschbarkeit dieser Güter für ihr Austauschverhältnis konstitutiv ist.

Diese Art der Verschleierung wirft ein Licht auf das widersprüchliche Vorgehen der Volkswirtschaftslehre in der Geldtheorie insgesamt. Die Volkswirtschaftslehre geht sowohl bei der Behandlung des monetären als auch des güterwirtschaftlichen Bereichs von den ökonomischen Daten aus, wie sie mit den Haushalten, Märkten, Betrieben, Banken und ihren Relationen einer gegebenen Volkswirtschaft erscheinen. Das Zusammenspiel dieser Daten soll dann durch Modelle erklärt werden, die als Konstrukte der volkswirtschaftlichen Erklärungsabsicht dadurch zustande kommen, daß mit ihrer Etablierung von der Datenkomplexität abstrahiert wird. Diese Abstraktion erfolgt nicht nur über die Festschreibung von Parametern, sondern, wie beim gerade diskutierten Fall, auch dadurch, daß Faktoren, die für gegebene ökonomische Abläufe bestimmend sind, gleichwohl im Modell unberücksichtigt bleiben. Indem jedoch die Modelle dazu dienen, die Daten eines ökonomischen Komplexes zu erklären, läuft das Tun der Volkswirtschaftslehre auf den gesetzten Widerspruch hinaus: Das Modell ist kraft der Abstraktion von den Daten durch sie *bestimmt*, und es soll sie zugleich *bestimmen*. Daß das durch die Daten bestimmte und sie zugleich bestimmende Modell nicht als offener Widerspruch erscheint, wird dadurch verdeckt, daß die Volkswirtschaftslehre in ihre Modelle einen laufenden Wechsel der Hinsichten und Perspektiven einbaut. In der Perspektive eines bestimmten Modells werden die zu quantitativen Bestimmungsgrößen erkorenen Daten so verallgemeinert, formalisiert, entspezifiziert und quantifiziert, daß durch ihre quantitative Verhältnisbestimmung im Sinne direkter oder umgekehrter quantitativer Verhältnisse ein Zusammenhang von Faktoren konstruiert wird, durch den die vorausgesetzten Daten wiederum erklärt werden sollen. Der darin waltende Widerspruch tritt insofern nicht offen zu Tage, als in dem jeweils aufgestellten Modell Faktoren in Abstraktion von den Daten isoliert, d.h. perspektivisch verwendet werden. Durch das Modell soll also eine Datenkomplexität durch eine weniger komplexe Faktorenrelation erklärt werden, d.h. eine Teilmenge dient zur Erklärung einer bestimmten Gesamtmenge von Daten. Weil jedoch derartige Erklärungen wegen ihrer perspektivischen Anlage nur von begrenztem Wert sind, müssen sie laufend durch eine Veränderung der Verhältnisse von Teil- und Gesamtmenge revidiert werden. Der damit erfolgende Perspektivenwechsel setzt jedoch voraus, daß beliebige Daten mit beliebigen anderen Daten in ein Verhältnis von modellartiger Datenabstraktion und gegebenen Datenmengen gebracht werden können. Insofern für diese Korrelationen die prinzipielle *Austauschbarkeit* der modellartig erfaßten Daten vorausgesetzt werden muß, folgt der volkswirtschaftliche Modellfetischismus insgesamt der Logik des Geldes, die in ihrer abstrakten, formalen, entspezifizierenden und quantifizierenden Tauschmittelfunktion sichtbar wird. Obwohl die Erklärungsleistung der Modelle widersprüchlich ist, insofern das durch Daten bestimmte Modell dieselben Daten wiederum bestimmt, kann dieser Widerspruch doch domestiziert werden, weil über den Weg der formellen, abstrakten, entspezifizierenden und quantifizierenden Austauschbarkeit der Daten alles erlaubt ist: Aufgrund ihrer vorausgesetzten Austauschbarkeit teilen die Daten ihre generelle Mitteilbarkeit miteinander; mittels ihrer allgemeinen Mitteilungsfähigkeit sind sie mitteilend und mitgeteilt, bestimmend und bestimmt zugleich.

> »Jedes beliebige Aktivum ist genauso brauchbar zur Durchführung von Transaktionen und zur Einlösung von Verbindlichkeiten wie irgendein anderes. Daraus folgt, daß die Versuche zur Erklärung der Verwendung von Geld im allgemeinen einige Konsequenzen der Verwendung von Geld [...] als eine Erklärung für die Existenz von Geld annehmen.«[25]

Diese in sich gedoppelte Mitteilbarkeit der Daten offenbart ihren Geldcharakter. Wie durch das Geld als Tauschmittel der Austausch von Gütern und Leistungen funktioniert, so funktioniert durch den Austausch von Gütern und Leistungen das Geld als Tauschmittel. Beide, Geld als Tauschmittel und die Güter und Leistungen, treten gleichermaßen als funktionsbestimmend und funktionsbestimmt auf. Dieses Zugleichsein von Bestimmen und Bestimmtwerden, von Mitteilen und Mitgeteiltwerden kehrt im Verhältnis der modellmäßig erfaßten volkswirtschaftlichen Daten wieder: Sie sind wechselseitig austauschbar und mitteilungsfähig, weil sie wie die Tauschmittelfunktion des Geldes funktionieren. Wie im Vollzug der Tauschmittelfunktion des Geldes Güter mit Geld und Geld mit Gütern kommunizieren, so daß Geld und Güter ihre Plätze wechselseitig tauschen und folglich funktionsbestimmt zugleich sind, so werden auch die modellartig erhobenen Daten behandelt: Sie sind gleichermaßen bestimmend und bestimmt. Dasselbe Datum, das erklärt werden soll, kann zugleich zur Erklärung herangezogen werden. Der darin angelegte Widerspruch wird deshalb nicht manifest, weil die Daten so formalisiert, verallgemeinert, entspezifiziert und quantifiziert werden, daß sie schließlich wie das Geld selber funktionieren; die im Geld angelegte Tauschbarkeit von jedem mit allem ist in das Wechselspiel der Daten immer schon eingegangen. Sowenig aber die Volkswirtschaftslehre zu erklären in der Lage ist, warum die Tauschmittelfunktion des Geldes die tauschbaren Waren und warum die Waren das Tauschmittelgeld voraussetzen,[26] so wenig kann sie begründen, warum die modellmäßig erfaßten Daten funktionsbestimmend und funktionsbestimmt zugleich sein können. Wie die Tauschmittelfunktion des Geldes den Gegenstand der volkswirtschaftlichen

25 Brunner / Meltzer 1974, 68 f.
26 Zur Kritik vgl. Müller 1977, 69 ff.

Geldtheorie darstellt, so ist die Theorie durch denselben Gegenstand zugleich so bestimmt, daß Theorie und Gegenstand, Modell und Daten der zirkulären Geldlogik folgen. Daß die Daten als solche und die Modell-Daten bestimmend und bestimmt, Erklärendes und Zu-Erklärendes zugleich sein können, erscheint nicht als störend, weil die Tauschbarkeit der Daten zwar nicht begründet, aber mit ihr doch gerechnet wird.

2. Zur soziologischen Geldtheorie

Die Definition, die der Klassiker der Soziologie, Max Weber, vom Geld innerhalb der von ihm aufgestellten »soziologische[n] Grundkategorien des Wirtschaftens« gibt, ist weitgehend der volkswirtschaftlichen Geldtheorie verpflichtet. Indem Weber das Geld als »ein chartales Zahlungsmittel« definiert, »welches Tauschmittel ist«,[27] gehen in seine Definition die aus der Volkswirtschaftslehre bekannten Grundbestimmungen ein. Als Tauschmittel kann das Geld gegen Güter in Tausch gegeben werden; als Zahlungsmittel wird seine Geltung so rechtlich garantiert, daß es zugleich die formale Geltung als Tauschmittel besitzt, und als Chartal kann mit dem Geld aufgrund seiner Stückelung mechanisch gerechnet werden. Mittels des Geldes als Tauschmittel kommt es zur grenzenlosen Tauschbarkeit von Gütern und Leistungen, die unabhängig von Raum, Zeit, von Personen und vom Mengenverhältnis der Güter erfolgt, die jeweils durch Verkauf und Kauf ausgetauscht werden.

Neben den weiteren bekannten Funktionen der Recheneinheit und der Wertaufbewahrung legt Weber besonderen Akzent auf die formale Rationalität des Wirtschaftens, die in der Geldrechnung sichtbar wird. Die Geldform repräsentiert das Maximum formaler Rechenhaftigkeit, das auf der höchsten Stufe der formalen Rationalität des Geldes in der rein buchmäßigen, d. h. bilanzierten Kapitalrechnung erscheint. Der auf der formalen Rationalität des Rechnens aufruhende Geldverkehr läuft auf die Depersonalisierung, Detemporalisierung, Delozierung, Entspezifizierung und Quantifizierung der Lebensbeziehungen hinaus. »Die Marktgemeinschaft als solche ist die unpersönlichste praktische Lebensbeziehung, in welche Menschen miteinander treten können. Nicht weil der Markt einen Kampf unter den Interessenten einschließt. [...] Sondern weil er spezifisch sachlich, am Interesse an den Tauschgütern und nur an diesen orientiert ist. Wo der Markt seiner Eigengesetzlichkeit überlassen ist, kennt er nur das Ansehen der Sache, kein Ansehen der Person, keine Brüderlichkeits- und Pietätspflichten, keine der urwüchsigen, von den persönlichen Gemeinschaften getragene menschliche Beziehungen. Sie alle bilden Hemmungen der freien

27 M. Weber 1972, 31–121, bes. §§ 6ff., hier 39.

Entfaltung der nackten Marktvergemeinschaftung. [...] Rationale Zweckinteressen bestimmen die Marktvorgänge. [...] Der Markt ist [...] jeder Verbrüderung in der Wurzel fremd.«[28] Mit der durch den Geldmechanismus gesteuerten Marktvergesellschaftung geht die Entkoppelung der berechenbaren ökonomischen Abläufe von lebensweltlich wahrgenommenen menschlichen Beziehungen einher. Die Dehumanisierung und Depersonalisierung des über das Tauschmittel Geld geregelten Wirtschaftens, die in der Distanzierung des Geldes zu Personen, Sachen, Zeiten und Räumen und in der damit verbundenen Egalisierung und Vergleichgültigung der Sachen und Personen sichtbar wird, macht aus ihnen, sofern sie in den Verwertungsprozeß des Geldes eintreten, ein disponibles und quantitativ berechenbares Sein für anderes.

Weber setzt für die formale Rationalität des Geldmechanismus die Ausdifferenzierung der eigengesetzlichen wirtschaftlichen Vergesellschaftung voraus. Das hat allerdings zur Folge, daß Webers Gelddefinitionen nur abstraktere Formulierungen der gegebenen ökonomischen Vorgänge darstellen. Erst die jüngste, system-theoretisch orientierte Soziologie[29] macht den Versuch, die gesellschaftliche Bedeutung des Geldes innerhalb eines allgemeinen und eigenständigen soziologischen Konzepts von symbolisch generalisierten *Tausch-* bzw. *Kommunikationsmedien* zu entfalten. Diese Medientheorie ist zwar auch daran gebunden, daß das Wirtschaftssystem nicht nur als eigenständiges Sozialsystem der Gesellschaft ausdifferenziert ist, sondern daß dem Wirtschaftssystem auch der Funktionsprimat für das Gesellschaftssystem zukommt. Aber das von ihr inaugurierte Medienkonzept ist so allgemein gefaßt, daß es prinzipiell, wenn auch in jeweils differenzierter Weise, für alle Sozialsysteme der Gesellschaft grundlegend ist.

a. Geld als Kommunikationsmedium

Die nicht bloß systemtheoretisch, sondern auch gesellschaftskritisch wendbare These, daß dem Sozialsystem der Wirtschaft der funktionale Primat für das Gesellschaftssystem überhaupt zukommt, läßt vermuten, daß die Theorie der symbolisch generalisierten Kommunikationsmedien in besonderer Weise auf einer Verallgemeinerung und Erweiterung und zugleich Respezifizierung des

28 M. Weber 1972, 382f.

29 Während A. Burghardt (1977) der ökonomischen Theorie des Geldes ganz und gar verhaftet bleibt, so daß die durch den Titel *Soziologie des Geldes* ausgelöste Erwartung enttäuscht wird, bemüht sich K. Heinemann (1969) immerhin um eine system- und kommunikationstheoretische Funktionsanalyse des Geldes, die allerdings aufgrund ihres durchgehend formalen Charakters doch nur ein »soziologisches Paßstück zum ökonomischen Funktionalismus« (Veit 1970, 516 Anm. 20) darstellt.

Geldmediums beruht. Sollen durch die Kommunikationsmedien Selektionen und Motivationen zwischen den funktionsspezifischen Subsystemen des Sozialsystems und zwischen den Sozialsystemen und ihren Umwelten durch Informationsübertragung geregelt werden, so ist deutlich, daß diese allgemeinen, für alle Medien zutreffenden Austauschvorgänge primär am Geldmedium abgelesen sind. So ist es nicht zufällig, daß Talcott Parsons zunächst das Medium des Geldes konzipiert, das den Systemaustausch zwischen den ökonomischen Größen wie Gütern, Arbeit etc. sichern soll. Die für die anderen Sozialsysteme auszubildenden Medien sollen dann nach Analogie des Geldmediums bestimmt werden. »The major problem has been, whether the same principles [...] could be generalized beyond the case of money to that of other media.«[30]

So bildet Parsons nach dem Vorbild des Geldmediums für das Wirtschaftssystem das Medium der Macht für das politische System, das Medium des Einflusses für das System der sozialen Integration und das Medium der Wertbindung für das System der Erhaltung von Strukturmustern aus.[31] Das am Vorbild der durch Geld konstituierten Tauschbeziehungen entwickelte Konzept der Kommunikationsmedien steht jedoch in der Gefahr, auf eine »Überverallgemeinerung«[32] des Geldmediums im Blick auf seinen exemplarischen Charakter für andere Medien hinauszulaufen. Einen derartigen Einwand versucht Niklas Luhmann, durch Weiterentwicklung von Parsons' Theorie der Kommunikationsmedien zu unterlaufen, indem er »das Bezugsproblem erweitert auf Kommunikation schlechthin«[33]. Die so generalisierte Kommunikation setzt nicht nur für das jeweilige System die Möglichkeit des Andersseins, also Kontingenz voraus, sondern sie stellt auch die Möglichkeit bereit, Informationen über kontingent erfolgende Selektionen von Systemzuständen zu übertragen. Die Übertragung derartiger Informationen erfolgt auf dem Wege von Codes, die die Funktion ausüben, daß Informationen entsprechend der disjunktiv angesetzten Duplikationsregel eines Ja/Nein-Schematismus strukturiert werden. Die anhand disjunktiver Codes gesteuerte Kommunikation zielt darauf ab, daß eine von einem Sender ausgehende Information bei einem Empfänger ankommt; es liegt jedoch außerhalb der Möglichkeiten dieser Primär-Kommunikation, daß die übertragene Information vom Empfänger auch übernommen wird. »Durch Kommunikation erreicht man daher zunächst nur eine Übertragung von Selektions*offerten*.«[34]

Die durch Kommunikation gesteuerte Übertragung von Informationen über Selektionen bzw. über reduzierte Komplexität stellt einen Prozeß dar, der zwi-

30 Parsons 1977, 128.
31 Zum »Vier-Funktionen-Paradigma« vgl. Parsons 1976, bes. 20f.
32 Habermas 1981, Bd. 2, 388.
33 Luhmann 1975a, 172.
34 Ebd., 173.

schen zwei Kommunikationspartnern statthat, die wechselseitig als Sender und Empfänger, oder abstrakter formuliert, als Alter und Ego auftreten. Da der so bestimmte Kommunikationsvorgang auch für die Sprache zutrifft, muß durch eine Theorie generalisierter Kommunikationsmedien die Frage beantwortet werden können, warum es im Unterschied zur Einheit und Einmaligkeit der Sprache zur Ausbildung einer Mehrzahl von Kommunikationsmedien kommt, die als Zusatzeinrichtungen der Sprache in Erscheinung treten. Da Luhmann den sozialen Gesichtspunkt der Mediendifferenzierung von dem sachlichen Aspekt der Systemdifferenzierung ablöst, kann er nicht wie Parsons die Spezifikation von Medien-Codes aus der funktionalen Differenzierung des Sozialsystems generieren. Gleichwohl erfolgt die kommunikative Übertragung von Informationen immer so, daß System und Umweltbezüge auf formale Weise beteiligt sind. Die Übertragung von Selektionen, die zwischen Sender und Empfänger, Ego und Alter statthat, kann so der Umwelt oder dem System zugerechnet werden. Die Zurechnung zur Umwelt bezeichnet Luhmann als Erleben und die zum System als Handeln. Indem er die Duplizität von Alter und Ego mit der Duplizität von Erleben und Handeln kreuzt, gelangt er zu vier grundlegenden Möglichkeiten der Selektionsübertragung:

Alter (Sender)	**Ego (Empfänger)**	**Medium**
Erleben	Erleben	Wahrheit
Erleben	Handeln	Liebe
Handeln	Erleben	Geld / Kunst
Handeln	Handeln	Macht / Recht

Das Kommunikationsmedium des Geldes fungiert also anders als bei Parsons nicht als das zeitliche und logisch-strukturelle Vorbild für die anderen möglichen Medien. Vielmehr tritt das Geldmedium als ein bestimmter Fall der Sprache ersetzenden Kommunikation auf, der durch eine spezifizierte Zurechnung von Handeln und Erleben zu Alter und Ego zustandekommt. Im Falle des Geldmediums wird ein dem System zugerechnetes Handeln von Alter so übertragen, daß es in der Umwelt des Erlebens von Ego ankommen kann. Die Leistung des Geldmediums besteht darin, daß die Reduktion von Komplexität, die aus dem selektiven Handeln Alters resultiert, von Ego akzeptiert wird. Die zufällig getroffene Wahl Alters und das Akzeptieren dieser Wahl durch Ego hängen zugleich von einer binär-disjunktiven Codierung ab, die mit der Differenz von Haben und Nichthaben so geltend gemacht wird, daß der Zugriff auf knappe Güter mittels der Rechtsform des Eigentums auf statische und mittels der Verkehrsform des Geldes auf dynamische Weise gelöst wird.

Im ausdifferenzierten Wirtschaftssystem wird das Kommunikationsmedium des Geldes zum »disponiblen Repräsentanten des Kontingenz-Prinzips Knappheit«[35]. Die Kontingenzformel der Knappheit zielt nicht auf die Unmittelbarkeit knapper Güter oder natürlicher Ressourcen. Vielmehr wird mit ihr das in der Zeitdimension verortete Hauptproblem des Wirtschaftssystems so vorstellig gemacht, daß die unbestimmte Komplexität und Kontingenz zukünftiger Möglichkeiten in die bestimmbare Möglichkeit einer gegenwärtigen Entscheidung überführt werden. Mittels des Knappheitsprinzips werden kontingente Ereignisreihen auf nicht kontingente Weise verknüpft. Obwohl nämlich alles anders sein könnte, hängt doch jedes Element von den anderen Elementen ab. Die Knappheit stellt so nicht einen Zustand des Wirtschaftssystems dar, sondern sie verleiht den an sich kontingenten Zügen des wirtschaftlichen Handelns relative Notwendigkeit. Die gegenwärtige Wirklichkeit des wirtschaftlichen Handelns kann mit jeder bestimmten Entscheidung oder Wahl nur bestimmte Möglichkeiten realisieren. Aber mit der Befriedigung gegenwärtiger Bedürfnisse bleiben die zukünftigen Möglichkeiten insofern erhalten, als die mit der Verwirklichung gegenwärtiger Bedürfnisse gewonnene Dispositionszeit zukünftige Möglichkeiten offenhält. Mittels der Knappheit operiert das Wirtschaftssystem auf der Basis, daß die an gegenwärtige Entscheidungen gebundene Wirklichkeit des wirtschaftlichen Handelns angesichts der größeren Fülle von Zukunftsmöglichkeiten zwar weniger Möglichkeiten realisiert, jedoch so, daß die Zukunftsmöglichkeiten gegenwärtig nur ausgesetzt, aber nicht ausgeschlossen werden. Indem das Geld zum Träger des Knappheitsprinzips wird, kann das Gefälle zwischen gegenwärtigen und zukünftigen Möglichkeiten so geregelt werden, daß die vom Geld getragenen Tauschbeziehungen von allen nicht-monetären Belangen abgekoppelt und auf das reine Funktionieren des Geldmechanismus reduziert werden. Der Kauf oder Verkauf von Gütern und Leistungen wird durch das Geldmedium dann so als selektives Handeln übertragbar, »daß alle anderen stillhalten und auf ein komplementäres Miterleben reduziert werden«[36]. Die durch das Geld gesteuerten Tauschbeziehungen erzeugen in der Umwelt keine Probleme, weil das Geld, indem es das Äquivalent schlechthin und so selber ohne funktionales Äquivalent ist, auf alle wirtschaftlich beurteilten Handlungen und Dinge bezogen werden kann. Denn »wirtschaftlich denken heißt: Übersetzen können in die Sprache des Geldes«[37]. Das Geld wird als Kommunikationsmedium alternativlos akzeptiert, weil alle ökonomisch vermittelten Dinge und Handlungen zum Medium seiner Funktionalität werden können. Die mittels des Geldes kommunizierten und mitge-

35 Luhmann 1972, 195; vgl. 1981b, 396.
36 Luhmann 1981d, 78.
37 Luhmann 1981b, 397.

teilten Handlungen und Dinge teilen zugleich mit dem Geld die Allgemeinheit ihrer Mitteilbarkeit und Kommunikabilität.

Luhmann setzt jedoch wie die Volkswirtschaftslehre und Max Weber einfach voraus, daß das Geld immer schon ökonomisch beurteilte Handlungen und Dinge kommunizieren und übertragen kann; er rechnet mit dem Funktionieren des Geldes, ohne zu begründen, warum Güter und Arbeit gegen Geld austauschbar sind. Güter und Arbeit fungieren vorab als Mittel der Funktionalität des Geldes, und das Geld fungiert als Mittel der Funktionalität der Güter und der Arbeit. Luhmann versucht zwar, die aus der Volkswirtschaftslehre entlehnten drei Subfunktionen des Geldes als Tauschmittel, Wertmesser und Wertaufbewahrung auf einer allgemeineren Basis zu reformulieren, indem er sie nach Sozial-, Sach- und Zeitdimension spezifiziert. Diese Art der Spezifizierung wird auch innerhalb der allgemeinen Überlegungen zur Theorie der symbolisch generalisierten Kommunikationsmedien andeutungsweise berücksichtigt. Aber die Beziehung zwischen der Zeit-, Sach- und Sozialdimension zu den Subfunktionen des als Symbol generalisierten Geldes wird doch so hergestellt, daß Luhmann die vorgegebenen Subfunktionen aufgreift, um sie im Blick auf die ebenso unmittelbar eingeführten Weltdimensionen zu erläutern.

Für die *Zeitdimension* macht Luhmann die Funktion der *Wertaufbewahrung* geltend, die er so reformuliert, daß durch das Geld Verfügbarkeit und Liquidität symbolisiert werden, die zu jeder Zeit und d.h. unabhängig von der Diskontinuität der Zeitpunkte zugänglich sind. Mit der *Sachdimension* tritt das Geld in seiner Funktion als *Wertmesser* bzw. Recheneinheit in den Blick, durch die das Geld so generalisiert wird, daß es gegen die Differenzen der verglichenen Waren und Leistungen neutral ist. In der *Sozialdimension* fungiert das Geld als *Tauschmittel* in der Weise, daß es nicht nur gegen die verglichenen und getauschten Sachen, sondern ebenso gegen individuelle Motive der Partner neutral ist, die in Tauschprozesse eintreten. »In jedem Falle ermöglicht Geld demnach Indifferenz gegenüber dimensionstypischen Verschiedenheit – nämlich: den Zeitpunkten, den sachlichen Inhalten und den Partnern einer Tauschbeziehung. Dabei stützen diese Generalisierungen sich wechselseitig in dem Sinne, daß jede die anderen voraussetzt und bestätigt – ohne Vertauschbarkeit an Beliebige verlöre das Geld seine Funktion als Wertmesser und seine Liquidität und umgekehrt –, so daß all diese Funktionen nur en bloc institutionalisiert werden können.«[38]

Die differenzierten Subfunktionen des Geldes, die Luhmann mit der Korrelation von Zeit-, Sach- und Sozialdimension voraussetzt, bestätigen die Neutralität, Indifferenz und Gleichgültigkeit des Geldes gegenüber Zeitpunkten, Sachen und Personen. Zeitpunkte, Sachen und Personen sind Mittel der Funk-

38 Luhmann 1971a, 215.

tionalität des Geldes, und das Geld ist das allgemeine Mittel, dem alles andere zum Mittel wird. In dieser Weise wird das Geld zum »god term«, das Geld ist omnipräsent. Es ist für ökonomisches Handeln »die letzte ursprüngliche Einheit, die sich notwendig in ›Alles‹ differenziert«.[39] Als allgemeines und absolutes Mittel macht das Geld alles zum Mittel, so daß jede momentane Eigenständigkeit der auf die Funktionalität des Geldes bezogenen Zeiten, Sachen und Personen auf die Gleichgültigkeit des Seins für anderes reduziert wird. Alles, was zum Mittel der Funktionalität des Geldes wird, wird »in dem Sinne verabsolutiert, daß Alles zum Absoluten [...] verabsolutiert ist«[40]. Denn alles, was das Geld erfaßt und verwertet, wird selber zum funktionalen Mittel des als absolutes Mittel fungierenden Geldes. »Praktisch ist Geld in all seinen Funktionen als Liquidität, Wertmaß und Tauschmittel zum *universellen* Kommunikationsmedium der Wirtschaft geworden, dem sich kein Wirtschaftsgut mehr entziehen kann.«[41] Diese Omnipräsenz des Geldes läuft auf einen *innerhalb* seiner ökonomischen Verwertungsprozesse etablierten ›Spinozismus‹ hinaus, weil das Geld jedes momentane Anderssein der durch es bestimmten Sachen und Personen so verflüssigt, daß alles Andere zum unselbständigen und gleichgültigen Moment seiner allgemeinen Mitteilbarkeit wird; nur in seiner Relevanz, tauschbar zu sein, die es zugleich mit allem Anderen teilt, tritt Anderes in Erscheinung; aber dann erscheint es nicht länger als Anderes, sondern in seiner allgemeinen Mitteil- und Austauschbarkeit, durch die es sich mit jedem gleichgültig Anderen gemein macht; Sachen und Personen sind an der Stelle des Geldes nicht auf sich bezogen, sondern Momente der Unmittelbarkeit des Geldes, seiner Beziehung auf sich, die es an der Stelle der durch Geld vermittelten Sachen und Personen als seine Selbstvermittlung herstellt.

Indem das Geld zugleich als ein »*reflexiver Mechanismus*« auftritt, der auf erster Stufe ein »Reflexivwerden von Tauschprozessen, nämlich ein Eintauschen von Tauschmöglichkeiten«[42] ermöglicht, wird die Tauschbarkeit von Sachen schon *vor* dem faktisch eintretenden Tausch *realisiert*. Die Sachen sind der Potentialität, dem »Vermögen« des Geldes *vorab* so unterstellt, daß ihre reale Möglichkeit, ihre Tauschbarkeit jederzeit abgerufen werden kann. Für das »Vermögen« des Geldes sind die Sachen disponibel, bevor mit ihnen disponiert wird. Wer über das so bestimmte »Vermögen« des Geldes verfügt, hat »Dispositionsfreiheit«[43]. Aber diese Dispositionsfreiheit ist darin abstrakt, daß man die reale Möglichkeit des Verfügens über Tauschmöglichkeiten nur hat, solange man sie in der bloßen Potentialität beläßt. Wird jedoch die reale Möglichkeit des

39 Cramer 1976, 70.
40 Ebd.
41 Luhmann 1971a, 217.
42 Ebd., 216.
43 Ebd.

Verfügens in die Wirklichkeit übersetzt, so wird sie einer disjunktiven Entweder/Oder-Entscheidung ausgesetzt, die so oder so zum Mittel des Geldes wird. Das Vermögen der Mittel ist dann zum Mittel des Vermögens des Geldes geworden.

Indem überdies der Geldmechanismus auf den Geldmechanismus selbst angewandt werden kann, wird Geld wie beim verzinslichen Kredit zum Mittel des Mittels: Geld als Mittel hat sich selbst zum Mittel. Das Geld ist so das absolute Mittel, daß im Zuge seiner Reflexivität die Bestimmung, Mittel zu sein, mit der Bestimmtheit zusammenfällt, durch seine eigene Bestimmung bestimmt zu werden.

Daß das Geld durchgehend als absolutes Mittel fungiert, zeigt schließlich auch der dem Geldmedium korrespondierende »*symbiotische Mechanismus*«,[44] der auf Basisprozessen beruht, die physisch und organisch verankert sind. Der symbiotische Mechanismus des Geldes kann zunächst in der Bedürfnisbefriedigung gefunden werden, die auf dem Wege des dauerhaften Konsums zur Deckung des Geldes beiträgt. Aber »im Falle des Geldes [...] kommt hinzu, daß die Deckung des Geldes durch Realwerte im Maße unmöglich geworden ist, als Geld als wirtschaftsspezifisches Medium universelle Bedeutung gewonnen hat. Seitdem kann Geld im Rahmen der Wirtschaft nur noch durch anderes Geld gedeckt werden – und nicht mehr durch reale Chancen der unmittelbaren Bedürfnisbefriedigung.«[45]

Das Geld funktioniert nicht bloß im Blick auf anderes, Waren und Arbeit, als absolutes Mittel. Vielmehr wird das Geld auch für sich selbst zum absoluten Mittel, nämlich dadurch, daß es sich zum Funktionieren seiner selbst als Mittel für anderes als eben dieses Mittel für sich selbst voraussetzt: Geld als Mittel ist Mittel für das Geld; das Geld als Medium für anderes ist zugleich das Medium seiner selbst. In dieser reflexiv gewordenen Funktionalität des Geldes liegt seine *Substantialität.* Seine Funktion, die es für anderes ausübt, ist an seine autonome Selbständigkeit gebunden: Indem es seiner eigenen Funktionalität untersteht, ist das Andere, für das es funktioniert, nichts anderes, sondern es selbst, das Geld. Als Mittel des Mittels wird das Geld zur absoluten Selbstvermittlung; Vermitteln und Vermitteltsein fallen in dem einen Prozeß zusammen, indem das Geld sich selbst zum Mittel wird. Was Geld seinem Begriff nach ist, nämlich Mittel für anderes zu sein, macht seine eigene Realität aus; seine Realität ist mit seinem Begriff zusammengeschlossen, weil das Andere, für das das Geld als Mittel funktioniert, nichts anderes als Geld und so Mittel seiner selbst ist.

---

44 Vgl. Luhmann 1981c, 234f.; 1975a, 181; 1971a, 218f.

45 Luhmann 1971a, 218.

b. Geld und Glaube

Luhmann wirft nicht bloß die Frage auf, »ob im Kontext des Religionssystems Glauben die Funktion eines Kommunikationsmediums erfüllen kann«; er stellt auch die weitergehende Frage, »ob nicht andere Medien, zum Beispiel Macht oder auch Glauben, geldähnlicher institutionalisiert werden können«[46]. Geht man von der in sich verschränkten Beziehung von Alter und Ego zu Handeln und Erleben aus, so dürfte der Glaube in der Tat ähnlich wie das Geld strukturiert sein. Denn weder das Medium der Wahrheit, das auf der Konstellation beruht, daß ein Erleben von Alter von Ego erlebt wird, noch das Medium der Macht, durch das umgekehrt ein Handeln von Alter auf das Handeln von Ego übertragen wird, lassen sich für den Glauben relevant machen. Auch das Medium der Liebe, bei dem ein Erleben Alters durch das Handeln von Ego akzeptiert wird, paßt zum Glauben nicht. Glaube scheint vielmehr wie das Geld zu funktionieren: Das Handeln von Alter wird im Erleben von Ego aufgenommen. Nicht nur die Parallele zur Kunst, die Luhmann dem Geldmedium zuordnet, spricht für die geldähnliche Verfaßtheit des Glaubens. Darüber hinaus setzen sowohl die Selbstaussage des Glaubens, des religiösen Bewußtseins, als auch die theologische Reflexion des Glaubens voraus, daß der Glaube durch Verkündigung und Predigt bzw. durch die *media salutis:* Wort und Sakrament zustandekommt. »So kommt der Glaube aus der Predigt« (Römer 10,17). Während Predigt und Wortverkündigung ein sprachlich vermitteltes »Handeln«[47] darstellen, tritt in den Sakramenten das Handeln auch direkt in Erscheinung. Der Glaube wird dadurch vollzogen, daß ein Handeln von Alter, das durch Priester, Pfarrer und Prediger vollzogen wird, von Ego, vom Glaubenden, erlebt, d.h. akzeptiert – aufgenommen oder gar angenommen – wird. Seiner formalen Kommunikationsstruktur nach ist also der Glaube wie das Geld verfaßt. Wie das Geldmedium als Repräsentanz des Kontingenzprinzips der Knappheit auftritt, so dient das Medium des Glaubens dem selektiven Umgang mit der Kontingenz der Welt überhaupt. Kontingenz kann mittels des Glaubens selegiert, bewältigt und übertragen werden, da die Gottesvorstellung als religiöse Kontingenzformel auf der Disjunktion von Kontingenz und Notwendigkeit, Abhängigkeit und Freiheit, Geschöpf und Schöpfer, Endlichkeit und Unendlichkeit, Ganzes und Teil etc. aufbaut. Wird das Selektionsangebot, das durch das Handeln von Alter, also durch Predigt, Verkündigung, oder allgemeiner: durch ›Mission‹ und ›Propaganda‹ vermittelt wird, von Ego nicht akzeptiert, so steht dessen Erleben in der

46 Luhmann 1975a, 180; 1977, 141.

47 Es ist problematisch, Sprache und Sprechen unmittelbar unter den Begriff des Handelns zu subsumieren; dazu vgl. Liebrucks 1964, 79ff. Aber da ich hier der Intention der Luhmannschen Systemtheorie folge, formuliere ich die Struktur des Glaubens innerhalb ihrer Prämissen.

Gefahr, unbewältigter Kontingenz ›trostlos‹ ausgeliefert zu sein. Die Annahme der bewältigten Kontingenz kann zwar nicht erzwungen werden; aber das Selektionsangebot wird so kommuniziert, daß die Folge seiner Nichtannahme in die disjunktiv strukturierte Kontingenzbewältigung vorab eingebaut ist. Wer sich auf die Disjunktion von Kontingenz und Notwendigkeit nicht einläßt, bleibt dem blinden Zufall ausgesetzt, der dann als Chaos, unbegriffenes Schicksal oder auch als ›Gericht‹ ertragen werden muß.

Die Strukturentsprechung von Glaube und Geld läßt sich aber auch auf die Zeit-, Sach- und Sozialdimensionen ausdehnen, die für den Glauben geldähnlich ausfallen. Für die *Zeitdimension* gilt, daß der Glaube wie das Geld die Diskontinuität der Zeitpunkte vergleichgültigt. Glaube ist zu jeder Zeit möglich; man kann sogar noch auf dem Totenbett zum Glauben kommen – eine Möglichkeit, die auch außerhalb des kirchlich institutionalisierten Glaubens, beispielsweise in der Trivialliteratur, erörtert wird. In der *Sachdimension* ist zumindest für den Glauben des religiösen Bewußtseins, der nicht primär durch Theologie gesteuert ist, vorauszusetzen, daß er sich zu den Inhalten des Glaubens indifferent verhält, insofern er *allen möglichen* Inhalten gleiche Gültigkeit zuerkennt; die *fides qua* (Glaube, durch den…) ist zwar durch die *fides quae creditur* (Glaube, der geglaubt wird) vermittelt, aber so, daß der subjektive Glaubensvollzug, das Glaubenserlebnis des einzelnen, nicht an einen vorgegebenen Kanon von Inhalten gebunden ist. Das gilt insbesondere für die moderne Verfaßtheit des religiösen Bewußtseins, durch die sich der als Gefühl, Frömmigkeit, Erleben, moralisches Verhalten etc. gelebte Glaube von bestimmten Inhalten und ihren Deutungen weitgehend unabhängig macht. In der *Sozialdimension* tritt der Glaube so auf, daß er nicht nur für alle zugänglich ist, sondern daß er geradezu gegenüber den Besonderheiten der Personen indifferent und gleichgültig ist. Nicht nur vor Gott, sondern auch für den Glauben sind alle Personen gleich. Diese Sicht ist zumal für die reformatorische Position des Glaubens in besonderer Weise signifikant.

Die Strukturentsprechung von Glaube und Geld kann auch dann durchgehalten werden, wenn der Glaube als *reflexiver Mechanismus* betrachtet wird. Glaube wird auf den Glauben selber angewandt. In Formeln, daß der Glaube nur durch den Glauben beurteilt und erweckt werden könne, tritt die Reflexivität des Glaubens nicht nur deutlich in Erscheinung. Darüber hinaus ist die Reflexivität des Glaubens unter den Bedingungen der ›Wort-Gottes-Theologie‹ des 20. Jahrhunderts soweit verselbständigt worden, daß der Glaube auf den einen Grundsatz reduziert werden kann: Der Glaube glaubt, d.h. der Glaube glaubt, indem und weil er glaubt. »Weil es im Glauben um das Menschsein des Menschen geht und der Glaubende nicht Übermensch, sondern wahrer Mensch, weil zur Wahrheit gekommener Mensch ist, darum entscheidet der Glaube über das, was jeden Menschen angeht, und eben darum auch über das, was den Menschen unbedingt und d. h. was ihn um seines Heils willen angeht.«[48] Reduziert man die ausladende Rhetorik dieses Satzes auf die in ihm enthaltene Sachaussage, so steht der reflexive Charakter des Glaubens vor Augen: Im Glauben geht es um den Glauben, denn das, was den Menschen unbedingt angeht, macht ja gerade eine Definition des Glaubens (nämlich die Paul Tillichs) aus.

Schließlich ist zu fragen, ob auch der dem Glauben entsprechende *symbiotische* Mechanismus ähnlich wie beim Geld strukturiert ist. Luhmann selber verweist für ihn auf Rituale bzw. Sakramente, wobei er »die Funktion des Leibes als soziales Medium« in den Vordergrund rückt; da jedoch die »funktionale Analyse [...] alles andere als eine Technik zur Wiederherstellung der Unmittelbarkeit«[49] sei, beläßt er es bei diesem Hinweis. Bedenkt man, daß der Glaube so strukturiert ist, daß ein Handeln von Alter – qua Predigt, Verkündigung etc. – im Erleben von Ego aufgenommen wird, so dürfte eine Berufung auf eine Unmittelbarkeit der von Luhmann erwogenen Art dem Glauben selbst nicht adäquat sein. So kann man fragen, ob der symbiotische Mechanismus im Falle des Glaubens nicht ähnlich wie beim Geld ausfallen kann. Die »Deckung«, d. h. Legitimation des Glaubens würde dann durch den Glauben selbst erfolgen. Zumindest durch eine theologische Thematisierung des Glaubens, die sich selbst als Funktion eben desselben Glaubens versteht, wird eine derartige Vermutung bestätigt. So faßt ein theologischer Autor, der sich mit der *Religiösen Rede von Gott* beschäftigt, die ja auch immer Glaubensrede ist, seine Untersuchung so zusammen: »Als Ergebnis dieser Untersuchung ist festzuhalten, daß die christliche Rede von Gott

- einen möglichen Wahrheitsanspruch erhebt, wie philosophische Reflexion zu zeigen vermag;
- einen gerechtfertigten Wahrheitsanspruch erhebt, wenn es die von den Christen behauptete christliche Grunderfahrung gibt;
- einen begründeten Wahrheitsanspruch erhebt, wenn sie eschatologisch verifiziert werden wird.

Das Erste kann aufgrund [!] des Glaubens erkannt werden. Das Zweite wird im [!] Glauben gewußt. Das Dritte wird vom [!] Glauben erhofft.«[50]

Indem die christliche Rede von Gott, die als »Glaubensrede« glaubenssituativ bestimmt ist, aufgrund des Glaubens und im und vom Glauben sichergestellt wird, wird der Glaube als ein zwar subjektiv zureichendes, aber objektiv unzureichendes Fürwahrhalten festgeschrieben. Als bloß subjektiv zureichendes Fürwahrhalten steht er in der Gefahr, »inflationär« zu werden. Insofern der

48 Ebeling 1959, 147.
49 Luhmann 1977, 144 f.
50 Dalferth 1981, 711.

Glaube auf alle möglichen Inhalte gleichermaßen gleich-gültig bezogen werden kann, wird schließlich die Grenze zwischen einem spezifisch religiösen Glauben und einem Allerweltsglauben verwischt. Während der religiöse Glaube eine Selektion aus Möglichkeiten vornimmt, die relativ zu einer bestimmten Tradition einer ausdifferenzierten Religion bestehen, richtet sich der Allerweltsglaube an ein blindes Schicksal, das wie vom Naturlauf überhaupt so auch vom Lauf der Sterne, wie von abstrakt-allgemeinen Zeit- und Ereigniszusammenhängen so auch von ganz bestimmten Sach- und Personalkonstellationen abhängen kann. Ein Glaube, für den die Differenz zwischen spezifisch religiösem Glauben und Allerweltsglauben nicht länger besteht, fällt dann in der Umwelt der sozialen Systeme, also bei den personalen Systemen so universal aus wie Geld. Aber diese in den personalen Systemen verortete Universalität hat zur Folge, daß der Glaube nicht *reduzierte* Komplexität der Welt überträgt und zugänglich macht, sondern die Komplexität der Welt personal vervielfältigt, weil »zu viel Kommunikationsprobleme zu Code-Problemen werden«[51].

Die Verhältnisbestimmung von Geld und Glaube betrifft aber nicht nur die Frage, ob der religiöse Glaube nach dem Vorbild des Geldmediums institutionalisiert werden kann. Vielmehr kann diese Verhältnisbestimmung auch in der Weise umgekehrt werden, daß die Geltung des Geldes und besonders seine Annahmebereitschaft selber einen Glauben voraussetzen, der wie der religiöse Glaube funktionieren soll. »Wie ohne den Glauben der Menschen einander überhaupt die Gesellschaft auseinanderfallen würde, [...] so würde ohne ihn der Geldverkehr zusammenbrechen.«[52] Für diesen Glauben, der darauf zielt, daß angenommenes Geld ohne Nachteil, d.h. ohne Wertverlust weitergegeben werden kann, wird immer wieder auf die Aufschrift der Malteser-Münzen verwiesen: *Non aes sed fides.* Der so der Geltung des Geldes entgegengebrachte Glaube scheint darin dem religiösen Glauben zu ähneln, daß der ihm zugrundeliegende Gemütszustand emotiv und ›übertheoretisch‹ und weniger kognitiv bestimmt ist, womit insbesondere dem modernen, durch Pietismus und Erweckungsbewegung und Schleiermachersche Gefühlsreligion bestimmten Glaubensverständnis Rechnung getragen würde. Angesichts dieser Glaubensfundierung des Geldes wittert die Theologie die Möglichkeit, den unter der Bedingung der Säkularisierung, d.h. der funktionalen Differenzierung des Gesellschaftssystems auf das Religionssystem beschränkten Glauben doch noch in dessen sozialer Umwelt aufzuweisen. »Auch eine scheinbar völlig säkularisierte Gesellschaft und Wirtschaft bedarf eines Glaubens und Vertrauens. Am Beispiel des Geldes läßt sich so ein verschüttetes religiöses Fundament von Kultur, Gesellschaft und

51 Luhmann 1977, 142.
52 Simmel 1977, 164f.; vgl. Heinemann 1969, 83; Burghardt 1977, 47.

Wirtschaft freilegen.«[53] Aber vielleicht ist die Erleichterung, die der Theologe verspürt, wenn er auf Religiöses in der säkularisierten Umwelt des Religionssystems hinweisen zu können glaubt, verfrüht, weil sie sich am trügerisch äquivoken Schein des Wortgebrauchs orientiert.

Das Geldwesen zieht zwar die Sprache der Religion auf sich, so daß sich sogar Banken – wie beispielsweise in Griechenland – ›Bank des Glaubens bzw. Vertrauens‹ (*trapeza pisteos*) nennen können; aber das Geld höhlt die Religion auch aus. Denn die auf einen Glauben an das Geld beruhende ›Geldwertmeinung‹ sieht sich immer auch der Gefahr ausgesetzt, einer ›Geldillusion‹ zu verfallen. Sie besteht darin, daß die Mitglieder einer Währungsgemeinschaft an den Wert des Geldes glauben, weil sie voraussetzen, daß mit der sich gleichbleibenden Geldeinheit das Geld als ein unveränderlicher Wertmaßstab zur Berechnung aller Güter und Waren zur Verfügung stünde. Die Geldillusion als Glaube an den unbewegbaren und unveränderlichen Wert des Geldes erweist sich zwar »in Zeiten gesunden Geldwesens«[54] als tragfähig, so daß sie das Vertrauen in die angenommene Wertbeständigkeit des Geldes ausdrückt. In krisenhaften Zeiten jedoch, »in denen das Geldwertbewußtsein erschüttert oder krankhaft verändert erscheint, überschattet ein verbreitetes Mißtrauen, das sich bis zu Angst und Panik steigern kann, die herrschende Einstellung zum Gelde und zu den durch die Geldvorstellung repräsentierten Werten«[55].

Glaube an das Geld und Geldillusion auf der einen Seite und erschüttertes Geldwertbewußtsein und desillusionierte Geldillusion auf der anderen Seite verhalten sich offensichtlich wie der begründet erscheinende religiöse Glaube an Gott einerseits und der religionskritisch verunsicherte oder destruierte religiöse Glaube andererseits. Denn wie der Geldwert, sozialpsychologisch betrachtet, von der Geldwertmeinung des geldverwendenden Bewußtseins abhängig ist, so dependiert auch Gott im Medium des religiösen Bewußtseins von dessen Glauben. Die Geldwertmeinung tritt jedoch dann als desillusionierte Geldillusion zutage, wenn der Glaube an das Geld durch das Wissen um die Instabilität des Geldwertes erschüttert wird. Sonach sind der Glaube an das Geld und die Geldillusion durch eine Ambivalenz bestimmt. Derselbe Glaube, der unter der Bedingung eines stabil erscheinenden Geldwertes in der Form von Geldvertrauen vollzogen wird, schlägt in Krisenzeiten, in denen das Bewußtsein der sinkenden Geldwertstabilität vorherrscht, in eine Geldillusion um, die sich ihres illusionären Charakters bewußt ist. Auch der religiöse Glaube an Gott gerät ins Wanken, wenn unter der Bedingung einer theoretisch-wissenschaftlichen oder praktisch gelebten Religionskritik das Bewußtsein vorherrscht, daß die Geltung

53 Honecker 1983, 174; vgl. 1984, 295f.
54 Schmölders 1966, 146.
55 Ebd., 147.

des geglaubten Gottes einseitig von den Akten des glaubenden Bewußtseins zehrt. Aber die als illusionär entlarvte Geldillusion kann dadurch wieder in einen gesicherten Glauben an das Geld überführt werden, daß durch wirtschafts- und geldpolitische Maßnahmen ein Zustand hergestellt wird, der ein erneutes Vertrauen in die Geldwertstabilität rechtfertigt. Der Glaube an das Geld trägt also zur Unterstützung eines bestehenden Geldwertgefüges bei; jedoch ist für diesen Glauben zugleich vorausgesetzt, daß er durch eine faktisch bestehende Geldwertstabilität selber getragen wird.

Demgegenüber sind die Folgen des der Religionskritik verfallenen und insofern desillusionierten Glaubens an Gott ambivalent: Der durch die Religionskritik bedrängte Glaube kann deren negativem Resultat dadurch entgehen wollen, daß er seinen Glauben eben von diesem Glauben selber abhängig macht. Der allein dem Glauben selber zugängliche Glaube an Gott nimmt dann allerdings in Kauf, daß er als reflexiv gewordener Glaube sich selber genügt, und so aus seinem In-sich-kreisen nicht herauszutreten vermag. Der Glaube, der sich so selber zum Gegenstand hat, läßt sich freilich nicht von einem bloßen Meinen unterscheiden. Diese Situation des in sich zirkulierenden Glaubens kann der Glaube nur dann überschreiten, wenn er im Bewußtsein, daß sein Glaube als Glaube an... von der Plausibilität seiner Inhalte abhängig ist, dazu übergeht, die Geltung dieser Inhalte eigens zu begründen. Obwohl sich die mögliche Begründung des Glaubens von wirtschafts- und geldpolitischen Maßnahmen zur Rückgewinnung oder Steigerung der Geldwertstabilität signifikant unterscheiden, kann dann doch gesagt werden, daß sich der verabsolutierte religiöse Glaube so wenig tragfähig erweist wie der Glaube an das Geld, der nicht zugleich durch die faktisch bestehende Stabilität des Geldes gedeckt wird.

Die Behauptung, daß der religiöse Glaube in der säkularisierten Umwelt des Religionssystems auf Rudimente eines Glaubens in der Gestalt des Glaubens an das Geld stößt, schließt sonach Konsequenzen für das Verständnis des religiösen Glaubens selber ein. Denn der Glaube an das Geld verfällt dann einer haltlosen Geldillusion, wenn er auf Dauer nicht durch die vorausgesetze Stabilität des Geldwertes getragen wird. Ein bloß glaubender Glaube gerät also beim Umgang mit Geld ins Bodenlose. Eine derartige Bodenlosigkeit kennzeichnet aber den religiösen Glauben gerade dann, wenn er als reflexiv gewordener Glaube an den Glauben sich in sich verschließt. Insofern zeigt die partiell bestehende Übereinstimmung zwischen dem religiösen Glauben und dem Glauben an das Geld gerade dies, daß es mit dem Glauben allein nicht getan ist. Wie der Geldglaube gegen Illusionen nur gefeit ist, wenn er die Stabilität des sich selber deckenden Geldes voraussetzen kann, so entgeht auch der religiöse Glaube seinem arbiträren Reflexivwerden nur dann, wenn er seine Inhalte einer Begründung zuführt, durch die er weiß, woran und warum er glaubt.

Die Überkomplexität eines inflationär werdenden Allerweltsglaubens kann also nur dann auf die Form des spezifisch religiösen Glaubens reduziert werden, wenn die *Inhaltsbestimmtheit* des Glaubens erneut aufgerollt wird. Bei der Entsprechung von Geld und Glaube in der Sachdimension zeigt sich zwar, daß der Glaube den religiösen Inhalten gleich-gültig gegenübertritt. Gleichwohl kann die Übertragung gleich-gültiger Inhalte nur dann vorgenommen werden, wenn diese Inhalte in ihrer allgemeinen Mitteilbarkeit auch legitimierbar sind. Wie das Kommunikationsmedium der Macht anders als das des Geldes einer zusätzlichen Vertrauensgrundlage als Legitimation bedarf, so verlangt auch der Glaube in seiner spezifisch religiösen Fassung nach einer besonderen *Begründung*. Während für die Funktion des Geldes als Wertmesser und Recheneinheit immer schon vorausgesetzt wird, daß alle Güter und Leistungen auf dasselbe Einheitsquantum bezogen werden können, bedürfen die Inhalte des Glaubens unbeschadet ihrer Gleich-Gültigkeit noch einer zusätzlichen Begründung, um übertragbar zu sein. Wird der Glaube dann beispielsweise inhaltlich durch Dogmen abgestützt, so existiert er als Dogmatik so fort, daß er »die Funktion eines Code für gesamtgesellschaftliche Prozesse weitgehend verloren hat«[56]. Der dem Begründungszwang ausgesetzte religiöse Glaube unterscheidet sich dann vom Allerweltsglauben dadurch, daß er nicht inflationär, sondern deflationär ausfällt. »Deflation liegt vor, wenn die Religion sich darauf einstellt, daß der Selektionsrahmen Egos zu konkret und zu alternativarm gesetzt ist, als daß er Kommunikationen Alters selbstselektiv verarbeiten könnte.«[57]

Der Glaube ist also aufgrund seiner inhaltlichen Bestimmtheit nicht wie das Geld auf einen immer schon gegebenen Maßstab beziehbar, durch den die gleich-gültigen Inhalte gleichermaßen kommuniziert werden können. Vielmehr muß der Glaube zusätzlich begründet werden, damit die selegierten Inhalte ihrer Gleich-Gültigkeit zum Trotz gültig sein können. Glaube kann sonach nur solange wie Geld funktionieren, solange es völlig beliebig ist, welche Inhalte durch das Medium des Glaubens vermittelt werden. Wird aber dieser vagabundierende Allerweltsglaube auf das Maß des spezifisch religiösen Glaubens zurückgeschnitten, so büßt er seine geldähnliche Universalität ein. Die Notwendigkeit zur Begründung des religiösen Glaubens bringt es dann mit sich, daß er nicht länger wie das Geld ein Handeln von Alter, das von Ego erlebt wird, zur Voraussetzung hat. Vielmehr wird dann die Konstellation, daß Alter handelt und Ego erlebt, dadurch konterkariert, daß Alter *und* Ego wechselseitig einander erleben, d.h. das Kommunikationsmedium des Glaubens erlaubt keine eindeutige Zuordnung von Handeln *oder* Erleben zu Alter und Ego.

Der Glaube, der auf der *Oberfläche* wie das Geld zu funktionieren scheint, setzt in seiner spezifisch religiösen Form eine Grundlage voraus, für die das

56 Luhmann 1977, 142.
57 Ebd., 124.

Medium der Wahrheit konstitutiv ist. Da seine inhaltlich bestimmte Übertragungsleistung allererst zu begründen ist, ist der Glaube mit dem Medium des Geldes nicht direkt kompatibel. Diese Nicht-Kompatibilität mag dann dazu beitragen, daß die Kommunikationsleistungen des religiösen Glaubens begrenzt sind. Eine dem Geld ähnlich universale Kommunikationsleistung des Glaubens kann dann nur fordern, wer bereit ist, die Konstitutions- und Begründungsnotwendigkeit der inhaltlichen Bestimmtheit des Glaubens wegzubrechen. Mit dem Wegfall seiner wahrheitsmäßigen Begründung würde der Glaube zum Allerweltsglauben degenerieren. Die dann vollzogene Deckung des Glaubens durch den Glauben machte ihn zwar geldähnlich. Gleichwohl unterschiede sich auch der so gefaßte Glaube insofern noch vom Geld, als seine Deckung ohne einen einheitlichen Wertmesser vollzogen werden müßte, so daß er in atomisierte Standpunkte zerfiele. Die Beziehungslosigkeit des Glaubens würde dann weit über die Geldrelativierung hinausgehen: Während Güter und Leistungen ihr Sein für anderes vermittels des Geldes miteinander teilen, teilten die Glaubensstandpunkte allein dies miteinander, aufgrund ihrer arbiträren Selbstabschlüsse nicht mitteilbar zu sein.

3. Zur Kritik der Politischen Ökonomie

Volkswirtschaftslehre und Soziologie gehen von dem selbstverständlich gegebenen, d.h. quasi natürlichen Funktionieren der Geldfunktionen aus, so daß Güter und Arbeit *immer schon* gegen Geld und aufgrund des Geldes getauscht, berechnet und liquidiert werden können. Die Frage, warum das Geld so funktionieren *kann*, wie es funktioniert, ist, da sie erst gar nicht gestellt wird, nicht zu beantworten. Der Positivismus der sozialwissenschaftlichen Geldtheorien besteht genau darin, daß das Problem der Konstitution des Geldes nicht aufgeworfen wird. Die sozialwissenschaftlichen Geldtheorien schließen sich den volkswirtschaftlich gegebenen Geld-Funktionen so an, daß sie innerhalb ihres Modell-Nominalismus allein danach fragen, *wie* Geld monetär und güterwirtschaftlich unter der Voraussetzung funktioniert, daß es funktioniert. Die simple Frage jedoch, *warum* das Geld als Tauschmittel, Wertmesser und Wertaufbewahrungsmittel funktionieren kann, bleibt unbeantwortet. Aber diese elementare Frage stellt sich schon jedem Konsumenten tagtäglich. Warum ist es möglich, daß ich eine beliebige Ware, zum Beispiel einen Laib Brot, gegen Geld kaufen kann, oder umgekehrt, warum ist es möglich, daß ein Bäcker einen Laib Brot gegen Geld verkauft? Diese alltäglichen Vorgänge des Kaufens und Verkaufens kann die Geldtheorie der Volkswirtschaftslehre nur dadurch erklären, daß sie das, was allererst zu erklären wäre, immer schon voraussetzt. Sie behauptet, eine Ware könne gegen Geld oder Geld könne gegen eine Ware getauscht werden, weil die Ware immer schon geldmäßig funktioniert, nämlich durch einen Geldpreis ausgedrückt wird. Bei dieser Auskunft jedoch wird schon das in Anspruch genommen, was der volkswirtschaftliche Laie doch gerne zu wissen wünschte: Warum kann die Ware durch einen Geldpreis ausgedrückt werden? Denn dieser Laib Brot dort und dieses Fünfmarkstück hier sind doch nicht unmittelbar vergleichbar; für den Laib Brot erhalte ich, wenn ich nicht gerade selbst Bäcker bin, nur in Ausnahmefällen Geld, und das Fünfmarkstück kann ich als solches nicht verzehren. Warum ist es dann gleichwohl möglich, daß ich den Laib Brot erhalte, indem ich dem Bäcker das Fünfmarkstück in die Hand drücke? Sagt mir die Geldtheorie der Volkswirtschaftslehre, das sei möglich, weil der Laib Brot einen Geldpreis ›wert‹ ist, so drehen wir uns im Kreise. Denn gefragt wurde ja gerade, warum der Laib Brot einen Geldpreis ›wert‹ ist. Von dem Initiator und Klassiker der Volkswirtschaftslehre, Adam Smith, sind derartige Fragen, wie unzureichend und vorläufig auch immer, gestellt und beantwortet worden. Indem Smith von dem Problem des *Wertes* von Gütern ausgeht und demzufolge den auf die Nützlichkeit einer Sache zielenden *Gebrauchswert* von dem *Tauschwert* unterscheidet, durch den der Erwerb von zum Tausch angebotenen Gütern geregelt wird, fragt er zugleich, »welches das richtige Maß für diesen Tauschwert ist«[58].

Die Antwort resultiert aus der rudimentären Form einer Arbeitswerttheorie: Unter den Bedingungen einer arbeitsteiligen Marktwirtschaft hängen der relative Reichtum oder die relative Armut von der Menge der Arbeit ab, über die jemand als Konsument oder als Produzent verfügt. »Deshalb ist der Wert einer Ware für seinen Besitzer, der sie nicht selbst nutzen oder konsumieren, sondern gegen andere tauschen möchte, gleich der Menge Arbeit, die ihm ermöglicht, sie zu kaufen oder darüber zu verfügen. Arbeit ist demnach das wahre oder tatsächliche Maß für den Tauschwert aller Güter.«[59] Dabei erscheint die Arbeit nicht in ihrer qualitativen, sondern in ihrer quantitativen Ausprägung, derzufolge »gleiche Arbeitsmengen immer und überall von gleichem Wert für den Arbeiter sind«.[60] Eine beliebige Ware kann sonach mit einer beliebigen anderen Ware verglichen werden, weil jede produzierte Ware ein bestimmtes Arbeitsquantum repräsentiert. Kraft der in sie eingehenden Arbeitsquanten sind die Waren schon vergleichbar, bevor sie beim Tausch auf dem Markt zur Disposition stehen. Das wahre Maß für den Tauschwert der Waren wird also nicht erst in der Sphäre der Zirkulation, sondern schon in der der Produktion konstituiert.

Indem verschiedene Waren immer schon vergleichbar sind, weil die in sie eingegangenen Arbeitsquanten das Maß für ihre Tauschbarkeit und Tausch-

58 Smith 1978, 27; vgl. dazu Dobb 1977, 47ff.
59 Ebd., 28.
60 Ebd., 31; auch schon Locke 1977, 225ff. führt den Wert von Gütern auf die Arbeit zurück.

wertigkeit darstellen, können sie dann auch tatsächlich ausgetauscht werden. Dieser tatsächliche Tausch wird so vollzogen, daß jemand eine Ware gegen Geld verkauft, oder ein anderer für Geld eine Ware kauft. Auch das für Waren erhaltene oder ausgegebene Geld drückt den Wert der Waren aus. Aber das Geld kann nur als »das exakte Maß für den realen Tauschwert aller Waren«[61] fungieren, weil die Waren ihren Maßstab schon in der Form der für ihre Produktion aufgewendeten Arbeitsquanten enthalten. Das Geld tritt nicht als primärer, sondern als abgeleiteter Wertmesser der Waren auf. Der Wert von Waren kann durch ihren Geldpreis gemessen und ausgedrückt werden, weil dem Geldpreis der Waren seinerseits das in Arbeitsquanten ausgedrückte Wertmaß zugrundeliegt.

Für die gegenwärtige Volkswirtschaftslehre steht fest, daß Smith mit seinem Versuch, den Austausch der Waren gegen Geld aufgrund eines wahren Wertmessers zu regeln, »in die Irre« geriet: Wer nach »einem absoluten Wertmaß« suche, befinde sich nicht nur auf dem »Holzweg«, sondern berücksichtige bei der Wertbestimmung einer Ware auch nur den »Beitrag der Arbeit« und lasse »die beiden anderen Produktionsfaktoren [sc. Boden und Kapital] unvergütet«[62]. Obwohl nicht zu bestreiten ist, daß die von Smith aufgestellte Theorie der Wertbestimmung unzureichend, weil zu wenig komplex ist, zeigt die Kritik der gegenwärtigen Volkswirtschaftslehre gleichwohl, daß sie den Grundgedanken verfehlt, der Smith in einem philosophischen Jahrhundert dazu bestimmt, nach dem realen Wertmaß der Waren zu fragen. Denn Smith sieht, daß das Geld als idealer Maßstab die Tauschwerte der Waren zwar messen, sie aber nicht begründen kann.[63] Während die gegenwärtige Volkswirtschaftslehre einfach voraussetzt, daß das Geld als Wertmaß funktioniert, weil die Waren in Geldpreisen ausgedrückt werden können, fragt Smith nach der Bedingung der Möglichkeit für die Darstellbarkeit der verschiedenen Waren in Geldpreisen. Das Geld kann den Geldpreis der Waren nur messen, weil die Waren aufgrund der in sie eingegangenen Arbeitsquanten *an sich selbst* vergleich- und meßbar sind. Vergleich- und Meßbarkeit der Waren sind nicht unvordenklich gegeben, sondern sie werden allererst durch die gesellschaftliche Tätigkeit konstituiert. Indem die gegenwärtige Volkswirtschaftslehre und die Sozialwissenschaften überhaupt die Frage nach der Begründung der im Geldpreis ausgedrückten Tausch- und Meßbarkeit der Waren abblenden, behandeln sie den Zusammenhang von Geld, Gütern und Leistungen als quasi naturgegebenen. Aber »die Natur produziert kein Geld, sowenig sie einen Wechselkurs oder Bankiers produziert«[64].

61 Ebd., 34.
62 Recktenwald 1974, LV.
63 Neuendorf 1973, 90.
64 Marx o. J. [1857/58], 151.

Weil die gegenwärtigen Sozialwissenschaften mit dem Geldmedium als mit einer Positivität rechnen, ohne zu fragen, warum das Geld als Wertmesser und Tauschmittel *für anderes*, für Waren und Leistungen funktioniert, ist die *Marxsche Kritik der Politischen Ökonomie* in ihrer Grundintention nicht als überholt zu betrachten. Denn wie sollte die Volkswirtschaftslehre etwas überholt haben, was sie schlicht übergeht? Indem Marx in Anknüpfung an und in Kritik von Adam Smith u.a. nach der Konstitution des Geldes als Wertmaß und Tauschmesser fragt, entgeht er dem Vorwurf, den allererst aufgrund gesellschaftlicher Arbeit begründbaren und begründeten Geldmechanismus als dinghafte Gegebenheit zu hypostasieren. Marx geht dabei so vor, daß er die nicht bloß historische, sondern in systematischer Absicht gedeutete Genese des Auftretens des Geldes als Wertmaß und Tauschmittel auf dem Boden der einfachen Warenzirkulation so erklärt, daß aufgrund des *kategorial* bestimmten Warenaustauschs erkannt werden kann, warum Waren in den Geldverkehr eintreten müssen, wenn sie denn *als* Waren gelten sollen.

Der einfache Tausch von Waren zwischen Produzenten und Konsumenten ist zunächst gebrauchswertorientiert. Die Nützlichkeit, die jemand aufgrund eines Bedürfnisses mit einem Ding verbindet, läßt es zur Ware werden, die insofern der Bestimmung des Gebrauchswertes untersteht. Obwohl der Gebrauchswert primär am Interesse des Konsumenten haftet, macht sich der Produzent das in der Nützlichkeit eines Dinges erscheinende Bedürfnis zunutze, um dieses Ding als Ware, nämlich als gebrauchswertbestimmtes Ding herzustellen. Da die um ihres Gebrauchswertes willen hergestellten Waren nicht bloß das Bedürfnis eines, sondern vieler Konsumenten widerspiegeln, besteht zugleich die Möglichkeit, daß der Warenproduzent seine Ware gegen andere Waren austauscht, wobei sich diese Form der Austauschbarkeit der Waren ihrer durch Bedürfnisse gesteuerten Gebrauchswertbestimmtheit verdankt.

Da der Gebrauchswert die Bestimmung für den stofflichen Inhalt einer Ware ist, so daß die Gebrauchswertbestimmtheit bei jeder Ware qualitativ anders ausfällt, kann auf dem Boden des gebrauchswertorientierten Tauschs von Waren nicht erklärt werden, warum beliebige Mengen einer Ware mit beliebigen Mengen einer anderen Ware so ausgetauscht werden können, daß der Tausch als solcher, d.h. unabhängig von den Bedürfnissen bestimmter Konsumenten vollzogen werden kann. Die Waren müssen sonach in ein quantitatives Verhältnis eintreten können, was jedoch nicht aufgrund ihres Gebrauchswertes, sondern allein aufgrund ihres *Tauschwertes* möglich ist. Der Tauschwert der Waren besteht anders als der qualitativ wechselnde Gebrauchswert in einer quantitativen Gemeinsamkeit, die in verschiedenen Waren nur quantitativ different auftreten kann. Da die nach ihren Gebrauchswerten qualitativ beurteilten Warenkörper ein gemeinsam Quantitatives nicht erkennen lassen, kann die Tauschwertbestimmtheit der Waren nicht in ihrer dinglichen Stofflichkeit, sondern allein darin gefunden werden, daß sie als Waren produziert sind. So sind sie gleichermaßen Produkte menschlicher Arbeit. Die verschiedenen Waren unterscheiden sich zwar dadurch, daß die Zeitquanten der für ihre Produktion verausgabten Arbeit schwanken können. Aber für diese durch unterschiedliche Arbeitsquanten zustande kommende quantitative Differenz der Waren ist schon die Gemeinsamkeit vorausgesetzt, daß für ihre Produktion gleichermaßen Arbeitskraft verausgabt worden ist. Das Gemeinsame der gemeinsam vorausgesetzten Arbeit kann nicht die Qualität der Arbeit, nicht ihre Art und Weise betreffen. Dieses Gemeinsame der Waren, das ihre von *bestimmten* Konsumbedürfnissen unabhängige Austauschbarkeit begründet, liegt darin, daß sie als Produkte investierter Arbeitskraft erscheinen. Arbeit überhaupt ist dadurch bestimmt, daß die für sie verwendete Zeit quantitativ meßbar ist. Sonach besteht das Gemeinsame der durch Arbeit produzierten Waren darin, daß sie Vergegenständlichungen von Arbeitsquanten sind, die als solche aufgrund ihrer Zeitbestimmtheit gemessen werden können. Der gesellschaftliche Tauschwert oder die Wertgröße einer Ware bemißt sich unter Abstraktion von ihrer Gebrauchswertbestimmtheit für den Konsumenten allein nach dem »Quantum gesellschaftlich notwendiger Arbeit«[65]. Die Wertgröße einer Ware bleibt solange konstant, solange das Arbeitsquantum konstant bleibt. Da jedoch die Produktivkraft der Arbeit immer auch Veränderungen unterworfen ist, insofern sie von mannigfachen Faktoren des jeweiligen wissenschaftlich-technischen Entwicklungsstandes abhängig ist, wechselt die Wertgröße einer Ware »*direkt* wie das *Quantum* und *umgekehrt* wie die *Produktivkraft* der sich in ihr verwirklichenden Arbeit«[66]. Die wechselnde Produktivkraft der Arbeit ändert aber nichts an der grundlegenden Bestimmung, daß das gesellschaftliche Austauschverhältnis der Waren und damit ihr Tauschwert durch das Zeitquantum gesellschaftlich durchschnittlicher, also quantifizierbarer Arbeit gesetzt wird. »Eine Ware mag das Produkt der kompliciertesten Arbeit sein, ihr *Wert* setzt sie dem Produkt einfacher Arbeit gleich und stellt daher selbst nur ein bestimmtes Quantum einfacher Arbeit dar.«[67]

Obwohl die Waren als Gebrauchswerte zugleich Tauschwerte und umgekehrt darstellen, kann die sie bestimmende Wertform, der Tauschwert, »nur im gesellschaftlichen Verhältnis von Ware zu Ware erscheinen«,[68] denn allein in diesem gesellschaftlichen Verhältnis treten die Waren als Vergegenständlichungen gesellschaftlicher Arbeit auf. Die Austauschbarkeit der Waren ist folglich in ihrem Wertverhältnis begründet, wodurch die Wertform einer Ware nur in

65 Marx 1947, 44 [im Original kursiv].
66 Ebd., 45.
67 Ebd., 49 [Kursivsetzung F.W.].
68 Ebd., 52.

Beziehung auf eine andere Ware in Erscheinung tritt. Diese *einfache Wertform* ist insofern relativ, als eine Ware A ihren Wert nur in einer Ware B darstellen kann, die damit als *Äquivalentform* dient. Relative Wertform und Äquivalentform bedingen so einander, daß die Ware A ihre relative Wertform nur in Beziehung auf die Ware B ausdrücken kann; die Ware B erscheint dann bezogen auf die Ware A als die den relativen Wert der Ware A spiegelnde Äquivalentform. Wie die Wertform der Ware A durch die Ware B bedingt ist, so ist die Äquivalentform der Ware B insofern durch die Ware A bedingt, als die Ware B nur vermittels der Beziehung der Ware A auf sie als Äquivalentform fungieren kann. So werden das Austauschverhältnis und die Austauschbarkeit einer Ware mit einer anderen dadurch begründet, daß die relative Wertform einer Ware in einer als Äquivalentform dienenden anderen Ware ausgedrückt werden kann, weil »der Körper der Ware, der zum Äquivalent dient«, »stets als Verkörperung abstrakt menschlicher Arbeit«[69] gilt. Die Ware A, deren relative Wertform ausgedrückt werden soll, wird dabei als *Gebrauchswert* auf die Ware B bezogen, die dann als Äquivalentform und insofern als *Tauschwert* gilt. Indem die gebrauchswertbestimmte Ware A ihre relative Wertform in der als Tauschwert bestimmten Äquivalentform der Ware B ausdrückt, wird die Tauschbarkeit der Waren A und B aufgrund ihrer eigenen kategorialen Bestimmtheiten konstituiert. Die Grenze dieser auf der einfachen Wertform begründeten Tauschbarkeit der Waren besteht allerdings darin, daß die relative Wertform einer bestimmten Ware nicht fixiert werden kann; vielmehr muß sie im Hinblick auf jede weitere Ware erneut so ausgedrückt werden, daß jede weitere Ware wiederum als Äquivalentform fungiert. Mit so viel anderen Waren eine bestimmte Ware A in Beziehung tritt in so vielen Äquivalenten bringt sie ihre relative Wertform zur Darstellung.

Die einfache Warenform, daß nämlich eine Ware A ihre relative Wertform in der Äquivalentform einer Ware B darstellt (Form I), wird also dadurch zur entfalteten oder erweiterten Wertform, daß die Ware A ihre Wertform in einer unabschließbaren Reihe von Waren ausdrücken kann. Diese aneinandergereihten Waren B, C, D … N treten dann jeweils so als *besondere* Äquivalente in Erscheinung, daß jede weitere Ware zum Äquivalent jeder anderen Ware werden kann (Form II). Der damit auftretende quantitativ-unendliche Progress der besonderen Äquivalentformen kann schließlich so aufgehoben werden, daß das Verhältnis von Wert- und Äquivalentform umgekehrt wird: Die besonderen Äquivalentformen werden nicht in Beziehung auf die als Wertform auftretende Ware A bestimmt, sondern eine allgemeine Äquivalentform bestimmt die Wertform aller Waren (Form III). Dann drücken alle Waren ihren Tauschwert in dem stofflichen Körper ein und derselben Ware aus, die damit als *allgemeines*

69 Ebd., 63.

Äquivalent fungiert. In Umkehr der besonderen Äquivalentform beziehen sich die Waren nicht auf das jeweils wechselnde Äquivalent, vielmehr ist das allgemeine Äquivalent auf alle Waren bezogen, wodurch diese ihre »allgemein-gesellschaftliche relative Wertform«[70] erhalten. Wie alle Waren bis auf eine von der allgemeinen Äquivalentform ausgeschlossen sind, so ist umgekehrt die als allgemeine Äquivalentform figurierende Ware von der »allgemeinen relativen Wertform der Warenwelt ausgeschlossen«[71]. Indem eine bestimmte Ware als allgemeines Äquivalent fixiert wird, stellen alle Waren ihre allgemeingültige Wertform im Umweg über das allgemeine Äquivalent so dar, daß sie als Werte, nämlich als bestimmte Quanten durchschnittlich gesellschaftlicher Arbeit aufeinander beziehbar und insofern austauschbar sind. Die allgemeine Austauschbarkeit ist also darin begründet, daß alle Waren im Umweg über das allgemeine Äquivalent ihre allgemeine relative Wertform erhalten, aufgrund deren jede Ware mit jeder anderen vergleich- und tauschbar ist.

Die allgemeine Äquivalentform hat schon die Bedeutung der Geldware oder sie »funktioniert *als Geld*«[72]. Der Fortschritt von der allgemeinen Äquivalentform zur *Geldform* (Form IV) besteht allein darin, »daß die *Form unmittelbarer allgemeiner Austauschbarkeit* oder *die allgemeine Äquivalentform* jetzt durch gesellschaftliche Gewohnheit *endgültig* mit der *spezifischen Naturalform* der Ware *Gold verwachsen* ist«[73]. Der formale Gebrauchswert der Ware Geld als allgemeine gesellschaftliche Äquivalentform ermöglicht die allgemeine Austauschbarkeit der Waren, weil die allgemeine Wertform aller Waren, das in ihnen vergegenständlichte Arbeitsquantum, von der allgemeinen Geldform aus vergleichbar ist. Die ökonomische Austausch- und Kommunizierbarkeit aller Waren besteht dann darin, daß jede Ware $X_1 \ldots n$, weil sie an die Stelle von Y, das Geld, treten kann, so auch an der Stelle aller anderen Waren, d. h. an der Stelle $X_1 \ldots n-1$ auftreten kann.

Indem Marx die allgemeine Austauschbarkeit der Waren vorab dadurch erklärt, daß sie als vergegenständlichte Arbeitsquanten miteinander vergleichbar sind, ist es ihm zugleich möglich, die *Funktionen des Geldes* auf dem Boden der Warenzirkulation zu konstituieren. Weil die Waren aufgrund ihrer Bestimmtheit als vergegenständlichte Arbeitsquanten an sich selbst vergleich- und austauschbar sind, »können sie ihre Werte gemeinschaftlich in derselben spezifischen Ware messen und diese dadurch in ihr gemeinschaftliches Wertmaß oder Geld verwandeln«[74]. Das Geld tritt in seiner Funktion als Wertmaß der Waren nicht zu diesen sekundär hinzu. Vielmehr ist das Geld als Wertmaß die »*not-*

70 Ebd., 73 [im Original kursiv].
71 Ebd., 74 [im Original kursiv].
72 Ebd., 75.
73 Ebd.
74 Ebd., 99.

wendige Erscheinungsform des *immanenten* Wertmaßes der Waren, *der Arbeitszeit*«[75]. Durch das Geld kann also der Wert der Waren deshalb gemessen werden, weil die Waren *an sich selbst* meßbar sind, insofern sie meßbare Arbeitsquanten darstellen.

Während das Geld als Wertmaß der Waren deren immanenten Wert, die Arbeitszeit-Quanten, und insofern ihre gegenseitige Austauschbarkeit mißt und ausdrückt, bezieht es sich als Maßstab der Preise nicht auf das Austauschverhältnis der Waren untereinander, sondern auf das Austauschverhältnis einer Ware mit der außer ihr existierenden Geldware. Die Wertgröße einer Ware wird dann nicht mehr durch den Vergleich mit der Wertgröße einer anderen Ware bestimmt, sondern die Wertgröße einer Ware wird durch das Geld in den *Preis* verwandelt, der als ein bestimmtes Geldquantum in Erscheinung tritt. Indem die immanente Austauschbarkeit und d. h. die in Arbeitszeit-Quanten ausgedrückte Wertgröße aller Waren durch das Wertmaß des Geldes dargestellt wird, ist jede einzelne Ware zugleich als Wert gesetzt. Diese immanente Wertbestimmtheit einer Ware kann auch als solche gemessen werden. Aber dann bezieht sich diese Ware nicht auf das Geld als Wertmaß ihrer Wertgröße, sondern auf das Geld als Maßstab des Warenpreises, wodurch die Beziehung der Ware auf ein bestimmtes Geldquantum ausgedrückt wird. Daß eine Ware mittels ihrer Preisform gegen ein Geldquantum veräußert werden kann, ist allerdings nur möglich, weil jede Ware an sich selbst schon preisbestimmt ist, denn das als Wertgröße ausgedrückte Arbeitszeitquantum einer Ware kann insofern in ihren Preis verwandelt werden, als die Wertgröße als ein bestimmtes Geldquantum berechnet werden kann. In ihrer Preisform repräsentiert die Ware keinen Wert, vielmehr stellt der Preis ein bestimmtes Geldquantum dar, für das das Geld als Einheitsquantum und Maßstab fungiert. Dem Preis ist dann allerdings nicht mehr anzusehen, daß die Ware nur insofern durch ein Geldquantum ausgedrückt werden kann, als ihre immanente Wertgröße ein bestimmtes Quantum durchschnittlicher Arbeitszeit repräsentiert, das im Preis als Geldnahme auftritt.

Im Geld als Wertmaß der Waren ist schon die Funktion des Geldes als *Tausch-* oder *Zirkulationsmittel* impliziert. Wird nämlich mit dem Wertmaß des Geldes die den Waren immanente Wertgröße dargestellt, so sind damit nicht nur die Vergleich- und Austauschbarkeit der Waren untereinander, sondern ebenso die Tauschbarkeit einer Ware gegen Geld und von Geld gegen eine Ware gesetzt. Der den Waren immanente Tauschwert ermöglicht ihre Verwandlung in Geld und ihre Rückverwandlung aus Geld in Waren. Während die gegenwärtige Geldtheorie der Volkswirtschaftslehre das Geld immer schon in seiner fertigen Formbestimmtheit voraussetzt, aufgrund deren es als Tauschmittel und Wertmesser funktioniert, entwickelt Marx die Geldform und ihre Funktionen aus der

75 Ebd.

kategorial, d.h. durch Wertform und Wertgröße bestimmten Ware. Sowenig die Ware sowenig wird das Geld bloß als Oberflächenerscheinung genommen; Ware und Geld erscheinen nicht nur in quantitativen Verhältnissen, denen zufolge die quantitative Bestimmtheit der Waren mit Geldquanten verglichen werden kann. Vielmehr begründet Marx, warum das quantitative Austauschverhältnis auf der *quantitativen* Wertbestimmtheit von Ware und Geld gleichermaßen fußt. Nur weil das Geld die immanente Wertgröße der Waren selbst ausdrückt, muß der faktische Austausch von Geld und Ware nicht nur als eine nicht näher erklärbare Gegebenheit hingenommen werden. Die von der Volkswirtschaftslehre im Stile der Versicherung in Anspruch genommene *Tauschbarkeit* von Ware und Geld hat dann darin ihren Grund, daß die immanente Bestimmtheit der Waren als Wertgröße nicht nur den Austausch mit andern Waren, sondern ebenso den mit Geld ermöglicht, weil das Geld die allgemeine Wertform der Waren als ihr immanentes Austauschverhältnis ausdrückt.

Aufgrund der immanent begründeten Austauschbarkeit der Waren kann zugleich erklärt werden, warum der Austauschprozeß der Waren einen doppelten, in sich gegenläufigen Formwechsel impliziert. Weil das funktionale Sein der Ware für das Geld aus der Wertbestimmtheit, d.h. aus einem *Ansichtselbstsein* der Ware resultiert, vollzieht sich der Austauschprozeß der Ware gegen Geld und umgekehrt nicht bloß als eine quantitative Beziehung, dergemäß einmal die Ware ein funktionales Sein für das Geld und dann wieder das Geld ein funktionales Sein für die Ware sind. Da vielmehr die immanente Wertgröße der Ware in der Wertform des Geldes erscheint, und da die Wertform des Geldes umgekehrt das Wertmaß für die innere Wertgröße der Ware darstellt, kann der Austauschprozeß der Waren als ein Formwechsel begriffen werden, durch den ihre eigene Formbestimmtheit zutage tritt. Wird beim *Verkauf* eine Ware gegen Geld ausgetauscht, so realisiert der Verkäufer den Tauschwert der Ware, weil und insofern sie für den Käufer einen Gebrauchswert hat. Wird umgekehrt beim Kauf Geld gegen eine Ware ausgetauscht, so realisiert der Käufer den Gebrauchswert der Ware aufgrund dessen, daß sie für den Verkäufer einen Tauschwert hat. Beim Verkauf werden die Wertform in Geldform und beim Kauf die Geldform in Wertform verwandelt. Der als Verkauf und Kauf getätigte Kreislauf der Waren (W – G – W) stellt unbeschadet seiner in sich gegenläufigen Zweiphasigkeit (W – G und G – W) einen einheitlichen Vorgang dar, weil der Verkauf der einen Ware zugleich dazu dient, eine andere Ware zu kaufen.

Vom in sich gegenläufigen, als Verkauf und Kauf vollzogenen *Kreislauf der Waren* unterscheidet sich der darin involvierte *Umlauf des Geldes* dadurch, daß es mit jeweils anderen Waren perennierend seine Stellung tauscht. Während beim Kreislauf der Waren, der als Verkauf um des Kaufens willen vollzogen wird, Waren nicht nur gegen Geld, sondern auch Waren gegen andere Waren getauscht werden, wiederholt sich beim Kreislauf des Geldes stets derselbe Prozeß, nämlich der Austausch des Geldes mit jeweils einer anderen Ware. Mit der Warenzirkulation wird der Doppelcharakter der Ware als Gebrauchs- und Tauschwert gleichermaßen realisiert, insofern beim Verkauf um des Kaufens willen eine Ware durch eine andere Ware ersetzt wird. Mit der Funktion des Geldes als Zirkulationsmittel tritt jedoch allein der Tauschwert der Waren in Erscheinung. Die Realisierung ihres Tauschwertes kann schließlich dann zum Selbstzweck werden, wenn der Kreislauf der Ware so unterbunden wird, daß die Ware verkauft wird, »um Warenform durch Geldform zu ersetzen«[76]. Der in die Geldform überführte Tauschwert der Ware dient dann nicht dazu, um eine andere Ware zu kaufen, sondern um das Geld als solches aufzubewahren. Die Funktion des Geldes als *Wertaufbewahrungsmittel* findet ihren Niederschlag in der Schatzbildung.

Als Wertaufbewahrungsmittel und d.h. in der Schatzbildung wird zwar das Geld als Geld realisiert. Aber bei der Wertaufbewahrung kann nur der Wert realisiert werden, den das Geld aus dem Tauschwert der verkauften Waren zieht. Das Geld ist dann nicht der Grund, sondern die Folge der Wertbildung, die aus der Realisierung des Tauschwertes der Waren erwächst. Zum Grund von Wertbildung kann das Geld nur dann werden, wenn es wiederum in die Zirkulation eintritt. Jedoch darf dann die Zirkulation nicht wie beim Kreislauf der Waren unter der Dominanz des Kaufs von Waren stehen. Vielmehr muß die Zirkulation der Dominanz des Geldes als Grund der Wertbildung Rechnung tragen. Die Warenzirkulation W – G – W ist dann durch eine vom Geld bestimmte Form der Zirkulation zu ersetzen, so daß nicht verkauft wird, um zu kaufen, sondern umgekehrt: Gekauft wird, um zu verkaufen. Ein Kauf, der allein dem Verkauf dient, kommt dann zustande, wenn nicht Ware in Geld und Geld in Ware, sondern Geld in Ware und Ware in Geld verwandelt werden; das führt zur Zirkulationsform G – W – G. Ihr zufolge wird *ein und dieselbe Ware* für Geld gekauft, um gegen Geld verkauft zu werden. Bei dieser Form der Zirkulation ist das Geld dann wertbildend, wenn die gekaufte Ware (G – W) teurer verkauft wird (W – G). Die gekaufte Ware wirft also durch ihren Verkauf ein überschüssiges Geldquantum ab, das größer ist als der Wert des für den Kauf der Ware eingesetzten Geldquantums. Gelingt es, beim Verkauf der Ware (W – G) mehr Geld zu erhalten, als für ihren Kauf (G – W) verausgabt werden mußte, so realisiert die Geldzirkulation einen *Mehrwert.* Geld, das einen Wert schafft, der größer ist als der Wert des zum Kauf der Ware notwendigen Geldquantums, wird damit zum *Kapital.* Zum Kapital wird das Geld also dadurch, daß es durch Schaffung von Mehrwert sich selbst verwertet, nämlich seinen anfänglichen Wert durch den teureren Verkauf (W – G + ΔG) der billiger gekauften Ware vermehrt.

Wie jedoch ist es überhaupt möglich, eine billiger gekaufte Ware teurer zu

76 Ebd., 136.

verkaufen? Daß Geld einen Mehrwert schafft und so in die Form des Kapitals übergeht, kann innerhalb der Sphäre der einfachen Warenzirkulation nicht erklärt werden. Wer es gleichwohl versuchen wollte, müßte voraussetzen, daß zum Beispiel Handelskapital aufgrund von »Prellerei« und zinstragendes Kapital aufgrund von ›Wucherei‹ Mehrwert produzieren.[77] Ist die Sphäre der Zirkulation als solche nicht der geeignete Kandidat, um die Mehrwertschöpfung plausibel zu machen, so legt es sich nahe, auf die Produktionssphäre zu rekurrieren. Aber innerhalb ihrer läßt sich kein mehrwertträchtiger Vorgang namhaft machen. Zwar kauft ein Produzent bestimmte Waren (Rohstoffe), um sie nach erfolgter Bearbeitung zu verkaufen. Durch den Prozeß der Produktion verwertet sich die gekaufte und bearbeitete Ware aber nicht. Vielmehr erhält sie durch ihre Bearbeitung einen neuen Wert, der aus dem zugesetzten Quantum Arbeit resultiert, das zu ihrer Herstellung notwendig ist. Wenn das Kapital als Mehrwert schaffendes Geld weder aus der Zirkulations- noch aus der Produktionssphäre hervorgehen kann, so bleibt schließlich nur die Möglichkeit, die Verwandlung des Geldes in Kapital daraus zu erklären, daß Zirkulation und Produktion gleichermaßen an ihr beteiligt sind.

Von allen stofflichen Waren, die ein Geldbesitzer auf dem Markt vorfindet, unterscheidet sich die *Ware Arbeitskraft* signifikant. Während der *Kauf* aller anderen Waren dann definitiv abgeschlossen ist, wenn ihr Tauschwert bezahlt ist, wird beim Kauf der Ware Arbeitskraft ihr Tauschwert bezahlt, um ihren Gebrauchswert verbrauchen zu können. Der Besitzer der Ware Arbeitskraft verkauft seine Arbeitskraft für eine bestimmte Zeit, weil er über seine Arbeitskraft anders als Sklaven frei verfügen kann. Der Tauschwert der Ware Arbeitskraft, den der Geldbesitzer bei ihrem Kauf bezahlt, besteht in dem Geldquantum, das der Besitzter der Ware Arbeitskraft benötigt, um sich und seine Arbeitskraft durch den Kauf von Lebensmitteln zu erhalten und zu reproduzieren. Das zur Erhaltung der Ware Arbeitskraft notwendige Geldquantum entspricht dann einem bestimmten Quantum durchschnittlicher gesellschaftlicher Arbeitszeit, »oder der *Wert der Arbeitskraft* ist der *Wert* der zur Erhaltung ihres Besitzers *notwendigen Lebensmittel*«,[78] wobei die Summe dieser Lebensmittel je nach klimatischen und kulturellen Bedingungen schwankt.

Während der Besitzer der Arbeitskraft ihren Gebrauchswert *verkauft*, um ihren Tauschwert zu realisieren, *kauft* der Geldbesitzer zwar auch den Gebrauchswert der Arbeitskraft, aber nicht, um ihren Tausch-, sondern um ihren Gebrauchswert zu konsumieren. Die Konsumtion des Gebrauchswertes der Ware Arbeitskraft geht so vonstatten, daß der Produzent, indem er die Arbeitskraft mit Produktionsmitteln zusammenbringt, Waren produziert, »deren

77 Ebd., 172.
78 Ebd., 178.

Wert *höher* als die *Wertsumme der zu ihrer Produktion erheischten Waren*, der Produktionsmittel und der Arbeitskraft«,[79] ausfällt. Weil der Wert der Produktionsmittel nur einem bestimmten Quantum Arbeitszeit entspricht, das nicht vermehrt werden kann (»konstantes Kapital«), ist die Produktion des Mehrwertes, die der Produzent mittels der zu produzierenden Waren erzielen will, allein aus dem Verbrauch des Gebrauchswertes der Arbeitskraft ableitbar. Daß die zur Produktion einer Ware aufgewendete Arbeitskraft wertbildend ist, resultiert aus ihrer Differenz von Gebrauchs- und Tauschwert. Während der Besitzer der Arbeitskraft ihren Gebrauchswert gegen die Bezahlung ihres Tauschwertes verkauft, kauft der Produzent den Gebrauchswert der Arbeitskraft, um durch ihren Verbrauch in der Produktion einen Tauschwert zu realisieren, der höher ist als der dem Besitzer der Arbeitskraft gezahlte Tauschwert. Der Besitzer der Arbeitskraft wendet ein bestimmtes Arbeitszeitquantum auf, das dem Tauschwert seiner Arbeit und d.h. dem Quantum Lebensmittel entspricht, das zur Erhaltung des Gebrauchswertes der Arbeitskraft notwendig ist. Das Arbeitszeitquantum jedoch, das der Produzent im Konsumtionsprozeß aus dem Gebrauchswert der Ware Arbeitskraft dadurch zieht, daß er mittels der Arbeitskraft tauschwertfähige Waren herstellen läßt, fällt größer aus als das zur Reproduktion der Arbeitskraft notwendige Arbeitszeitquantum. Durch die Verwandlung des Gebrauchswertes der Arbeitskraft werden sonach Werte gebildet, die größer sind als der Tauschwert, den der Produzent beim Kauf der Ware Arbeitskraft bezahlt. »[S]o ist der Verwertungsprozeß nichts als ein über einen gewissen Punkt hinaus *verlängerter* Wertbildungsprozeß. Dauert der letztere nur *bis zu dem Punkt*, wo der vom Kapital gezahlte Wert der Arbeitskraft durch ein neues *Äquivalent* ersetzt ist, so ist er einfacher Wertbildungsprozeß. Dauert der Wertbildungsprozeß *über diesen Punkt* hinaus, so wird er Verwertungsprozeß.«[80] Der Geldbesitzer verwandelt also sein Geld in Mehrwert schaffendes Kapital, indem er innerhalb der Zirkulationssphäre, nämlich auf dem Arbeitsmarkt die Ware Arbeitskraft kauft, die innerhalb der Produktionssphäre dadurch verwertet wird, daß ihr Wertbildungsprozeß verlängert wird.

Der sich selbst verwertende Wert des Geldes, der als Verwertungsprozeß des Kapitals statthat, läßt sich so strukturieren: Das Kapital, das beim Kauf der Arbeitskraft eingesetzt wird, äußert sich als eine Kraft, die sich mit der Arbeitskraft eine andere Kraft für die eigene Kraftäußerung voraussetzt. Das Kapital ist im Setzen, d.h. beim Kauf der Arbeitskraft aber nicht nur voraussetzend, sondern im Voraussetzen der Arbeit insofern zugleich setzend, als die gekaufte Arbeitskraft als Kraft für anderes, nämlich für den Wertbildungs- als Verwertungsprozeß eingesetzt wird. Im Setzen des Kapitals setzt dieses sich als andere

79 Ebd., 194.
80 Ebd., 203f.

Kraft, als die Ware Arbeitskraft so voraus (G – W), daß das Voraussetzen der Arbeitskraft selber das vermittelte Setzen des Kapitals ist, insofern die vorausgesetzte Arbeitskraft als wertbildend und Mehrwert produzierend (W – G = G + ΔG) gesetzt wird. Das Kapital tritt also als eine Kraft in Erscheinung, die sich zu ihrer Äußerung als sich verwertende Kraft in der Form der Arbeitskraft eine andere Kraft voraussetzt, die aber allein für die Kraftäußerung des Kapitals vorausgesetzt ist und so in ihrem Vorausgesetztsein als für das Kapital und d. h. Mehrwert bildend gesetzt ist.

Marx' Analyse des Prozesses, der zur Verwandlung des Geldes in Kapital und zum Mehrwert des sich verwertenden Kapitals führt, ist als Versuch anzusehen, den Übergang von Geld zum Kapital aus innerökonomischen Konstituentien, nämlich aus der vertraglich geregelten Verwertung der Arbeitskraft verständlich zu machen, für die der Arbeiter als freier Besitzer seiner Arbeitskraft vorausgesetzt ist. Solange die gegenwärtige Volkswirtschaftslehre nicht in der Lage ist, die Marxsche Wertbildungstheorie durch eine plausiblere Theorie zu ersetzen, fällt ihre Kritik der Marxschen Mehrwerttheorie abstrakt und äußerlich aus. Da die Volkswirtschaftslehre generell darauf verzichtet, eine Theorie der Wertbildung zu konzipieren, tritt sie dem Verwertungsprozeß des Geldes als Kapital blind gegenüber. Marx' Mehrwerttheorie kann ja vielleicht dahingehend kritisiert werden, daß er allein die produktiv-industrielle Arbeit als wertbildend erachtet und insofern alle anderen Faktoren von der Wertbildung ausschließt.[81] Aber eine derartige Kritik setzt immer noch voraus, daß der Grundgedanke der Marxschen Mehrwerttheorie richtig ist, daß nämlich Arbeit in allen ihren Formen, als körperliche *und* geistige Arbeit, wertschaffend ist. Dieser Grundgedanke liegt nicht nur der Theorie über den Verwertungsprozeß des Kapitals, sondern in elementarer Weise auch der aus der einfachen Warenzirkulation gewonnenen Geldtheorie zugrunde. Auf der Basis dieses Grundgedankens ist Marx in der Lage, nicht nur den Austauschprozeß der Waren gegen Geld und umgekehrt, sondern auch die von der Volkswirtschaftslehre nur aufgezählten Geldfunktionen so zu erklären, daß Ware, Geld und Geldfunktionen in ihrem Konstituiertsein durch gesellschaftliche Arbeit in Erscheinung treten. Indem die gegenwärtigen Sozialwissenschaften die Frage nach der Konstitution der elementaren Faktoren des ökonomischen Verkehrs gar nicht erst stellen, behandeln sie Ware, Geld und Geldfunktionen als quasi naturgegebene Faktoren, deren Austausch funktioniert, weil er eben funktioniert. Indem vom Konstituiertsein dieser Faktoren abstrahiert wird, treten sie allein in ihrer *Oberflächenerscheinung* als einfache Warenzirkulation in den Blick. Ware, Geld und Geldfunktio-

81 Allerdings bedürfte eine derartige Kritik der genaueren Begründung, bei der nicht nur der einfache Verwertungsprozeß des Kapitals, sondern ebenso die Zirkulation der Kapitale zu berücksichtigen wären.

nen werden folglich als verdinglichte *Objekte* behandelt, die allein ihre abstrakte Allgemeinheit miteinander teilen, nämlich gegeneinander mitteil- und austauschbar zu sein. Mit dem Vergessen des Konstituiertseins ihrer Mitteil- und Austauschbarkeit werden sie zu wechselseitig sich ersetzenden Mitteln, die sich dem als absoluten Mittel auftretenden Medium des Geldes widerstandslos fügen. Dieses widerstandslose Funktionieren der vom Geld verwerteten Waren und Leistungen ist aber nicht nur auf das Wirtschaftssystem als solches beschränkt. Vielmehr impliziert der Primat des Wirtschaftssystems für die Gesamtgesellschaft einen Prozeß der Kolonialisierung,[82] so daß von Hause aus nicht-ökonomische Bereiche der Gesellschaft wie Kultur, Bildung und Religion durch ein Kommunikationsmuster bestimmt werden, demzufolge ästhetische, ethische, religiöse und kulturelle Inhalte überhaupt wie geldfunktionale Waren widerstandslos transportiert werden.

82 Vgl. Habermas 1981, Bd. 2, 489ff.

II. Zur philosophisch-kategorialen Bestimmung des geldgesteuerten Weltumgangs

Das als »Abbreviatur aller äußerlichen Notwendigkeit«[1] umlaufende Geld kristallisiert zu einem Weltzustand, innerhalb dessen der individuelle und soziale Weltumgang der Sachen und Personen zu einem Umgang mit geldbestimmten Warenkörpern wird, die qualitativ alle gleich und nur quantitativ entsprechend der in sie eingegangenen Arbeitsmenge unterscheidbar sind. Insofern das Bewußtsein »sich immer aus seinen Gegenständen entgegentritt«, korrespondiert dem geldgeleiteten Weltzustand eine »Geldstufe des Bewußtseins«,[2] für die Sachen und Personen als existente Tauschwerte zirkulieren. »Insofern ist also Geld nicht nur Symbol der Gesellschaftsordnung, sondern der Denkweisen und Geisteshaltungen der Menschen.«[3] Während das »Gelddenken« bzw. die Geldstufe des Bewußtseins und der ihr entsprechende Weltzustand im Namen einer konservativen oder gar reaktionären Kulturkritik als »Diktatur des Geldes«[4] perhorresziert werden, feiern liberale Denkweisen den universal gewordenen Umlauf des Geldes als Freiheitsfortschritt. »Unsere persönliche Freiheit und Unabhängigkeit beruht darauf, daß wir zahlen *können* und *müssen* – im Geld steckt nicht bloß unsere *ökonomische*, sondern auch unsere *moralische Unabhängigkeit.*«[5] Von welcher Art sind aber die Unabhängigkeit und Freiheit, die durch den Geldumgang ermöglicht werden? Schon die sozialwissenschaftliche Analyse des Geldes macht hinreichend deutlich, daß der im Geldumlauf implizierte Freiheitsfortschritt eher ambivalente als eindeutig affirmative Züge an sich trägt. Denn das Geld erzeugt »auf der einen Seite eine früher unbekannte Unpersönlichkeit alles ökonomischen Tuns, andererseits eine ebenso gesteigerte Selbständigkeit und Unabhängigkeit der Person«[6].

---

1 Hegel 1970, 565.

2 Liebrucks 1972, 267. 266.

3 Heinemann 1969, 150; Heinemann hat aber diesen wichtigen Gedanken, mit dem er seine *Soziologie des Geldes* abschließt, nicht weiter verfolgt.

4 Spengler 1973, 1193; vgl. 1145–1182: Das Geld.

5 Jhering 1877, Bd. 1, 128.

6 Simmel 1983a, 79; Heinemann 1969, 149f.

1. Geld als Inbegriff aller Realitäten oder Freiheit als Tautologie des Möglichen (Georg Simmel)

Der dem Geldumlauf eingeschriebene ambivalente Charakter muß nicht objektiv im Geld selber angelegt sein, sondern er kann auch von einer Betrachtungsweise des Geldes herrühren, durch die eine individuell-personale von einer intersubjektiv-sozialen Perspektive unterschieden wird. Dann durchkreuzen sich eine ans Individuum gebundene lebensweltliche Innen- und eine Außensicht, die sich den objektivierten Sozialgebilden zuwendet. Diese doppelte Perspektive ist für die *Philosophie des Geldes* von Georg Simmel leitend. Einerseits geht er von der individuellen Begehrtheit bestimmter Objekte aus, so daß die »Brauchbarkeit« nicht nur als »der absolute Bestandteil der wirtschaftlichen Werte«[7] auftritt, sondern überdies den wirtschaftlichen Tauschvorgängen insgesamt zugrundeliegen soll. »Die Brauchbarkeit [...] scheint vor aller Wirtschaft, allem Vergleiche, aller Beziehung zu anderen Objekten zu bestehen und, als das substantielle Moment der Wirtschaft, deren Bewegungen von sich abhängig zu machen.«[8] Für den zur Substanz der Wirtschaft erklärten Gebrauchswert wird ein Wertbegriff veranschlagt, dem in der Nachfolge Hermann Lotzes[9] das zum Lustprinzip gesteigerte individuelle Lustgefühl als Kriterium dient. Der durch den Lustgewinn prinzipiierte Begriff des Gebrauchswertes wird aber in dem Augenblick zur freischwebenden Hypostase, in dem ein gebrauchswertbestimmtes Objekt, und sei es noch so subjektiv begehrenswert, in den Verwertungsprozeß des Geldes eintritt und so der *ökonomischen* Wertbetrachtung unterworfen wird. »Der Satz: A ist eine Mark wert, hat aus A alles hinweggeläutert, was nicht wirtschaftlich d. h. nicht Tauschbeziehung zu B C D E ist; diese Mark, als Wert betrachtet, ist die von ihrem Träger gelöste Funktion des A in seinem Verhältnis zu den übrigen Objekten des Wirtschaftskreises.«[10] Brauchbarkeit und Seltenheit eines Objekts haben dann in der Tat »beide ihre wertbildende Bedeutung erst unter der Voraussetzung des Tausches«[11]. Aber für den ökonomischen Tausch ist das subjektive Wertgefühl bedeutungslos. An seine Stelle ist der geldbestimmte Tauschwert getreten, durch den der Wert eines Objekts geldfunktional dominiert wird. Die im Begehrungsgefühl angelegte »Individualform des Wertes wird in demselben Maße negiert, in dem die Objekte

7 Simmel 1977, 46.
8 Simmel 1977, 46f.
9 Vgl. Lotze 1976, bes. Bd. II, 316ff.; vgl. auch Ritschl 1888, 194ff. Zur Karriere dieses Wertbegriffs vgl. Wagner 1982.
10 Simmel 1977, 88.
11 Ebd., 59.

tauschbar werden, so daß Geld, der Träger und Ausdruck der Tauschbarkeit als solcher, das unindividuellste Gebilde unserer praktischen Welt ist«[12].

Obschon Simmel selber mit aller Deutlichkeit konstatiert, daß individuelle Wertgefühle aus dem geldgesteuerten Tauschverkehr ausgeschlossen werden, will er gleichwohl an der Zweipoligkeit hedonistisch-qualitativer Individualwerte und ökonomisch-quantitativer Tauschwerte festhalten. Aber angesichts der geldgesteuerten schlechthinnigen »Fungibilität der Dinge in Person« bleibt für das »schlechthin Individuelle« nur die tautologisch-trügerische Auskunft übrig, daß seine »Stelle innerhalb unseres Wertsystems durch nichts anderes ausfüllbar ist«[13]. Ist das Individuelle eben nur noch das Individuelle, so wird der Mensch zum einsamen Ichpunkt, eine Einsamkeit, die das abstrakt Allgemeinste ist, insofern sie jeder Ichpunkt mit jedem anderen vermittlungslos teilt; »denn als biologisches Einzelwesen gleicht ein jeder sich selbst«[14]. Verwandelt das Geld alle von einem individuellen »Wertgefühl« begleiteten Objekte in disponible und fungible Waren, so bleibt den Individuen mit ihren residualen Wertgefühlen nichts anderes übrig, als sich an ihrer nackten Beziehung auf sich selbst, an ihrer Unmittelbarkeit zu wärmen; aber auch sie wird ihnen wie das vom Tauschwert prinzipiierte Wertgefühl enteignet. Das Individuum ist in seiner abstrakten Gleichheit mit sich so gleichwertig wie jedes andere Individuum und insofern als geldbestimmtes Objekt austausch-, ersetz- und verwertbar.

Das Geld eröffnet zwar als absolutes Mittel die Chance, beliebige Waren zu jeder beliebigen Zeit und an jedem beliebigen Ort zu erwerben. Aber diese an das Geld gebundene (buridansche) Wahlchance und die Freiheit seiner Verwendung bleiben abstrakt, weil die mittels des Geldes erlangten »konkreten Werte« in ihrer Bestimmtheit als Gebrauchswerte vorab tauschwertbestimmt sind. »Formaler Pluralismus« und »technische Perfektion«, die sowohl für die Warenproduktion als auch für die in den Massenmedien übermittelten »Botschaften« signifikant sind, sind dem Charakter des Geldes, seiner Formalisierbarkeit, Quantifizierbarkeit und Abstrahierbarkeit angeglichen.[15] Die »sehr positive Eigenschaft« der »Charakterlosigkeit«, die Simmel dem Geld attestiert, teilt sich auch den Dingen und Leistungen mit, für die und denen das Geld als Tauschmittel dient. Weit diese Allgemeingültigkeit des Geldes auf einer extensional nicht überbietbaren Umfangsweite basiert, der auf intensionaler Ebene eine kaum unterbietbare Inhaltsleere korrespondiert, können die mit Geld kommunizierenden Dinge und Personen ihre Tauschfähigkeit nur unter der Voraussetzung aufrechterhalten, daß sie ihrer besonderen Inhaltlichkeit entkleidet

12 Ebd., 91.
13 Ebd., 92.
14 Adorno 1964, 65.
15 Vgl. Prokop 1974, 7ff.

werden, die, wie beispielsweise in der Kommunikation der Massenmedien, dann durch entspezifizierte Formalismen ersetzt wird. Indem die Dinge und Leistungen als Mittel des absoluten Geldmittels verwertet werden, verlieren sie ihre inhaltliche Bestimmtheit und Eigenständigkeit. An diesem Tatbestand kann auch Simmel dort nicht vorbei, wo er den Umschlag des Geldes vom absoluten Mittel in den Endzweck aller Dinge und Personen konstatiert. Allerdings diskutiert er diesen Umschlag vorrangig anhand von individual-psychologisch gedeuteten Verhaltensweisen[16] wie denen des Geizes und der Geldgier. Das zum Endzweck erhobene Geld zieht Bestimmungen der überkommenen Gottesvorstellung auf sich, aber so, daß das Geld nicht bloß als Vorstellung, sondern als existierender »Ort aller Örter« (Liebrucks) bzw. als existierende »Coincidentia oppositorum«[17] oder als tatsächlicher Inbegriff aller Realitäten realisiert ist. Mit dem Endzweckcharakter des Geldes, der in den Verwertungsprozessen des Kapitals dauerhaft institutionalisiert ist, werden Dinge und Personen *vorab* so prinzipiiert, daß sie als *immer schon* fungible und insofern zu jeder Zeit austauschbare Mittel *existent* sind. Die qualitativ besondere Inhaltsbestimmtheit der Dinge und Personen wird auf die widerstandslose Kontinuität quantifizierbarer Verhältnisse reduziert.

Aus dem Verwertungsprozeß des Geldes resultiert die all- und gegenseitige Abhängigkeit aller Dinge und Personen, weil sie nur aufgrund ihrer Tauschwertabstraktion existent sind. Diesem Prozeß wohnt auch eine gegenläufige Tendenz inne, sofern die allseitige Tausch- und Geldabhängigkeit die Unabhängigkeit von Formen der Abhängigkeit impliziert, die auf direkter Herrschaftsausübung durch Gruppen und Personen beruhen, wie sie für Gesellschaftssysteme bezeichnend sind, die auf gleichberechtigten Teilen oder hierarchisch geordneten Schichten aufbauen. Aber diese »Unabhängigkeit von dem Willen anderer«[18] ermöglicht nur die Realisierung einer *negativen* Freiheit, die in der Trennung von Haben und Sein Gestalt gewinnt. Ihr zufolge sollen die Personen nicht darin aufgehen, daß ihre Arbeitskraft als Ware in den Produktions- und Dienstleistungsprozessen verwertet und ihre freie Zeit von der Freizeitindustrie und den Massenmedien konsumiert wird. Aber die »Expansion der Persönlichkeit«[19], die aus den Verwertungs- und Konsumtionsprozessen des Geldes hervorgeht, bedeutet doch nur, daß sich die Personen von Sachen umstellt sehen, deren Umfang dadurch fortlaufend erweitert wird, daß mit jeder neuen Sache dieselbe quantifizierte und formalisierte Tauschwertbestimmtheit

16 Schmölders 1966, 317ff., weist zu Recht darauf hin, daß Simmels *Philosophie des Geldes* unter den gegenwärtigen Bedingungen des Wissenschaftsbetriebes eher als eine ›Psychologie‹ oder ›Sozialpsychologie des Geldes‹ zu bezeichnen wäre.

17 Simmel 1977, 240.

18 Ebd., 318.

19 Ebd., 351.

von neuem gesetzt wird. Die darin implizierte Freiheit läuft auf das fortlaufende Setzen grenzenloser Möglichkeiten hinaus, die mit der Entleerung selbständig konstituierter Inhalte Hand in Hand gehen. Diese Art von Freiheit ist dann auf die Tautologie des Möglichen reduziert.

Mit Simmels Behauptung, daß das Geld im Zuge seiner Verwertung der Ware Arbeitskraft »die Persönlichkeit als solche gerade um so mehr freiläßt«,[20] wird die bürgerlich-liberale Vorstellung beschworen, als sei mit der Schließung der Fabriktore auch der Verwertungsprozeß des Geldes abgeschlossen, so daß dann der in eine selbständige Person verwandelten Ware Arbeitskraft die Weihe höherer Persönlichkeitswerte zuteil werden könne. »Es kommt darauf an, die Sache und die Person so zu scheiden, daß die Erfordernisse der ersteren, welche Stelle im gesellschaftlichen Produktions- und Zirkulationsprozesse sie auch der letzteren anweisen, die Individualität, die Freiheit, das innerste Lebensgefühl derselben ganz unberührt lassen.«[21] Hier beherrscht das Geld in der Tat auch noch die *Philosophie des Geldes*: Der vom Tausch der Sachen geschiedenen Person wird ein Wert zugesprochen, der »durch keine Steigerung bloß quantitativer Werte aufgewogen«[22] werden können soll. Der bei Simmel gar zum »Stolz des individuellen Lebensinhaltes«[23] gesteigerte Wert der Persönlichkeit bleibt auf die Verwertung des Geldes negativ bezogen. Der nicht verwertbare innere Wert der Persönlichkeit wird so auf die Einsamkeit des Selbstgefühls reduziert, aus der er, Simmel zufolge, seiner ursprünglichen psychischen Verfaßtheit nach entstammt. Die zur Einsamkeit eines Ichpunktes verflüchtigte Persönlichkeit ist aber gerade darin geldbestimmt, daß sie von der Perspektive eines nicht weiter verwertbaren Restpostens bestimmt wird; die zum einsamen Singulum entwertete Persönlichkeit teilt als verdinglichter Reflex des Geldes mit diesem ihre Zählbarkeit. *Innerhalb* des Verwertungsprozesses des Geldes werden Sachen und Personen auf ihre quantifizierte Tauschfähigkeit reduziert; *außerhalb* dieses Prozesses ist die Freiheit der Person das leere Kreisen eines Selbst, das nur sich selbst und eine »individuelle [...] Färbung«[24] zum Inhalt hat, die ihm »kaum mehr etwas anderes als blendend weiße Zähne und Freiheit von Achselschweiß und Emotionen«[25] bedeutet. Die Persönlichkeit ist »nur noch Maske ihrer selbst«[26]. Die Freiheit des Geldes ist das Vermögen, alles zur tauschwertbestimmten Tautologie werden zu lassen. Die Person, die ihre Freiheit unabhängig von der Verwertung des Geldes zu etablieren gedenkt, ist die Tautologie ihrer

20 Ebd., 362.
21 Ebd., 364.
22 Ebd., 452.
23 Ebd.
24 Simmel 1983a, 83.
25 Horkheimer / Adorno 1965, 176.
26 Adorno 1969, 54.

selbst: Das »Mehr« der Person ist nur dies, daß eine Person Person wie jede andere ist.

Simmel verleiht, wenn auch nur sporadisch, dem Bewußtsein Ausdruck, daß die quantifizierende und entspezifizierende Tauschwertigkeit des Geldes »den personalen Werten eine Gewalt« antut, »die ihr Wesen verlöscht«[27]. Der fortschreitende Verwertungsprozeß des Geldes und das diesem Prozeß korrespondierende positivistische Verfahren der Volkswirtschaftslehre, das Funktionieren des Geldes quasi als Naturgegebenheit zu fixieren, tragen dazu bei, daß das Bewußtsein über die Ambivalenz des Geldes von einem sich glücklich schätzenden Identitätsbewußtsein verdrängt wird. »Geld verhilft zur Verwirklichung des Menschen als eines identischen Selbst, sichert diese Verwirklichung und ist darin in hohem Maße Freiheit.«[28] Was es aber mit dem »identischen Selbst« angesichts des Geldes auf sich hat, darüber verliert der Autor kein Wort. Der wie eine Spielmarke gebrauchte Begriff des identischen Selbst offenbart seine Geldbestimmtheit. Das Selbst teilt mit allen anderen seine abstrakt-allgemeine und numerische »Identität«, wenn es in den Verwertungsprozeß des Geldes eintritt und mit aufgrund ihrer Mitteilungsfähigkeit identischen Tauschwerten umgeht, die als tote oder lebendige Warenkörper fungieren. Soll aber der Begriff des identischen Selbst außerdem auf einen schon vorausgesetzten »Eigenwert« dieses Selbst gegenüber den Verwertungsprozessen des Geldes aufmerksam machen, so wird wiederum das einsame Singulum sichtbar, das mit jedem anderen Selbst seine Identifizierbarkeit durch Zählbarkeit teilt. Obwohl Simmel die Vergleichgültigung sieht, denen Sachen und Personen aufgrund ihrer Verwertung durch das Geld unterworfen sind, ernennt er das Geld doch »zum Torhüter des Innerlichsten, das sich nun in eigensten Grenzen ausbauen kann«; diese Ausgrenzung des Innerlichsten soll »nicht mehr vom Gelde, sondern eben vom Menschen« abhängen.[29] Dabei übersieht Simmel jedoch, daß die jenseits der Vergleichgültigung durch das Geld angesiedelte Innerlichkeit gar nicht innerhalb eigener Grenzen aufgebaut werden kann. Die Innerlichkeit wird durch das Geld begrenzt, weil sie das repräsentiert, was nach Abzug der Tauschwertigkeit des Menschen als Arbeitskraft und Konsument von ihm als Individuum übrigbleibt. Aber die als Innerlichkeit fixierte Nichttauschwertigkeit des Individuums ist als Jenseits des Geldes gleichwohl geldbestimmt. Die von der Äußerlichkeit des Geldes abgezogene Innerlichkeit wird zum wirklichkeitslosen Behälter für beliebig Gleichgültiges, das als quantifizierbare Meinung nach außen treten kann. »Das Geld hat hier den Menschen nicht nur *seine*, des Geldes Augen

27 Simmel 1977, 478.
28 Kasch 1979, 39.
29 Simmel 1977, 532.

eingesetzt, es hat ihm auch seine, des Geldes Gedanken geliehen, die er zu denken hat, wenn er überhaupt noch mitspielen will.«[30]

2. Zur Struktur geldbestimmter als verabsolutierter Kommunikation

»Die Dinge haben sich in Quanten verwandelt und mit ihnen der Mensch. Das Geld als der allgemeine Wert der Dinge und Leistungen erhält göttlichen Charakter, was aber abgedeckt wird, da das Wort ›göttlich‹ nach Metaphysik riecht. Dieser irdische Gott, das Geld, kann nur leben, wenn er der Wirklichkeit ihr qualitatives Mark aussaugt.«[31] Der gegenständlich erscheinende quantifizierende Formalismus des Geldes, der vergessen läßt, daß Geld und Kapital durch produktive Arbeit konstituiert werden, entspricht als objektiver Welt- und Bewußtseinszustand dem Bewußtsein, das die gegenwärtige Volkswirtschaftslehre vom Gelde hat: Auf der Oberfläche der Waren- und Geldzirkulation erscheinen Dinge und Personen als gleichgültig quantifizierbare Objekte. Dieses Vergessen ist die ungewollte Aufhebung der Tatsache, daß Geld, Kapital und Waren durch an sich *freie* Subjekte hervorgebracht werden. Indem aber dieses Produziertsein aufgrund freier Subjekttätigkeit im Geld, Kapital und in den Waren verschwindet, werden die mit dem Geldmedium kommunizierenden Waren und Personen zu unbestimmten, weil qualitätslosen Objekten, die nur insofern bestimmbar sind, als sie im Austauschprozeß ihre gegenseitige Mitteilbarkeit miteinander teilen. Der Gebrauchswert der Waren und Kulturgüter wird dann »durch den reinen Tauschwert ersetzt, der gerade als Tauschwert die Funktion des Gebrauchswertes trügend übernimmt«[32]. Die Reduktion des Gebrauchswertes auf den Tauschwert führt in der fortgeschrittenen Warenkultur der Massenmedien und Freizeitindustrie dazu, daß »die Funktion des Geldes von bestimmten Institutionen in den *Waren* selbst wahrgenommen wird«[33]. Die auf ihren Unterhaltungswert reduzierten Kulturwaren der kulturindustriellen Massenmedien funktionieren dann insofern wie Geld, als das Medium der Unterhaltung den Pluralismus technisch perfektionierter und formal vielfältiger Inhalte gegen die Rezeption der Konsumenten austauscht. Die unterhaltsamen Inhalte werden dabei so entspezifiziert und formalisiert, daß sie nicht nur wie Tauschwerte funktionieren, sondern auch wie Geld übertragen, d. h. kommuniziert werden können. In die durch Kulturindustrie und Werbung kommuni-

30 Liebrucks 1972, 278.
31 Ebd., 282.
32 Adorno 1963b, 20.
33 Prokop 1974, 71 [Kursivsetzung F.W.].

zierten Inhalte werden vorab institutionelle Muster wie »Unterhaltung, Sportlichkeit, allgemeiner: formale Betriebsamkeit« eingebaut, so daß sie »in ihrem abstrakten, formalen, entspezifizierten, quantitativen Charakter«[34] wie das Geld strukturiert sind und wie es funktionieren. Wie das Geld so bewirkt auch die Übertragung der Unterhaltungs- und unterhaltenswerten Inhalte, »daß alle anderen stillhalten und auf ein komplementäres Miterleben reduziert werden«[35].

Indem die Sozialwissenschaften von dem immer schon gegebenen Funktionieren des Geldmediums ausgehen, wird die Frage nach der *Konstitution* der gegen Geld getauschten Güter, Arbeit und Leistungen nicht gestellt; Güter, Arbeit und Leistungen fungieren vorab als tauschwertbestimmte Warenobjekte. Die im Geldmedium angelegte Kommunikation von Waren und Arbeit erfährt so eine über die Grenze der Ökonomie weit hinausreichende Objektivierung. Denn die Kommunikation von kulturellen Inhalten funktioniert dann und nur dann wie der Tausch und die Mitteilung von Warenobjekten, wenn die Frage nach der Konstitution, d.h. nach der Begründung oder Legitimierung dieser Inhalte dadurch übersprungen wird, daß sie immer schon als kommunizier- und mitteilbar behandelt werden. Indem das Bewußtsein auf der Geldstufe des Bewußtseins dadurch bestimmt ist, daß ihm alle möglichen Inhalte immer schon als tauschbare, also geldbestimmte Warenobjekte begegnen, verstärkt das Bewußtsein diesen auf kommunikable Inhalte reduzierten Weltzustand insofern noch, als nur das bei ihm ankommen kann, was sich als prinzipiell mitteilungs- und tauschfähig darstellt. Da die von der Konstitutions- und Begründungsproblematik abgelöste Form der Kommunikation, die dann als verabsolutierte Kommunikation auftritt, von vornherein so gegeben ist, daß beliebige Inhalte als immer schon mitteilungsfähig fixiert werden, wird die Differenz zwischen ökonomisch getauschten Waren und kulturell, d.h. ethisch, ästhetisch und religiös kommunizierten Inhalten tendenziell zum Verschwinden gebracht. Wenn beispielsweise ein Zweig der Autoindustrie die Verkäuflichkeit von Winterreifen dadurch erhöhen will, daß dieselben zur »neuen Generation« gerechnet werden, so wird der Unterschied zwischen Ware und Mensch verwischt: Die zum Verkauf angebotene Ware wird vermenschlicht, und eine Bestimmtheit des menschlichen Organismus wird unter die Tauschwertbestimmtheit einer Ware subsumiert. Die von der Konstitution und Begründung abgelöste Kommunikation wird dann auch außerhalb des Systems der Wirtschaft so erweitert, daß die Kommunikation aller möglichen Inhalte wie das Kommunikationsmedium des Geldes funktioniert. Diese Form der verabsolutierten Kommunikation gleichgültiger, weil immer schon kommunikabler Inhalte, die, indem sie von ihren

34 Ebd., 149.
35 Luhmann 1981d, 78.

Konstitutionsbedingungen abgeschnitten werden, als Warenobjekte funktionieren, läßt sich genauer so strukturieren:[36]

Die auf ihre Kommunizierbarkeit reduzierten und so generell mitteilbaren Inhalte sind vorab als Warenobjekte realisiert, die unbeschadet ihrer Gleichgültigkeit durch ihre Beziehung auf anderes, nämlich durch allgemeine Mitteilbarkeit bestimmt sind, die sie mit allen anderen Objekten teilen. Die *besondere* Bestimmtheit eines Warenobjekts ist damit eo ipso *allgemeine* Bestimmtheit, insofern sie von allen anderen geteilt wird. Daß aber ein bestimmtes Objekt seine besondere Bestimmtheit mit allen anderen teilt, kann nur dadurch realisiert werden, daß ein Objekt mit anderen Objekten in Beziehung tritt. Diese Kommunikation der Warenobjekte miteinander ist jedoch daran gebunden, daß jedes Objekt aufgrund seiner gleichgültigen Basis in sich bestimmt ist: Jedes Warenobjekt ist, ohne nach außen zu treten, in sich selbst tauschwertbestimmt. Es ist als Wert überhaupt abstrakt-allgemeine Gleichheit mit sich, die es mit allen anderen Warenobjekten in gleicher Weise teilt. Indem jedoch jedes Warenobjekt seine allgemeine Wertgleichheit mit allen anderen teilt, ist jedes Objekt in seiner Beziehung auf sich selbst zugleich Beziehung nach außen, nämlich auf mögliche andere Objekte bezogen. Daraus resultiert, daß ein bestimmtes Warenobjekt »nicht aus ihm selbst begreiflich« ist, denn »das Sein des einen ist das Sein eines anderen«.[37] Die immanente Wertbestimmtheit des Warenobjekts, die seine mit anderen Objekten geteilte Gleichheit mit sich ausmacht, ist nicht als solche erfaßbar; sie kann vielmehr nur dadurch begriffen werden, daß ein Objekt seine besondere Wertbestimmtheit in einem anderen Objekt darstellt. Gleichwohl ist jedes Objekt in seiner eigenen Wertbestimmtheit auch bloß auf sich bezogen, denn es repräsentiert die allgemeine Wertgleichheit, die das allgemeine Wesen aller Objekte, nämlich ihre einheitliche Beziehung von Beziehung auf sich und Beziehung auf anderes ausmacht. So ist das bestimmte Warenobjekt der existierende Widerspruch seiner allgemeinen und besonderen Bestimmtheit: Als allgemein bestimmtes Objekt hat es seine Wertgleichheit als seine »Geldgeprägtheit« in sich selbst; aber als besonderes Warenobjekt kann es seine Wertbestimmtheit nur in Beziehung auf andere Objekte darstellen.

Dieser Widerspruch von allgemeiner und besonderer Wertbestimmtheit, von »Geld- und Warenwert« kann nur dadurch aufgehoben werden, daß die Warenobjekte gegenseitig ausgetauscht werden. In diesem Austausch realisieren sie nicht bloß den allgemeinen Wert ihrer ›Geldgeprägtheit‹, sondern auch ihre besondere Wertbestimmtheit als Tauschwert. Aber in der gegenseitigen Mitteilung ihrer besonderen Wertbestimmtheit wird der besondere auf den allgemeinen Tauschwert, nämlich auf die allgemeine Wertgleichheit »des Geldes«

36 Vgl. Hegel 1963, 376ff.
37 Ebd., 378.

reduziert. Indem die Objekte ihren besonderen Tauschwert austauschen, realisieren sie allein ihre allgemeine Mitteilbarkeit, die als die allgemeine Wertgleichheit des Geldes eine »abstrakte Neutralität« repräsentiert, durch die die besonderen Wertunterschiede der Warenobjekte als gleich-gültig behandelt werden. Unbeschadet seiner allgemeinen »geldgeprägten« Wertgleichheit ist jedes Warenobjekt als besonderer Tauschwert in seiner Beziehung auf sich auf andere Objekte bezogen, so daß es seinen besonderen Tauschwert nur dann realisiert, wenn es im Austausch mit anderen Objekten mit diesen nicht seinen besonderen Tauschwert, sondern seine allgemeine Wert- und Geldbestimmtheit teilt. In ihrer gegenseitigen Mitteilung realisieren die Warenobjekte nicht ihren besonderen Wert, sondern allein das Medium ihrer Mitteilbarkeit, das die *besonderen* Wertunterschiede der Objekte *neutralisiert.* Im Vollzug ihres Austausches, ihrer gegenseitigen Mitteilung, werden die Objekte so miteinander vereinigt, daß die »*realen Unterschiede* der Objekte« auf die »Einheit« ihrer allgemeinen Wertgleichheit »reduziert werden«[38].

Für die als gegenseitige Mitteilung sich vollziehende *Kommunikation* von Objekten, d.h. beliebigen Inhalten oder Sachverhalten, die als Warenobjekte auftreten, ist folglich diese im Prozeß des Austausches erfolgende Strukturveränderung konstitutiv: Die Warenobjekte sind nur dadurch kommunikationsfähig, daß ihnen eine auf sich selbst bezogene Tauschwertbestimmtheit eignet, die aber in ihrer Besonderheit allein in der Beziehung auf die Tauschwertbestimmtheit anderer Objekte bestimmt werden kann. Die Wertbestimmtheit jeden besonderen Warenobjekts ist vorab dadurch relativiert, daß sie nur bezogen auf andere Wertbestimmtheiten darstellbar ist; die besondere Wertbestimmtheit des einen Objekts kann nur in der *Perspektive* der Wertbestimmtheit anderer Objekte begriffen werden, wobei, um Mißverständnisse zu vermeiden, ausdrücklich darauf hinzuweisen ist, daß diese Perspektive nicht die eines vorausgesetzten Werte setzenden ›Subjekts‹ ist. Die Wertbestimmtheit wird hier vielmehr als solche, d.h. in der ihr eigenen Objektivität gedacht. Die besondere, bloß perspektivisch erfaßbare Wertbestimmtheit eines Warenobjekts kann aber nur dann *als* Wertbestimmtheit konzipiert werden, wenn sie *zugleich* als Nicht-Nicht-Wertbestimmtheit begriffen ist. Die als Nicht-Nicht-Wertbestimmtheit begriffene Wertbestimmtheit ist die aus ihrem Anderen, dem Unterschied, in sich zurückgekehrte, also in sich reflektierte und so *allgemeine* Wertbestimmtheit. So ist jedes Warenobjekt der existente *Widerspruch* von *besonderer* und *allgemeiner* Wertbestimmtheit, weil die auf andere Wertbestimmtheiten bezogene besondere Wertbestimmtheit nur *als* Wertbestimmtheit existiert, insofert sie den Begriff des Wertes als allgemeine Wertbestimmtheit impliziert.

38 Ebd., 379.

Der Widerspruch zwischen allgemeiner und besonderer Wertbestimmtheit des Warenobjekts, der an jeder besonderen Ware daran ablesbar ist, daß sie als besonderes Warenobjekt zugleich allgemeine, weil tauschfähige ›Geldware‹ ist, kann nur aufgehoben werden, wenn der Warenkörper seine besondere Wertbestimmtheit als Tauschwert im Prozeß des Austausches mit anderen Warenobjekten realisiert. Dieser Austauschprozeß der Warenobjekte vollzieht sich jedoch als ihr Strukturwechsel: Ein Warenobjekt kann seine besondere Wertbestimmtheit nur so einem anderen Warenobjekt mitteilen, daß es sich als Wertbestimmtheit mitteilt, die es mit dem anderen Warenobjekt vorab teilt. Indem es sich aber *als* Wertbestimmtheit mitteilt, realisiert es in Mitteilung seiner *besonderen* Wertbestimmtheit nur die *allgemeine* Wertbestimmtheit, weil es nur sie in der Mitteilung mit dem anderen Warenobjekt teilen kann. Die besondere Wertbestimmtheit, die das besondere einem anderen Warenobjekt mitteilt, wird in die allgemeine Wertbestimmtheit aufgehoben, die der eine mit dem anderen Warenkörper teilt. Dadurch wird die besondere Wertbestimmtheit des Warenobjekts auf die allgemeine Wertbestimmtheit des Mediums, des »Geldes«, reduziert, das durch die wechselseitige Mitteilbarkeit, Kommunikabilität, der besonderen Warenobjekte repräsentiert wird. Indem das bestimmte Warenobjekt seine besondere Wertbestimmtheit nur in Realisierung der allgemeinen Wertbestimmtheit des »Geldes« anderen Objekten mitteilen und mit ihnen teilen kann, wird seine besondere Wertbestimmtheit neutralisiert. Aus dem Tausch und der Kommunikation der Warenobjekte resultiert sonach ihre Entspezifizierung und Formalisierung mit Notwendigkeit; die »geldgesteuerte« Kommunikation verschafft der »Abbreviatur aller äußerlichen Notwendigkeit«[39] existente Objektivität.

Die Form verabsolutierter Kommunikation, derzufolge in der Mitteilung *besonderer* Warenobjekte allein deren *allgemeine* Wertbestimmtheit, nämlich ihre allgemeine Tausch- und Kommunizierbarkeit realisiert wird, erlaubt es, daß jedes besondere Warenobjekt an die Stelle jedes anderen Warenobjekts treten kann, weil jedes besondere Warenobjekt aufgrund der ihm innewohnenden allgemeinen Tauschbarkeit *zugleich* als allgemeine Äquivalenzform auftritt. Das besondere Warenobjekt bedarf zum Zweck seiner Kommunikation nicht der Vermittlung durch die allgemeine Äquivalenzform des Geldes, weil die Bestimmung der allgemeinen Äquivalenzform zu seiner eigenen Bestimmtheit gehört. Die Tauschbarkeit der besonderen Warenobjekte muß nicht wie beim einfachen Tausch von Waren auf die von den Waren unterschiedene allgemeine Äquivalenzform bezogen werden. Vielmehr ist jedes besondere Warenobjekt auf alle möglichen anderen Warenobjekte direkt beziehbar, weil und insofern jedem Warenobjekt die allgemeine Äquivalenzform als Form der Tauschbarkeit im-

39 Hegel 1970, 565.

manent ist. Indem die besonderen Warenobjekte zugleich als allgemeine Tauschwertbestimmtheit existieren, realisieren sie ihre Mitteilbarkeit vermittlungslos, nämlich so, daß sie aufgrund ihrer eigenen Tauschbarkeit nicht an die Stelle des Geldes treten müssen, um kommunizierbar zu sein. Mit der Form verabsolutierter Kommunikation wird die Mitteilbarkeit der Warenobjekte so in der Dimension der einfachen Warenzirkulation realisiert, daß die besonderen Warenobjekte, ohne an die Stelle der allgemeinen Äquivalenzform treten zu müssen, ihre immer schon mit allen anderen Warenobjekten geteilte Kommunizierbarkeit manifestieren.

III. Kulturelle Manifestationen verabsolutierter Kommunikation

Aufgrund der gewonnenen Struktur verabsolutierter Kommunikation können die Geldstufe des Bewußtseins und der entsprechende individuelle und soziale Weltumgang (›Geist‹) genauer bestimmt werden. Obwohl beliebige Inhalte weder gegen noch als Geld getauscht werden, funktioniert ihre Mitteilung unter der Bedingung verabsolutierter Kommunikation doch so, als würden sie gegen Geld getauscht; denn sie sind zum Zwecke ihrer Kommunikabilität immer schon auf ihre Tauschbarkeit so reduziert, daß ihnen die allgemeine Äquivalentform zur zweiten, aber wesentlichen Natur geworden ist. Obwohl diese Inhalte auch einen Gebrauchswert als ihre erste Natur voraussetzen, kann dieser Gebrauchswert doch nur in der Form ihres Tauschwertes, ihrer allgemeinen Mitteilbarkeit, realisiert werden, weil ihre Kommunizierbarkeit nur dann gewährleistet ist, wenn sie ihre Tauschbarkeit als Eigenbestimmtheit mit jedem anderen Inhalt teilen. Daß beliebige Inhalte, ohne direkt auf Geld bezogen zu sein, gleichwohl wie geldbestimmte Warenobjekte funktionieren, gilt selbstverständlich nur, sofern sie der Form verabsolutierter Kommunikation unterworfen sind. Aber indem beliebige Inhalte unter die Ägide verabsolutierter Kommunikation treten, wird ihre spezifische Inhaltlichkeit durch die Art und Weise ihrer Kommunikation aufgesogen. Nicht was kommuniziert wird, sondern daß und wie etwas übertragen und mitgeteilt wird, ist dann entscheidend. Die Form verabsolutierter Kommunikation übt also auf die Inhalte eine prädisponierende Wirkung derart aus, daß sie um ihrer Komminikabilität willen ihre Struktur ändern müssen. An die Stelle ihrer gebrauchswertbestimmten besonderen Inhaltlichkeit muß dann die Form ihrer allgemeinen Mitteilbarkeit treten, die sie mit jedem anderen, der Kommunizierbarkeit unterstellten Inhalt vorab teilen müssen. Die Mitteilbarkeit von Inhalten richtet sich also nicht nach den Erfordernissen der jeweils spezifischen Inhaltsbestimmtheit, sondern die Inhalte werden umgekehrt den Direktiven der Kommunikabilität so unterworfen, daß ihre inhaltliche Bestimmtheit nur noch als funktionales Sein für ihre mit allen anderen Inhalten geteilte Mitteilbarkeit fungiert. Indem die inhaltliche Eigenbestimmtheit eines Inhalts zum Zwecke seiner Kommunizierbarkeit durch die

Form seiner allgemeinen Mitteilbarkeit ersetzt wird, erscheint er als ein allgemeiner Tauschbarkeit sich fügendes Warenobjekt. Der durch die Geldstufe des Bewußtseins bestimmte kommunikative Weltumgang besteht sonach darin, daß alle kulturellen Inhalte, sofern sie kommunikabel gemacht und d. h. zum Zwecke ihrer allgemeinen Übertragbarkeit verwertet werden sollen, wie entspezifizierte und vereinheitlichte Warenobjekte behandelt werden müssen.

In exemplarischer Absicht sollen im Folgenden verschiedene Erscheinungsweisen der verabsolutierten Kommunikationsform beschrieben werden. Auszugehen ist dabei vom Begriff der Kommunikation selbst und seinen verschiedenen Verwendungsweisen, weil das im Rahmen der Kulturindustrie und im Kontext von Philosophie und Sozialwissenschaften dominierende Verständnis der Kommunikation offensichtlich dem Muster verabsolutierter Kommunikation in besonderer Weise verpflichtet ist. Daß der Begriff der Kommunikation seine sowohl kulturindustriell praktizierte als auch wissenschaftlich reflektierte Karriere antreten konnte, ist offensichtlich dadurch bedingt, daß das ökonomische Tauschprinzip über das Wirtschaftssystem hinaus auf von Hause aus nicht-ökonomische Bereiche der Gesellschaft übergreift. Die gewonnene Struktur verabsolutierter Kommunikation ermöglicht es jedoch, die vielfältigen Kommunikationsprozesse ohne direkten Rückgriff auf das ökonomische System im engeren Sinne zu beschreiben. Es ist also nicht notwendig, von der Ökonomie als ›Unterbau‹ auszugehen, um kulturell bestimmte und wissenschaftlich reflektierte Kommunikationsabläufe als von der Ökonomie abhängende ›Überbau‹-Phänomene zu bestimmen. Vielmehr erlaubt es die Form verabsolutierter Kommunikation, diese Kommunikationsabläufe als Vergegenständlichung der Geldstufe des Bewußtseins zu begreifen, obwohl sie nicht als direkter Geldumlauf in Erscheinung treten. Die Vermittelbarkeit zwischen dem ökonomischen Kommunikationsmedium des Geldes und den kulturellen Kommunikationsprozessen verdankt sich also nicht einer sekundären Analogiebildung. Ein derartiger ›Analogiezauber‹ wird dadurch zu vermeiden gesucht, daß bestimmte Kommunikationsvorgänge an sich selbst, d. h. ohne einen Vergleich mit ökonomischen Tauschprozessen als der Form verabsolutierter Kommunikation sich fügende Prozesse begriffen werden können. Daß diese Prozesse aufgrund der in ihnen zu Tage tretenden Form verabsolutierter Kommunikation als geldbestimmt zu beurteilen sind, geht dann nicht auf einen sekundären Vergleich mit ökonomischen Abläufen zurück, sondern resultiert aus der Eigenbestimmtheit jener Kommunikationsprozesse selbst.

1. Zu geldbestimmten Kommunikationsabläufen

a. Massenkommunikation in elektronischen Medien

Daß die Form verabsolutierter Kommunikation nicht nur ein Produkt der philosophischen Reflexion darstellt, vielmehr in materialisierter und objektivierter Weise als sozialer Weltumgang manifest ist, läßt sich unter empirischen Bedingungen an der Funktionsweise der Kommunikationsmedien beschreiben, die mit den elektronischen Massenmedien ihren technisch und technologisch fortgeschrittensten Entwicklungsstand erreicht haben.[1] Wie Geld als Kommunikationsmedium die »außergewöhnliche Kraft«[2] hat, ein Mittel durch ein anderes zu ersetzen, so gilt, Marshall McLuhan zufolge, für alle Medien – von der Sprache, Schrift, Buchdruck, Presse bis zum Kino, Radio und Fernsehen –, »daß der ›Inhalt‹ jedes Mediums immer ein anderes Medium ist«[3]. »Der Inhalt der Schrift ist Sprache, genauso wie das geschriebene Wort Inhalt des Buchdrucks ist und der Druck wieder Inhalt des Telegraphen ist.«[4] Medien transportieren demzufolge nicht primär bestimmte Inhalte und Informationen, vielmehr soll jedes Medium vorrangig ein anderes Medium übertragen. Jedes Medium tritt also als die Ersetzung eines anderen Mediums auf. Diesen Vorgang der Mitteilung eines Mediums durch ein anderes bringt McLuhan auf die plastische Formel: »Das Medium ist die Botschaft«. Die kommunizierten Inhalte, die durch die Medien vermittelt werden, sind gegenüber dem Medium selber von zweitrangiger Bedeutung. »Ein gesellschaftliches System ist weitgehend strukturiert durch das Wesen der Medien, in denen die Kommunikation stattfindet, nicht durch den Inhalt dieser Kommunikationsformen.«[5] Die durch ein bestimmtes Medium festgelegte Art der Mitteilung von beliebigen Inhalten ist entscheidender als die mitgeteilten Inhalte. So soll beispielsweise »die Tatsache, daß Fernsehbilder mosaikartig aufgebaut sind und ihre Themen zu Cartoons vereinfachen, unvergleichlich wichtiger« sein, »als daß der Programminhalt intelligent oder dumm, geschmackvoll oder geschmacklos, wahrhaftig oder kitschig ist«[6]. Kommunikationsmedien als »Formen der Beförderung von Waren und Nachrichten« bestimmen und verändern »den Absender, den Empfänger und die Botschaft«[7].

Der gegen McLuhans Theorie der modernen Massen- und Kommunikati-

1 Vgl. Hörisch 1978, 46. 50.
2 McLuhan 1968, 155.
3 Ebd., 14.
4 Ebd.
5 Boulding 1969, 61.
6 Elliot 1969, 70.
7 McLuhan 1968, 99.

onsmedien erhobene Einwand, daß er die Relevanz des Inhalts der Kommunikation ignoriere, ist zwar berechtigt. Jedoch wird dieser Einwand der von McLuhan beschriebenen und der faktisch bestehenden Funktionsweise der elektronischen Kommunikationsmedien nicht gerecht. Denn weder empirisch noch grundsätzlich läßt sich die Behauptung widerlegen, daß die Medien als Formen die durch sie transportierten Inhalte vorab bestimmen, begrenzen und dominieren. Daß es »das Schicksal der Information ist, zu einer mit einem Preis versehenen Ware zu werden, die gekauft oder verkauft werden kann«,[8] diese Behauptung beruht nicht bloß auf einer sekundären Analogie zwischen der Funktionsweise des Geldes und der durch elektronische Medien kommunizierten Informationen. Denn die von diesen Medien übertragenen Inhalte – Nachrichten, Informationen und Unterhaltungen – werden faktisch nicht nur als Waren verkauft und gekauft, sondern sie sind auch an sich selber so beschaffen, daß die Geldbestimmtheit ihr integrales Strukturmerkmal ist. Ohne daß die kommunizierten Inhalte direkt auf Geld bezogen wären, treten sie gleichwohl als geldbestimmt in Erscheinung, weil sie mittels des Mediums auf die bloße Form der Kommunizierbarkeit reduziert werden. Jeder Inhalt repräsentiert zwar immer schon die Formeinheit von Inhalt und Form, weil er nur so als Inhalt gewußt und dargestellt werden kann. Aber indem der so bestimmte Inhalt vom Kommunikationsmedium angeeignet wird, wird seine Formeinheit von Inhalt und Form zugleich durch die Form als Form, nämlich durch die Form der Kommunizierbarkeit bestimmt. Dadurch erweist sich der Inhalt als beliebig austauschbar. Der von einem Medium unter der Ägide allgemeiner Kommunizierbarkeit mitgeteilte Inhalt teilt mit jedem anderen Inhalt die Form seiner Austauschbarkeit. Diese Reduktion des Inhalts auf seine Mitteil- und Austauschbarkeit, die ihn mit allen anderen Inhalten prinzipiell gleichstellt, hat einerseits die Entspezifizierung und Entsubstantialisierung des Inhalts zur Folge, weil die an der Formeinheit von Inhalt und Form ablesbare Eigentümlichkeit des Inhalts um seiner Kommunizierbarkeit willen bedeutungslos wird. Andererseits tritt aber an die Stelle der entspezifizierten Eigenbestimmtheit das durch die Form der allgemeinen Austauschbarkeit repräsentierte neue Qualitätsmerkmal, so daß sich die Realität des kommunizierten Inhalts nach dem Grad seiner Austauschbarkeit bemißt. Soll der Inhalt kommunizierbar sein, so darf der Grad seiner Austauschbarkeit nicht gegen Null gehen. Denn er allein entscheidet darüber, daß ein Inhalt seine allgemeine Mitteilbarkeit mit jedem anderen Inhalt teilt. Die inhaltliche Eigenbestimmtheit eines Inhalts wird also so vergleichgültigt, daß sie durch die von jedem anderen Inhalt geteilte Form allgemeiner Tauschbarkeit ersetzt wird. Wie das Geld alles midasartig in seinen Bann zieht, um es in eine tauschwertbestimmte Ware zu verändern, so struk-

8 Wiener 1958, 297.

turieren auch die elektronischen Kommunikationsmedien die von ihnen übertragenen Inhalte in der Weise um, daß ihre Eigenbestimmtheit und ihr besonderer Gehalt durch die Form allgemeiner Kommunizierbarkeit ersetzt wird, die sie mit allen anderen und in gleicher Weise entspezifizierten Inhalten vorab teilen. Die mittels elektronischer Medien erfolgende Kommunikation von Inhalten richtet sich nicht nach deren Eigenverfaßtheit. Vielmehr können die an quantitativer Expansion orientierten Kommunikationsprozesse nur dadurch in ihrem reibungslosen Funktionieren gesteigert werden, wenn die Reibung, die aufgrund der Eigenbestimmtheit der Inhalte entstehen könnte, zum Verschwinden gebracht wird. Das ist aber nur so möglich, daß die Inhalte in Reduktion ihrer Eigenbestimmtheit der Form allgemeiner Kommunizierbarkeit so angeglichen werden, daß sie nicht in ihrer Eigenbestimmtheit, sondern aufgrund ihrer allgemeinen Austauschbarkeit übertragen werden, die sie mit allen anderen kommunizierbaren Inhalten vermittlungslos teilen. Die so um ihre Eigenart gebrachten Inhalte funktionieren unter der Dominanz allgemeiner Mitteilbarkeit wie geldbestimmte Warenobjekte, weil sie wie diese allein die Form allgemeiner Austauschbarkeit zum Ausdruck bringen. Aber die durch die Form allgemeiner Kommunizierbarkeit bestimmten Inhalte müssen nicht wie ökonomische Waren gegen Geld getauscht werden, um ihre Austauschbarkeit unter Beweis zu stellen. Denn weil sie nur dann in den Kommunikationsprozeß eintreten können, wenn ihre Eigenbestimmtheit durch die sie entspezifizierende Form der Kommunizierbarkeit ersetzt wird, teilen sie mittels der Kommunikation allein die auf sie übertragene Form der Mitteilbarkeit so mit, daß sie diese mit jedem anderen Inhalt teilen.

Die sozialen Veränderungen, die die Verbreitung und stetige Ausweitung der elektronischen Kommunikationsmedien nach sich ziehen, sieht McLuhan primär darin, daß »die Welt auf den Dorfmaßstab« reduziert wird, so daß sich die Kontakte zwischen den Menschen »wie im engsten Dorfbereich abspielen« sollen.[9] Die unter der Bedingung der Ausweitung elektronischer Massenmedien sich vollziehende Wiederkehr dörflicher oder stammesorganisatorischer Verhältnisweisen sei dadurch gekennzeichnet, daß jeder Mensch das miterleben könne, was alle anderen erleben. In der Tat ist nicht zu übersehen, daß sich das durch die elektronischen Kommunikationsmedien bestimmte Erleben der Menschen auf die Mitteilung und den Austausch dessen beschränkt, was sie prinzipiell mit anderen Menschen teilen. Aber die Inhalte, die mittels der Medien mitgeteilt und mit anderen Menschen geteilt werden, sind aufgrund der Form ihrer allgemeinen Mitteilbarkeit immer schon so vergleichgültigt, daß das von einem oder einigen Menschen Erlebte von anderen Menschen nur aufgrund von dessen allgemeiner Mitteilbarkeit miterlebt werden kann. Insofern wird das

9 McLuhan 1968, 333. 278.

Erlebte nicht aufgrund seiner inhaltlichen Besonderheit miterlebt, sondern aufgrund dessen, daß es sich der Form allgemeiner Austauschbarkeit fügt. Es ist also gleichgültig, welches Erleben mitgeteilt wird, weil über die Kommunikabilität jedes Erlebens der Grad seiner allgemeinen Mitteilbarkeit entscheidet.

Dieser Vorgang läßt sich auch an den in Massenmedien übertragenen Auftritten von ›Stars‹ aus Film, Fernsehen, Kunstbetrieb und Politik verdeutlichen. Diese ›Stars‹ treten als entindividualisierte Institution der Kommunikation in Erscheinung, so daß sie prinzipiell über alles – ›Gott und die Welt‹ – reden können. Denn es kommt nicht darauf an, was sie mitteilen, sondern daß und wie sie es tun. Der Wert ihrer Mitteilungen bemißt sich nicht nach den kommunizierten Inhalten, vielmehr beruht er auf der Form der Kommunikation, für die die Selbstdarstellung des ›Stars‹ mit der des Mediums zusammenfällt. Wie der ›Star‹ das Medium für seine eigene Kommunikabilität und d.h. für seinen Marktwert verwertet, so bedient sich das Medium des ›Stars‹, um den Marktwert (Einschaltquote, Auflage etc.) seiner eigenen Kommunikabilität zu erhöhen. Diese wechselseitige Verwertung von ›Star‹ und Medium funktioniert jedoch nur dann, wenn sie aufgrund des bloßen Austausches ihrer Kommunizierbarkeit für einander durchlässig sind.

Die dörflichen Verhältnisse, die McLuhan angesichts der Kulturindustrie der elektronischen Massenmedien entstehen sieht, ähneln weder einer zeitlosen Idylle noch vormodernen und vorindustriellen Zuständen in Agrarkulturen. Vielmehr gleicht der apostrophierte Dorfcharakter eher den Zuständen in einer geschlossenen Anstalt, in der die Individuen als entindividualisierte und atomisierte Einzelne leben. Denn nicht nur die von den Kommunikationsmedien übertragenen Inhalte werden in Reduktion auf ihre allgemeine Kommunizierbarkeit egalisiert, sondern auch die Konsumenten der Medien werden zu gleichgültigen Exemplaren einer Kommunikationsgemeinschaft, die alle erlebbaren Inhalte beziehungslos miteinander teilen. Die direkte zwischenmenschliche Kommunikation in dörflichen Gemeinschaften wird also im System der kultur- und freizeitindustriellen Massenmedien durch Kommunikationsabläufe ersetzt, für die die Kommunikanten austauschbare und zählbare Einzelne sind, die zum Zwecke quantifizierender Kontrollen als kontinuierliche und ununterscheidbare Einzelne verrechnet werden. Das bedeutet, »daß der einzelne nicht mehr ein einzelner und die Gruppe oder der gesellschaftliche Verband nicht länger mehr eine Gruppe oder ein gesellschaftlicher Verband sind, die für sich genommen werden können, sondern daß der eine oder die mehreren oder die vielen immer schon auch unausweichlich *Alle sind im Namen des Mediums.* Das Medium, das seine Inhaltslosigkeit ausdrücklich offenbart, löscht den Bezugspunkt, den der einzelne wie die Gesellschaft in sich hatten, aus und bildet selber den einzigen und absoluten Bezug. Ich kann *mich* nicht denken als *mich* (und als mich in Beziehung zum Medium), sondern nur als das Absolute des Mediums, d. h. als etwas in übergeordneter Struktur Entpersönlichtes.«[10]

b. Zwischenmenschliche Kommunikation

Nicht nur die Kommunikationsabläufe in den elektronischen Massenmedien, sondern auch die Kommunikation im zwischenmenschlich-familiären Nahbereich kann im Rahmen einer psychologischen Theorie so beschrieben werden, daß sie tendenziell der Form verabsolutierter Kommunikation entspricht. So interpretieren Paul Watzlawick u. a. die zwischen Individuen sich vollziehende Kommunikation ausdrücklich als Informationsaustausch oder als Austausch von Mitteilungen, so daß die kommunizierten Inhalte mit austauschfähigen Informationen von vornherein gleichgestellt werden. »Sowohl diese Auffassung von Inhalten als bloßen Informationen wie der von Kommunikation als deren Austausch nach Regeln [...] entspricht dem Modell, das uns aus der klassischen Nationalökonomie bekannt ist.«[11] Alle Inhalte, die als Information in das zwischenmenschliche Kommunikationssystem eingehen, teilen miteinander ihre prinzipielle Mitteilbarkeit, so daß sie als formalisierte, entspezifizierte und bloß quantifizierte ›Eingaben‹ (inputs) behandelt werden können. Und in entsprechender Weise werden die kommunizierenden Menschen dadurch entindividualisiert, daß sie zu »Teilnehmern« eines Kommunikationssystems vergleichgültigt werden, das auf »Ein- und Ausgaberelationen menschlicher Beziehungen«[12] beruht. Dabei wird der Begriff der Kommunikation so weit formalisiert und verallgemeinert, daß die Differenz zwischen Sprechen und Schweigen als gleichgültig und sekundär erscheint, weil beides, Sprechen und Schweigen, immer schon auf die Struktur allgemeiner Kommunizierbarkeit reduziert ist. »Der Mann im überfüllten Wartesaal, der vor sich auf den Boden starrt oder mit geschlossenen Augen dasitzt, teilt den andern mit, daß er weder sprechen noch angesprochen werden will, und gewöhnlich reagieren seine Nachbarn richtig darauf, indem sie ihn in Ruhe lassen. Dies ist nicht weniger ein Kommunikationsaustausch als ein angeregtes Gespräch.«[13] Diese Argumentation leuchtet jedoch nur unter der Voraussetzung ein, daß das schweigsame Verhalten des besagten Mannes immer schon unter die Form der Mitteilung und Kommunikation subsumiert wird. Weil Reden und Schweigen in gleichgültiger Weise der Form allgemeiner Mitteilbarkeit unterstellt werden, können sie folgerichtig als

10 Heißenbüttel 1969, 301.
11 zur Lippe 1975, 178.
12 Watzlawick / Beavin / Jackson 1971, 45.
13 Ebd., 51.

funktionale Äquivalente betrachtet werden. Aber bezogen auf den genannten Fall klappt das nur deshalb, weil von vornherein unterstellt wird, daß der Mann durch sein schweigendes Verhalten anderen etwas mitteilen wolle. Es könnte aber durchaus sein, daß der Mann anderen gar nichts mitteilen will, weil er mit sich selbst - unteilbar und nicht mitteilbar - beschäftigt ist. Das Argument jedoch, daß der Mann dann eben mitteilt, daß er anderen nichts mitteilen wolle, überzeugt nur dann, wenn unübertragbar Individuelles beseitigt und zum Anwendungsfall der allgemeinen Kommunizierbarkeit erklärt wird.

Es entspricht der Form verabsolutierter Kommunikation, wenn alles zwischenmenschliche Verhalten unterschiedslos als prinzipiell mitteilbar erscheint. »Handeln oder Nichthandeln, Worte oder Schweigen haben alle Mitteilungscharakter: Sie beeinflussen andere und diese anderen können ihrerseits nicht *nicht* auf diese Kommunikation reagieren und kommunizieren damit selbst.«[14] Diese Behauptung, daß niemand nicht nicht kommunizieren könne, gilt allerdings nur unter der Bedingung, daß jeder Mensch und jedes individuelle Verhalten immer schon der allgemeinen Kommunizierbarkeit unterworfen sind. Die Besonderheit eines Inhalts oder eines individuellen Verhaltens werden also als prinzipiell mitteilbar erachtet, weil sie mit der sie dominierenden Form allgemeiner Kommunizierbarkeit gleichgeschaltet werden. Unter der Ägide allgemeiner Kommunizierbarkeit werden alle Inhalte als Information so vergleichgültigt, daß es auch gleichgültig ist, »ob diese Information wahr oder falsch, gültig oder ungültig oder unentscheidbar ist«[15]. Diese Vergleichgültigung der als Informationen ausgetauschten Inhalte wird noch dadurch vergrößert, daß eine zwischenmenschliche Kommunikation durch die Beziehungen überlagert wird, die zwischen den Kommunikationsteilnehmern, dem Sender und Empfänger, stattfinden. Dieser Beziehungsaspekt soll »eine Kommunikation über eine Kommunikation« bzw. eine »Metakommunikation« darstellen, die ihrerseits den Inhaltsaspekt der Kommunikation bestimmt.[16] Die Aufteilung der Inhalts- und Beziehungsseite der Kommunikation auf den einfachen Kommunikationsaustausch einerseits und die Kommunikation der Kommunikation andererseits erscheint jedoch als willkürlich, da jede bestimmte Beziehung zwischen Kommunikanten immer auch explizit thematisiert und insofern zum Gegenstand der inhaltlichen Kommunikation werden kann. Indem aber der Beziehungsaspekt einseitig der Metakommunikation zugeschlagen wird, die ihrerseits die inhaltliche Kommunikation bestimmen soll, wird die bestimmte Kommunikation von der Form der Kommunizierbarkeit einseitig abhängig gemacht. Eine zwischenmenschliche Kommunikation kommt dieser Kommu-

14 Ebd.
15 Ebd., 55.
16 Ebd., 83.

nikationstheorie zufolge nicht primär deshalb zustande, um sich über bestimmte Inhalte zu verständigen, sondern sie soll vorrangig um der Kommunikation selber willen vollzogen werden.

Die strikte Trennung der Inhalts- von der Beziehungsstufe führt dazu, daß eine an Inhalten orientierte und insofern sachlich vermittelte Verständigung ausgeschlossen wird. Das hat auf der von der Sach- und Inhaltsebene abgekoppelten Beziehungsebene zur Folge, daß die kommunizierenden Individuen selber auf bloße Ich-Punkte reduziert werden. »Wie wir bereits gesehen haben, setzen sich Menschen im Beziehungsaspekt ihrer Mitteilungen nicht über Tatsachen außerhalb ihrer Beziehung auseinander, sondern tauschen untereinander Definitionen ihrer Beziehung und damit implizite ihrer selbst aus.«[17] Aber von diesen »Ich-und-Du-Definitionen«[18] bleibt unter der Bedingung ihrer Trennung von der inhaltlichen Seite der Kommunikation kaum mehr übrig als ihre wechselseitige Austauschbarkeit, wodurch Ich und Du gleichermaßen als isolierte Ich-Punkte erscheinen. »Meinem Ego steht [...] ein *Alter* gegenüber, und vom Standpunkt des *Alter* ist mein *Ego* das *Alter.*«[19] Daß jedoch Ego für sich selbst wie für Alter nur vermittels seiner Vorstellungen, Gedanken etc., die er selber vorstellt und denkt, begreifbar wird, verkommt in der Formalisierung der wechselseitigen Relativierung von Ego und Alter zur bloßen Tautologie: »Zwischenmenschliche Systeme lassen sich [...] objektiv am besten als Mit-anderen-Personen-kommunizierende-Personen beschreiben.«[20]

c. Kommunikatives Handeln

Die Tatsache, daß sowohl die Kommunikationsabläufe in den elektronischen Massenmedien als auch im Rahmen einer funktionalen psychologischen Theorie beschriebene zwischenmenschliche Kommunikation weitgehend der Form verabsolutierter Kommunikation entsprechen, darf allerdings nicht in der Weise verallgemeinert werden, als würden die genannten Kommunikationsabläufe ausschließlich auf die dem Geldmedium folgende Tauschlogik reduziert werden können. Weder sind die als Informationen apostrophierten Inhalte so restlos vergleichgültigt, noch sind die Kommunikationsteilnehmer, Sender und Empfänger, so alternativlos zu austauschbaren Ich-Punkten atomisiert, daß eine an sachliche Verständigung und individuelles Verstehen gebundene Kommunikation endgültig ausgeschlossen ist. Insofern ist der Vorbehalt, den Jürgen

17 Ebd.
18 Ebd., 89.
19 Ebd.
20 Ebd., 116.

Habermas gegenüber der einseitig am Modell der Tauschlogik orientierten Interpretation der Massenkommunikationsmittel anmeldet, berechtigt: »Eine Analyse, die von der Warenform der Kulturgüter ausgeht, assimiliert die neuen Massenkommunikationsmittel an das Medium des Tauschwertes, obwohl die strukturellen Ähnlichkeiten nicht weit genug reichen. Während das Geldmedium sprachliche Verständigung als Mechanismus der Handlungskoordinierung *ersetzt*, bleiben die Medien der Massenkommunikation auf sprachliche Verständigung angewiesen.«[21] Zwar werden die durch die Form verabsolutierter Kommunikation dominierten Kommunikationsabläufe in den Massenmedien nicht direkt an das Medium des Geldes und des Tauschwertes angeschlossen. Jedoch sind die der Form verabsolutierter Kommunikation sich fügenden Kommunikationsabläufe tendenziell so strukturiert, daß die kommunizierten Inhalte wie austauschbare Warenobjekte und die Kommunikanten, Sender und Empfänger, wie formalisierte und insofern ersetzbare Akteure behandelt werden. Die sprachliche Verständigung, auf die die Massenkommunikationsmittel angewiesen sind, wird zwar nicht durch den Mechanismus des sprachlosen Austausches von Waren ersetzt. Jedoch werden die Inhalte unter der Ägide allgemeiner Kommunizierbarkeit so sehr entspezifiziert, daß es gleichgültig ist, welche Inhalte in die Kommunikationsmedien in der Form von Eingaben eingehen.

Der von Habermas formulierte Vorbehalt gegenüber der Assimilation der Massenkommunikationsmittel an das Geldmedium besteht denn auch nur auf der normativen Ebene zu Recht. Denn Habermas selber geht auf der empirisch-deskriptiven Ebene davon aus, daß unter den Bedingungen der Moderne der systemische Mechanismus des Geldmediums in die soziale Lebenswelt eingreift und verständigungsorientiertes Handeln zunehmend verdrängt. Habermas will zwar den Begriff der Gesellschaft so differenzieren, daß »Gesellschaften *gleichzeitig* als System und Lebenswelt zu konzipieren« sind, so daß die Gesellschaft als System »aus der Beobachterperspektive eines Unbeteiligten [...] als ein *System von Handlungen*« erscheint, das der Bestandserhaltung des Systems dient, während die Gesellschaft als Lebenswelt »aus der Teilnehmerperspektive handelnder Subjekte als *Lebenswelt einer sozialen Gruppe* konzipiert« wird.[22] Aber für Habermas' Diagnose der Moderne ist zugleich die Hypothese leitend, daß neben dem staatlich-politischen Medium der Macht auch das Medium des Geldes die an intersubjektiver Verständigung orientierte Lebenswelt so dominiert, daß es in ihr zu pathologischen Entstellungen kommt. »Am Ende verdrängen systemische Mechanismen Formen der sozialen Integration auch in den Bereichen, wo die konsensabhängige Handlungskoordinierung nicht substitu-

---

21 Habermas 1981, Bd. 1, 496f.

22 Habermas 1981, Bd. 2, 180. 179.

iert werden kann: also dort, wo die symbolische Reproduktion der Lebenswelt auf dem Spiel steht. Dann nimmt die *Mediatisierung* der Lebenswelt die Gestalt einer *Kolonialisierung* an.«[23] Obwohl Habermas immer wieder betont, daß das auf Verständigung beruhende kommunikative Handeln der Lebenswelt nicht durch verallgemeinerte Kommunikationsmedien ersetzt und insofern auch nicht technisiert werden könne, ist er doch gezwungen, das Übergreifen systemischer Mechanismen auf die lebensweltliche Funktion der kulturellen Reproduktion, der Sozialisation und der sozialen Integration zu konstatieren. »[D]as kapitalistische Muster der Modernisierung ist dadurch gekennzeichnet, daß die symbolischen Strukturen der Lebenswelt unter den Imperativen der über Geld und Macht ausdifferenzierten verselbständigten Subsysteme verformt, d.h. verdinglicht werden.«[24] Habermas zufolge greift die instrumentelle Rationalität des Geldmediums so auf die kommunikativ verankerte Lebenswelt über, daß die dadurch bedingte innere Kolonialisierung Störungen in der symbolischen Reproduktion der Lebenswelt hervorruft. »Die Rationalisierung der Lebenswelt ermöglicht die Umpolung der gesellschaftlichen Integration auf sprachunabhängige Steuerungsmedien und damit eine Ausgliederung formal organisierter Handlungsbereiche, die nun ihrerseits als versachlichte Realität auf die Zusammenhänge kommunikativen Handelns zurückwirken, der marginalisierten Lebenswelt eigene Imperative entgegensetzen.«[25]

Was Habermas in genereller Weise für den Modernisierungsprozeß beschreibt, daß nämlich die Monetarisierung (und Bürokratisierung) der privaten und öffentlichen Alltagspraxis ihre Verformung nach sich zieht, entspricht genau dem Tatbestand, daß Kommunikationsabläufe in den Massenmedien und interpersonale Kommunikation unter der Dominanz der Form verabsolutierter Kommunikation insofern ins Pathologische verzerrt werden, als sowohl die kommunizierten Inhalte als auch die Kommunikationsteilnehmer vergleichgültigt werden. Die pathologische Entstellung der Alltagspraxis rührt eben daher, daß das Geldmedium (und das Medium der Macht) in die private und öffentliche Lebenswelt eindringen, obwohl diese Medien bei der Gestaltung der kulturellen Reproduktion, der sozialen Integration und der Sozialisation versagen. Dieses Versagen wird unter der Bedingung der Form verabsolutierter Kommunikation so sichtbar, daß die quantifizierten und entspezifizierten kulturellen Inhalte vergleichgültigt und die Kommunikationsteilnehmer zu zählbaren Exemplaren vereinzelt werden.

Obschon Habermas gegenüber der pathologischen Verzerrung der kulturellen Reproduktion der Lebenswelt durch Übergriffe der systemischen Mecha-

23 Ebd., 293.
24 Ebd., 420.
25 Ebd., 470.

nismen des Geldes und der Macht an der konstitutiven Bedeutung des an Verständigung orientierten kommunikativen Handelns für die soziale Lebenswelt festhalten will, ist doch nicht zu übersehen, daß auch das im Rahmen einer ›Universalpragmatik‹[26] entworfene Modell kommunikativen Handelns so weit formalisiert ist, daß es sich der Form verabsolutierter Kommunikation zumindest annähert. Insofern erscheint die Behauptung nicht als völlig unbegründet, daß die Habermassche Diskurs- bzw. Kommunikationstheorie als Formalabstraktion des Marktmodells[27] verstanden werden kann. Diese Behauptung wird auch dadurch unterstützt, daß sich die Theorie des Diskurses und der kommunikativen Verständigung systemtheoretisch rekonstruieren läßt, womit die Unterscheidung zwischen systemischer und lebensweltlicher Verfaßtheit der Gesellschaft unterlaufen wird.[28] Allein schon bestimmte Formulierungen zeigen die Nähe des Modells kommunikativer Verständigung zum ökonomischen System deutlich an: »Die Notwendigkeit koordinierten Handelns erzeugt in der Gesellschaft einen bestimmten Kommunikationsbedarf, der gedeckt werden muß, wenn eine effektive Koordinierung von Handlungen zum Zwecke der Bedürfnisbefriedigung möglich sein soll.«[29] Und das systemische Marktmodell steht auch dann Pate, wenn die Beiträge der Kommunikationsteilnehmer als »Sprechaktangebote« apostrophiert werden.

Indem die Theorie des kommunikativen Handelns »die sprachliche Verständigung als Mechanismus der Handlungskoordinierung in den Mittelpunkt des Interesses rückt«[30], ist es ihr vorrangig darum zu tun, die universalpragmatischen Bedingungen zu eruieren, aufgrund deren die intersubjektiven Akte der Verständigung als geregelt erscheinen können. Diese Bedingungen werden in der Gestalt von kritisierbaren Geltungsansprüchen formuliert, so daß verständigungsorientierte »Sprechhandlungen stets unter *jedem* der drei Aspekte zurückgewiesen werden« können: »unter dem Aspekt der Richtigkeit, die der Sprecher für seine Handlung mit Bezugnahme auf einen normativen Kontext [...] beansprucht; unter dem Aspekt der Wahrhaftigkeit, die der Sprecher für die Äußerung der ihm privilegiert zugänglichen subjektiven Erlebnisse beansprucht; schließlich unter dem Aspekt der Wahrheit, die der Sprecher mit seiner Äußerung für eine Aussage [...] beansprucht.«[31] Diese kritisierbaren Geltungsansprüche von Sprechhandlungen werden im Rahmen einer kommunikativen Rationalität erhoben, für die die intersubjektive Beziehung sprach- und

26 Vgl. Habermas 1976a.
27 Vgl. zur Lippe 1975, 17.
28 Vgl. Luhmann 1971b, bes. 317ff.
29 Kanngießer 1976, 278; bei Kanngießer kursiv. Diese Formulierung wird von Habermas 1981, Bd. 1, 370, positiv aufgenommen.
30 Habermas 1981, Bd. 1, 370.
31 Ebd., 412.

handlungsfähiger Subjekte konstitutiv ist. Auf diese Weise scheint jedoch die von monadisch-monologischer Subjektivität abgesetzte Intersubjektivität der Verständigung »allein in der Gemeinsamkeit angenommener Regeln und Geltungen zu bestehen, die sprachlich artikuliert sind und zugleich sprachliche Artikulation ermöglichen«[32]. Das an intersubjektiver Verständigung orientierte kommunikative Handeln ist also so stark formalisiert, daß es an Strukturen haftet, »die sich immer weitgehend von den zur Revision freigegebenen Inhalten lösen«[33]. Jeder Inhalt teilt mit jedem beliebigen anderen den Mechanimus seiner regelhaften Mitteilbarkeit, so daß es prinzipiell gleichgültig ist, welche Inhalte auf dem Wege von Sprechaktangeboten ausgetauscht werden. Solange sich die Inhalte der Form und d.h. in diesem Fall: den Regeln der Kommunizierbarkeit fügen, sind sie als aufgrund ihrer allgemeinen Mitteilbarkeit, die sie mit allen anderen Inhalten in gleichgültiger Weise teilen, übertragbar. Eigenbestimmtheit und Eigenbedeutung der Inhalte werden also verflüchtigt und auf die durch Regeln repräsentierte Form der Kommunizierbarkeit reduziert, so daß die Besonderheit jeden Inhalts durch seine allgemeine Formbestimmtheit ersetzt wird, die allen Inhalten als ihre Mitteilbarkeit in gleichwertiger Weise zukommt.[34]

---

32 Luhmann 1971b, 319.

33 Habermas 1981, Bd. 1, 100.

34 Symptome für sprachliche und kulturelle Veränderungen, die aus der einseitigen Prägung soziokultureller Inhalte durch die Form verabsolutierter Kommunikation resultieren, werden häufig beschrieben und thematisiert. So heißt es zum Beispiel in der Vorankündigung zu einer Tagung der ›Katholischen Akademie in Bayern‹ zum Thema *Verfall der Sprache – Verarmung des Menschen* (23./24.6.1984) u.a.: »Gegenwärtig scheint sich ein qualitativer Wandel unserer Sprache zu vollziehen. Insbesondere der Sprachgebrauch in den modernen Massenmedien bringt vielfach eine Verkümmerung und Vereinheitlichung, wodurch die vielfältigen Möglichkeiten sprachlichen Ausdrucks eingeschränkt werden. Hörfunk als Service, Fernsehen als Massenprogramme und Boulevardpresse als Bilderbücher verdrängen anspruchsvollere Zeitungen, Zeitschriften und Bücher und prägen in hohem Maße die Umgangssprache. Der allgemein verständliche Wortschatz wird durch sich zunehmend ausbreitende und vermehrende Fach- und Gruppensprachen, aus Fremdsprachen übernommene Ausdrücke und kurzlebige Modewörter verringert und damit die sprachliche Ausdrucksmöglichkeit erschwert. Diese Tendenzen wie auch die Tatsache, daß trotz nicht mehr überschaubarer Produktion von Büchern sich immer weniger Menschen Zeit zum Lesen anspruchsvoller Literatur nehmen, bringen nach Meinung vieler einen Verfall der Sprache mit sich, der eine kulturelle Verarmung nach sich ziehen kann. Der Analphabetismus ist im Wachsen. Von einer Briefkultur kann nicht mehr gesprochen werden.« [*Die Tagungsreferate wurden auszugsweise in der Zeitschrift ›zur debatte‹ September/Oktober 1984, 12–16, aufgenommen*] – Diese Veränderungen werden aber erst dann in ihrer Tiefendimension erfaßt, wenn sie sich als Folge des geldbestimmten Weltumgangs und d.h. als Ausdrucksphänomene der Form verabsolutierter Kommunikation sichtbar machen lassen.

2. Konsum und Kulturindustrie

»Preise machen, Werthe abmessen, Äquivalente ausdenken, tauschen – das hat in einem solchen Maasse das allererste Denken des Menschen präoccupirt, dass es in einem gewissen Sinne *das* Denken ist […].«[35] Diese Beobachtung Nietzsches findet unter gegenwärtigen Bedingungen ihre besondere Bestätigung, wenn man sich der durch Konsum und Kulturindustrie geprägten Alltagspraxis zuwendet. Während das ›Geld-Denken‹ im Rahmen der Kommunikationsabläufe in den Massenmedien an die Form verabsolutierter Kommunikation gebunden ist, ist es in den Erscheinungsweisen der Kulturindustrie in direkter Weise manifest. Betrachtet man die Kulturindustrie aus der Perspektive ihrer Rezipienten, so hat sie ihren gesellschaftlichen Ort in der sogenannten Freizeit, die, negativ gesehen, die Zeit darstellt, in der die Menschen von den Produktions- und Dienstleistungsprozessen und der Nötigung zum Erwerb der Mittel für die eigene Reproduktion freigesetzt sind. Aber die Freizeit erfüllt in affirmativer Hinsicht nicht die Erwartungen, die mit ihr zu Beginn der Industriellen Revolution verbunden worden sind. Sie ist nicht oder allenfalls in embryonaler Weise die Zeit, in der sich die Menschen selbsttätig zur allumfassend gebildeten ›Persönlichkeit‹ entfalten können. Vielmehr wird »die überschüssige Zeit des Animal laborans […] niemals für etwas anderes verbraucht als Konsumieren, und je mehr Zeit ihm gelassen wird, desto begehrlicher und bedrohlicher werden seine Wünsche und sein Appetit«[36]. So kommt es nicht von ungefähr, daß auch Autoren, die sich welcher Form von Kulturkritik auch immer enthalten, die Freizeit mit der »Kaufzeit« gleichsetzen. »In der Freizeit ist es […] vor allem ein *conspicuous consumption,* der Demonstrativkonsum, […] der den Konsumenten durch seine Augenfälligkeit einen Prestigegewinn und auf diese Weise einen hohen Status zu verschaffen scheint. Der Demonstrativ-Konsum ist ein wesentlicher Anlaß dafür, daß es zu einem Kumulationseffekt kommt, ist doch die Frei-Zeit für viele auch eine besondere Form von Kauf-Zeit, die sie u. a. zu einem ›Einkaufsbummel‹ […] oder zum ›Essengehen‹ benutzen.«[37]

Die Frei- als Konsum- und Kaufzeit ist also von den Übergriffen des, um mit Habermas zu sprechen: systemischen Mechanismus des Geldmediums bestimmt. Sie wird von einer Kultur- und Unterhaltungsindustrie so durchdrungen, »daß schließlich alle Gegenstände der Welt, die sogenannten Kulturgegenstände wie die Gebrauchsobjekte, dem Verzehr und der Vernichtung anheimfallen«, und »die Kultur zum Zwecke der Unterhaltung der Massen, denen

35 Nietzsche 1980, 306.
36 Arendt 1960, 120.
37 Burghardt 1977, 117.

man die leere Zeit vertreiben muß, benutzt, mißbraucht und aufgebraucht wird.«[38]

a. Kommerzialisierter Tod

Das gilt nicht nur für die alltägliche Lebenspraxis des einzelnen, sondern sogar für dessen definitives Ende, den Tod und die Bestattung, die – insbesondere in den USA – zu Profit- und Geschäftsobjekten werden. Die ›doctors of grief‹, Spezialisten für den Umgang mit der Trauer der Hinterbliebenen, tragen zur Verdrängung und zur Gewinnabschöpfung des Todes gleichermaßen bei. »Die Bestattungen werden nicht verschämt vollzogen, man macht kein Geheimnis aus ihnen. Mit dieser sehr bezeichnenden Mischung von Kommerz und Idealismus werden sie zum Objekt einer grellen Publizität, genau wie irgendein anderer Konsumgegenstand, eine Seife oder eine Religion.«[39] Aber auch dort, wo – wie in der Bundesrepublik Deutschland – der Tod und die Trauer der Hinterbliebenen (noch) nicht so direkt zum Objekt des Profitstrebens von Bestattungstechnikern geworden sind, gerät der Umgang mit dem Tod und den Toten in Abhängigkeit von den den Alltag dominierenden Produktions- und Konsumerfordernissen. Indem nämlich die aus den Kreisläufen der Produktion und des Konsums ausgeschiedenen Toten als nicht länger verwertbar erscheinen, werden sie »auf die Abfallhalde der Unbrauchbarkeit«[40] weggeworfen. »Die Exkommunikation der Toten aus der Warengesellschaft ist insofern konsequent und systemkonform, als sie nicht nur jeden Überschuß menschlicher Existenz jenseits von Verwertungszusammenhängen, sondern auch den letzten Rest von individueller Würde und Unzerstörbarkeit streicht.«[41]

Obwohl auch die Lebenden unter der Dominanz des Konsums und der Kommunikationsprozesse der Güter- und Kulturindustrie nur als kauffähige und insofern austauschbare Einzelne von Interesse sind, unterscheiden sie sich von den Toten doch dadurch, daß diese nicht länger als Empfänger von Konsum- und Kommunikationsangeboten dienen können.

38 Arendt 1960, 121.
39 Ariès 1981, 66; vgl. Mitford 1965.
40 Josuttis 1981, 38.
41 Ebd., 39; vgl. Ziegler 1977, bes. 131f.

b. Illusion der Warenwelt

Der Umgang sowohl mit dem als Ware kommerzialisierten Tod als auch mit den als nicht verwertbar geltenden Toten beleuchtet schlaglichtartig die kulturindustrielle Szene: »Geistige Gebilde kulturindustriellen Stils sind nicht länger *auch* Waren, sondern sie sind es durch und durch.«[42] Anders als bei den Kommunikationsabläufen in den elektronischen Massenmedien und bei der interpersonalen Kommunikation bedarf es bei der Verwertung von kulturindustriellen Inhalten nicht des Umwegs über die Form verabsolutierter Kommunikation, insofern diese Inhalte direkt als Waren produziert und konsumiert werden. Denn »die Kulturwaren der Industrie richten sich [...] nach dem Prinzip ihrer Verwertung, nicht nach dem eigenen Gehalt und seiner stimmigen Gestaltung.«[43] Wenn beispielsweise Filmproduzenten bei der Herstellung von Filmen um deren Verkäuflichkeit willen auf das Niveau von Kindern Rücksicht nehmen, so korrespondieren die so gefertigten Filmprodukte der durch den äquivalenten Tausch geprägten kognitiv-moralischen Entwicklungsstufe von Kindern, auf der Lawrence Kohlberg zufolge, breite Bevölkerungsschichten der amerikanischen Gesellschaft stehengeblieben sind.[44] Damit Waren der Kulturindustrie kommuniziert, d.h. den potentiellen Käufern offeriert werden können, müssen sie selber so gefertigt sein, daß sie deren präformierter Rezeptionsfähigkeit entsprechen. Auf diese Weise verhindert aber die Kulturindustrie »die Bildung autonomer, selbständiger, bewußt urteilender und sich entscheidender Individuen«[45].

Darüber hinaus spricht viel für die Hypothese Neil Postmans, daß die seit dem 16. Jahrhundert ausgebildete bürgerliche Idee der Kindheit im Zuge der Ausbreitung der elektronischen Massenmedien im Schwinden begriffen sei. Denn im Unterschied zu den literarischen Erzeugnissen des Buchdrucks sind die von den elektronisch-visuellen Medien übermittelten Bilder allen Altersgruppen gleichermaßen zugänglich, so daß die ehemals durch den unterschiedlichen literarischen Bildungsgrad bedingte Differenz zwischen Kindern und Erwachsenen an Bedeutung verliert. Die Nivellierung dieser Differenz wird überdies dadurch verstärkt, daß sich Kleidung, Eßgewohnheiten, Spiele, Unterhaltung und Sprache der Kinder und der Erwachsenen angleichen. Mit dem tendenziellen Verschwinden kindlicher Individualität geht zugleich die Besonderheit des Erwachsenseins verloren. Kinder und Erwachsene sind als Konsumenten der egalisierten und gestanzten Bilder, Nachrichten, Shows, Stories und Werbespots

42 Adorno 1967, 62.
43 Ebd., 61.
44 Vgl. Kohlberg 1977; Turiel 1977; Habermas 1976b.
45 Adorno 1967, 69.

prinzipiell austauschbar. Folglich werden die elektronisch übermittelten Botschaften, Ereignisse und Geschichten so produziert, daß sie mittels ihres trivialen und infantilen Charakters von allen, Kindern und Erwachsenen, gleichzeitig konsumiert werden können. Ist die Nivellierung des Unterschiedes zwischen Kindern und Erwachsenen von vornherein in die Produkte der elektronischen Medien und in die von diesen propagierten Waren eingebaut, so kommt das ihrer universalen Verkäuflichkeit entgegen: Kinder und Erwachsene teilen ihre Austauschbarkeit mit der angebotenen Bilder- und Warenwelt.

Der Absatz industrieller und kulturindustrieller Waren hängt davon ab, daß der Gebrauchswert durch den Tauschwert ersetzt, jedoch so, daß zugleich diese Substitution verschleiert wird. Dazu dienen verschiedene Vehikel der Kommunikation, durch die den Käufern und Konsumenten der Tauschwert einer Ware so vermittelt wird, daß er nicht als Tauschwert, sondern als vermeintlicher Gebrauchswert erscheint. So täuscht die scheinexpressive Sprache der stereotypen Werbeslogans vor, als ob man durch den Kauf einer beliebigen austauschbaren Ware etwas Besonderes erwerben würde, obwohl die industrielle Welt der Warenproduktion »nichts kulturell Besonderes und Verschiedenes mehr kennt und total gleichgeschaltet«[46] ist. Bei den Waren selber übernimmt beispielsweise die Verpackung die Funktion des Vehikels zur Übertragung der Tauschwertabstraktion, durch die die prinzipielle Austauschbarkeit der Ware durch den Schein ihres äußeren Eindrucks und ihre Aufmachung überdeckt werden soll. Die Erzeugung dieses trügerischen Eindrucks ist besonders dann wichtig, wenn Produkte um der Beschleunigung ihres Absatzes willen laufend verschlechtert werden. »Die qualitative und quantitative Veränderung des Gebrauchswerts wird in der Regel durch Verschönerung kompensiert.«[47]

Auffällig ist auch der Zusammenhang zwischen Werbung und Religion, der insbesondere an den Werbespots des Radios und Fernsehens abgelesen werden kann.[48] Denn obwohl diese Werbespots dem erhofften Absatz von Waren dienen, folgen sie doch nicht der Sprache des Handels und des Geschäfts; vielmehr lehnt sich ihr Sprachstil an die Gattung religiöser Wundergeschichten an, wie sie beispielsweise in entsprechenden Erzählungen der Evangelien des Neuen Testaments vorliegen.[49] Wie Wundergeschichten, die zum Beispiel Krankenheilungen zum Inhalt haben, zunächst die Schwere und Ausweglosigkeit der Krankheit hervorheben, dann – im Kontrast zu ihr – das außergewöhnliche Tun des Wundertäters schildern und schließlich die Plötzlichkeit der erfolgreichen Heilung und ihren Eindruck auf das Publikum unterstreichen, so sind viele

46 Vgl. Pasolini 1978, 85.
47 Haug 1980, 49.
48 Vgl. Postman 1983, 125f.
49 Dazu vgl. Bultmann 1961, 223ff.

Werbespots einem analogen Muster verpflichtet: Nach der Schilderung eines personalen oder sozialen Alltagsproblems, das seines trivialen Charakters zum Trotz unüberwindbar zu sein scheint, tritt wie ein *deus ex machina* das propagierte Produkt in Erscheinung, dessen erlösende Wirkung ein glückliches und zufriedenes Leben verheißt. Die nach dem Vorbild religiöser Wundergeschichten stilisierte Werbung benutzt also den vorgeführten individuellen Fall als Mittel, um das Publikum zum Kauf eines Produkts zu bewegen, das von allen zu jeder Zeit und an jedem Ort erworben werden kann; das im Stil von Wundergeschichten hergestellte individuelle Ereignis täuscht über die Ersetzbarkeit des Produkts und seiner potentiellen Käufer hinweg.

c. Schein des Neuen

Ein besonderes Mittel, um über die endlose Wiederholung des immer gleichen Warenausstoßes hinwegzutäuschen, ist die Kategorie des Neuen. Aber in den meisten Fällen erschöpft sich die Neuheit der als neu angepriesenen Waren in der veränderten Aufmachung. Was der Begriff des Neuen bezeichnet, »ist gerade nicht das Wesen der Waren, sondern die ihnen künstlich aufgedrückte Erscheinung«,[50] die als Mittel des Tauschwerttransfers dient. Dem Sog des scheinhaft Neuen können sich auch Institutionen nicht entziehen, die sich der Kommunikation alter Inhalte verschrieben haben. Obwohl Gott nicht neu ist, behauptet die Kirche gleichwohl, Gott sei aktuell, »um Sendezeiten zu erhalten«[51]. Was an den Konsum- und Kulturwaren als neu herausgestellt wird, bezieht sich zwar in den meisten Fällen nur auf technische Verbesserungen. Aber der Reiz des Neuen läßt die Konsumenten vergessen, daß die wegen ihrer Neuheit gekaufte Ware bloß dazu dient, eine weniger neue schneller zu ersetzen. So wiederholt sich die allgemeine Tauschbarkeit der Waren auch auf der Ebene ihres zeitlichen Nacheinander. Obwohl das Neue an der Ware das Mittel ist, um deren immer gleiche Tauschbarkeit zu verschleiern, ist das Neue doch als scheinhafter Schein manifest, weil jede als neu apostrophierte Ware allein dazu taugt, an die Stelle einer weniger neuen Ware zu treten. »Was an der Kulturindustrie als Fortschritt auftritt, das unablässig Neue, das sie offeriert, bleibt die Umkleidung eines Immergleichen; überall verhüllt die Abwechslung ein Skelett, an dem so wenig sich änderte wie am Profitmotiv, seit es über Kultur die Vorherrschaft gewonnen.«[52]

---

50 Bürger 1982, 84.
51 Luhmann 1981a, 317.
52 Adorno 1967, 62; vgl. 1973, 404.

d. Mode

Eine relativ selbständige Bedeutung erlangt das Neue der Warenwelt in der Gewohnheit der Mode – »des Capitalismus liebstes Kind« (Werner Sombart). Die Mode, die zunächst auf dem Sektor der Kleidung ausgebildet worden ist, wird heute allerdings nicht mehr wie unter den Bedingungen der sich auflösenden stratifizierten Gesellschaftsdifferenzierung dazu benutzt, um die oberen Stände der Gesellschaft, die die jeweils neue Mode für sich reklamieren, von den unteren Ständen abzuheben.[53] Unter der Bedingung der Allgegenwart der Warenwelt zielt die nicht länger auf Kleidung und sonstige Konsumwaren beschränkte, sondern prinzipiell auch auf alle kulturellen Gehalte ausgedehnte Mode vorrangig darauf ab, den Gebrauchswert einer Ware als ephemer erscheinen zu lassen, damit er dauerhaft und d. h. immer wieder und immer neu durch den Tauschwert und die Tauschbarkeit, die zum Wesen substantialisierte Funktion der Ware, substituiert werden kann. So ist die Mode »die ewige Wiederkehr des Neuen«,[54] um die gesellschaftliche Funktion der Waren, ihre Tauschwertbestimmtheit, gleichzeitig zu erfüllen und zu verbergen. »Die Menschen mußten erkennen lernen – wenn das System weiter funktionieren sollte –, daß etwas, was für sie noch einen Gebrauchswert hatte, keinen Gebrauchswert mehr haben durfte. Sie mußten begreifen und danach handeln, daß für sie Wertbeständiges für das System keinen Wert mehr hatte.«[55]

Daß die Aufmachung die inhaltliche Gebrauchswertbestimmtheit einer Ware um der Durchsetzung ihres Tauschwertes willen ersetzt, gilt aber nicht nur für die Waren selber, sondern auch für ihre Konsumenten. »Macht man Mode mit, werden Schnitt oder Stoffe buchstäblich zur *Währung*, und ein soziales Medium wird dadurch geschaffen, das Reichtum und Wirkung steigert.«[56] Aber wie die Stabilität der Geldwährung von ihrer Kaufkraft und d. h. der Aufrechterhaltung ihrer universalen Konvertibilität und Tauschwertbeständigkeit abhängt, so ist die mittels der Mode gesuchte und geförderte Geltung der Menschen aus der Angst geboren, »als Altware aus dem Gebrauch zurückgezogen zu werden«[57]. Aber der Wert, den Menschen aus der Mode ziehen, um *en vogue* zu bleiben, läßt ihre Eigenbedeutung verkümmern; beständig ist nur ihre Tausch- und Ersetzbarkeit, die sie im niemals endenden Wechsel der Moden wie mit den Waren so auch mit allen anderen modebeflissenen Menschen teilen. Die mittels der Mode

53 Vgl. Simmel 1983b, 133.

54 Benjamin 1980b, 677; vgl. Adorno 1963a, 125: »Die Ewigkeit der Mode ist ein *circulus vitiosus.*«

55 Claessens / Claessens 1979, 205.

56 McLuhan 1968, 147.

57 Kracauer 1971, 25; vgl. Lorenzer 1981, 172.

mit allen anderen gleichgültig geteilte Individualität verkommt zur Pseudoindividualität, zum Träger der allgemeinen Warenform.

3. Kunstwerke als Waren

Daß Kunstwerke in der bürgerlich-kapitalistischen Gesellschaft als Waren gehandelt werden, kann den alltäglichen Nachrichten, beispielsweise Zeitungsbeilagen, entnommen werden, die über »Kunst und Preise« informieren. Das gilt jedoch nicht nur für Bücher, Schallplatten, Poster, Filme u. a., die im ›Zeitalter der technischen Reproduzierbarkeit‹[58] von Kunstwerken primär um ihrer Verkäuflichkeit willen produziert werden. Vielmehr wird man davon auszugehen haben, daß der Warencharakter den als Waren produzierten und gehandelten Kunstwerken nicht bloß äußerlich bleibt. So wird etwa in der *Pop Art* versucht, die vorfabrizierte Welt der Waren und Klischees in der künstlerischen Darstellung selber zu reflektieren und bewußt zu machen. Prominentes Beispiel sind die *One Hundred Campbell Soup Cans* von Andy Warhol, die zehn mal zehn in der Höhe und Breite angeordnete Dosen wiedergeben. In diesen und anderen »Repetitionen von Konsumartikeln, von Filmklischees und Kollektividolen reflektiert sich zwar einerseits jedes einzelne Massenprodukt der Technik und andererseits die Methode der Werbung, dieses Produkt in ständiger Wiederholung zu propagieren, jedoch ist keineswegs deren Imitation gemeint, vielmehr die Bewußtmachung der vorfabrizierten Umwelt, der zweiten Natur, die uns umgibt. Weil es sich nicht um das Bild Leonardos, sondern um die bereits zum Klischee degradierte Mona Lisa handelt, ist ihr Unterschied zu Campbell-Dosen nur geringfügig: der Betrachter sieht sich ›confronted with identical subjects‹, da beide als wesentliche Merkmale die der Massenfabrikation enthalten.«[59]

Daß Kunstwerke nicht nur als Waren veräußert werden, sondern auch als solche tendenziell von der Warenform geprägt sind, ist besonders an Werken avantgardistischer Bewegungen – des Futurismus, Dadaismus, Surrealismus – ablesbar, insofern sie die Verfügbarkeit über die Kunstmittel vergangener Epochen zum Prinzip erheben, um so die Möglichkeit eines epochalen Kunststils zu destruieren.[60] In der Verfügbarkeit über die Kunstmittel als Mittel verschafft sich zugleich die Prädominanz der Form über die Inhalte Geltung. »Es gehört offenbar zum Wesen der Malerei im technischen Zeitalter, daß sie das einzelne Produkt, das einzelne Gemälde nicht so sehr für sich betrachtet sehen will als vielmehr als Beispiel eines Verfahrens, als Dokument einer Richtung in

58 Vgl. Benjamin 1980a.
59 Wissmann 1983, 529.
60 Bürger 1982, 23f.; vgl. Plessner 1974, 107.

der Produktion.«[61] Die bewußte Vorrangstellung der Form vor dem Inhalt, die dessen Verkümmerung nach sich zieht, führt dazu, daß sich die Aufmerksamkeit des Rezipienten nicht so sehr auf den Sinngehalt eines Werkes, sondern auf die Erfassung von dessen Form- und Konstruktionsprinzip richtet, wie dies insbesondere bei der Montage-Technik[62] zu Tage tritt. Form und Formprinzip sind ihrem Begriff nach Repräsentanten des Allgemeinen. Werden sie aber *als solche* thematisiert, so beziehen sie sich nicht auf ein von ihnen dominiertes Besonderes, auf bestimmte Inhalte, sondern sie werden in ihrem Ansichsein funktionslos. Unter diesem Gesichtspunkt läßt sich sagen, Kunstwerke opponierten aufgrund ihrer Nutz- und Funktionslosigkeit gegen die Reduzierung aller kulturellen Gebilde auf ihre Tauschabstraktion.[63] »Kunstwerke sind die Statthalter der nicht länger vom Tausch verunstalteten Dinge, des nicht durch den Profit und das falsche Bedürfnis der entwürdigten Menschheit Zugerichteten. Im totalen Schein ist der ihres Ansichseins Maske der Wahrheit.«[64] Von der Stellung der gesellschaftlichen Produktivkräfte und Produktionsverhältnisse aus betrachtet, ließe sich dann sagen, ein nicht zum Nutzen und Gebrauch bestimmtes Kunstwerk erscheine als ›absolute Ware‹, nämlich als reine Warenform, die ihres funktionalen Seins für andere entnommen ist.[65] Aber auch das zur ›absoluten Ware‹ gewordene Kunstwerk kann sich seiner Verkäuflichkeit nicht entziehen. »Daß Kunstwerke, wie einmal Krüge und Statuetten, auf dem Markt feilgeboten werden, ist nicht ihr Mißbrauch, sondern die einfache Konsequenz aus ihrer Teilhabe an den Produktionsverhältnissen.«[66]

Während sich Kunstwerke ihrer Verkäuflichkeit zum Trotz immer auch ihrer direkten Verwertbarkeit widersetzen, werden die Produkte der Unterhaltungsindustrie von vornherein so fabriziert, daß sie ihren Warencharakter offen zur Schau stellen. Das ist von Theodor W. Adorno immer wieder für die ›leichte Musik‹ und besonders für die Schlagerindustrie und den kommerziellen Jazz nachgewiesen worden. Die durchgängig standardisierten und fortlaufend das Immergleiche wiederholenden Schlager werden auf Schlagerbörsen als solche Waren gehandelt, die nur noch Reklame für sich selber machen. »Unreflektiert wird Musik als angebotenes Konsumgut hingenommen gleich der Kultursphäre insgesamt; bejaht, weil sie da ist, ohne viel Bezug auf ihre konkrete Beschaffenheit.«[67] Indem jedes so offerierte Musikstück seine Mitteilbarkeit mit jedem anderen gleichgültig teilt, kann es zugleich gegen jedes andere beliebig ausge-

61 Plessner 1974, 119.
62 Vgl. Adorno 1973, 231ff.; Bürger 1982, 98ff.
63 Vgl. Hörisch 1978, 52f.
64 Adorno 1973, 337.
65 Vgl. Hinz 1972, 193.
66 Adorno 1973, 351; vgl. Hörisch 1983, bes. 100ff.
67 Adorno 1968, 239; vgl. 31ff.; 1932; 1936; 1963a; 1963b, 9–45.

tauscht werden, zumal auch deshalb, weil eine spezifische Form hinter der genormten Taktzahl und Zeitdauer des Schlagers verschwindet. Die Schlager werden wie die Produkte der Kulturindustrie überhaupt als Mittel zu ihrer Verkäuflichkeit hergestellt, so daß sich ihre in der Regel kurze ›Lebensdauer‹ nach der Dauer ihrer kommerziellen Verwertbarkeit bemißt.

Von einer einseitigen Betrachtungsweise zeugte es jedoch, wollte man die kommerzielle Verwertbarkeit allein für die Produkte der ›leichten Muse‹ geltend machen. Denn die noch so betonte Autonomie seriöser Kunstwerke kann niemals exklusiv durchgesetzt werden. Da Kunstwerke ihres selbständigen Charakters zum Trotz immer auch als soziale Tatsachen in Erscheinung treten, könnten sie sich ihrer Vermarktung nur auf Kosten ihrer Publizität entziehen. Erblickt man ihre relative Autonomie in ihrer gesellschaftlichen Funktionslosigkeit, so ist auch diese, schon um mitteilbar zu sein, sozioökonomisch vermittelt. Die Tatsache, daß kein Kunstwerk gegen seine Vermarktung gefeit ist, betrifft zunächst die Seite der Produktion. Jede Publikation musikalischer, literarischer oder bildnerischer Kunstwerke ist von Organisationen abhängig, die ihr Handeln schon im Interesse ihrer eigenen Selbsterhaltung an Imperativen ökonomischer Rentabilität und, wenn möglich, Profitabilität orientieren müssen. Ob Kunstwerke auf Dauer an das Licht der Öffentlichkeit treten können, hängt also immer auch davon ab, daß sie den Test ihrer Kommerzialisierbarkeit bestehen. Durch den Zwang zur Verkäuflichkeit wird die Produktion der Kunstwerke so präformiert, daß sie wie Waren fungieren müssen: Von den schon kommerzialisierten Werken geht eine Signalwirkung auf die zukünftigen aus; sie besteht darin, daß die besondere Note, die die Verkäuflichkeit bisheriger Werke garantiert hat, zum Markenzeichen hypostasiert und auf Dauer gestellt wird.

Auf der Seite der Rezeption lassen sich zwar verschiedene Gruppen – etwa Experten, Bildungsbeflissene, Bildungskonsumenten, Unterhaltungssüchtige und Gleichgültige – unterscheiden, so daß deren Verhalten nicht auf eine identische Rollenfunktion für alle festgelegt werden kann. Gleichwohl fällt die Ausgangslage für alle Rezipienten insofern gleich aus, als jede öffentliche Präsentation von Kunst durch die konstante Erwartung ihres auch ökonomischen Erfolgs vorab bestimmt ist. Und jeder, der für einen Geldbetrag seine Rezeptionsberechtigung erwirbt, unterstützt damit gewollt oder ungewollt die zumindest momentane ökonomische Zweckbestimmung der betreffenden Kunstdarbietung. Für Experten und Kunstfreunde ist das zwar kein Hinderungsgrund, um den autonomen Sinn der rezipierten Werke von ihrer Tauschwertbestimmtheit zu unterscheiden. Jedoch dürfte sich diese kommerzielle Zwecksetzung der Kunstproduktion für Bildungskonsumenten und Unterhaltungssüchtige zum einseitigen Vorrang steigern. Wer nämlich gleichgültig und wahllos zum Beispiel die, sei's im Radio, sei's im Konzertsaal, sei's auf Platten, angebotene Musik konsumiert, der vollstreckt mit der prinzipiellen Austauschbarkeit des Gehörten dessen Bestimmtheit als Ware.

Aus der Tatsache, daß die Produktion und die Rezeption von Kunstwerken in unterschiedlicher Weise in ökonomische Verwertungszwänge verwoben sind, ist allerdings nicht zu folgern, Kunst sei nichts anderes als Schein ihres ökonomischen Seins. Aber ihre Tauschwertbestimmtheit als Abhängigkeit von ökonomischen Zwecksetzungen impliziert, daß ihre Autonomie gebrochen ist. Die Kunstwerken eingeschriebene Intention, die äußere Notwendigkeit des sozioökonomischen Weltumgangs zu transzendieren, wird im Interesse ihrer Kommunikabilität und Veräußerung aufgehalten. Hat, Hegel zufolge, die Kunst unter der Bedingung der christlichen Religion und der neuzeitlichen Philosophie ihre Bedeutung, Darstellung des Absoluten zu sein, verloren, so kann sie ihre den sozioökonomischen Zusammenhang transzendierende Autonomie nur mit Mitteln wahrnehmen, die gleichwohl jenem Zusammenhang verpflichtet sind.

IV. Geld, Religion, Theologie

Die verabsolutierte, weil von Konstitution und Begründung abgekoppelte Kommunikation von Inhalten entspricht der Strukturlogik des Geldmediums, ohne direkt mit oder ohne Geld zu kommunizieren. Die auf ihre Kommunikabilität reduzierten Inhalte werden so realisiert, daß der Prozeß der Kommunikation ihre immer schon vorausgesetzte Tausch- und Mitteilbarkeit offenbart. Die Ausscheidung der Konstitutionsbedingungen aus der verabsolutierten Kommunikation läßt sich noch einmal exemplarisch am Phänomen des Gedankenaustausches beleuchten, insofern dieses Phänomen doppeldeutig in Erscheinung treten kann. Wird der Gedankenaustausch strikt als ein Tauschvorgang verstanden, so werden die wechselseitig mitgeteilten ›Gedanken‹ als beliebig tauschfähige Objekte behandelt; diese Art des Gedankenaustausches, die als ›name-dropping‹ ihren Begriff erreicht, funktioniert gedankenlos. Diese Gedankenlosigkeit des Gedankenaustausches wird allein dann überschritten, wenn die Gedanken im Vollzug ihrer Mitteilung *als* Gedanken gedacht werden. Der *als* Gedanke mitgeteilte Gedanke wird dann im Vollzug der Mitteilung allererst konstituiert, weil der Gedanke nicht bloß als Datum genommen, sondern als *cogitatum* expliziert wird. Indem allererst zu begründen ist, warum und wie der mitzuteilende Gedanke als Gedanke zu denken ist, stellt der so bestimmte Begriff des Gedankenaustausches eine Metapher für einen Kommunikationsvorgang dar, der nicht auf den bloßen Tausch, sondern auf die Konstitution des Gedankens zielt.

1. Kult und Geldwirtschaft

Wird jetzt doch einmal explizit nach der Beziehung zwischen Geld und verabsolutierter Kommunikation einerseits und Religion und Theologie andererseits gefragt, so könnte es sich nahelegen, von der kultisch-sakralen Entstehung des Geldes auszugehen, die für archaische und antike Gesellschaften wiederholt behauptet worden ist. »Der Begriff ›Geld‹ stammt aus dem Kult; er ist zuerst und ursprünglich in der sakralen Sphäre angewendet worden.«[1] Näher besehen, soll die kultische Institution des Opfers zur ursprünglichen Entstehung des Geldes beigetragen haben, insofern durch das Opfer die Beziehung zwischen Mensch und Göttern in der Form des Gabenverkehrs geregelt wird. Diese Hypothese kann allerdings auch so verallgemeinert werden, daß nicht die auf die sakrale Sphäre übertragene Verkehrsform des Gabentausches, sondern diese selbst und als solche für die Entstehung des Geldes verantwortlich sei.[2] Wie dem auch sei, die kultische Entstehung des Geldes soll sich im einzelnen so vollzogen haben, daß die im Opfer dargebrachten Güter, hauptsächlich Tiere, durch Symbole, nämlich Tieridole und diese dann wiederum durch Münzen abgelöst werden. Gleichzeitig soll an den Tempeln als den Orten, an denen sich aus der Opfergabe die Geldmünze entwickelt, ein reger Tauschhandel entstehen, der auf der Basis des Überschusses der geopferten Güter organisiert wird. »In der wirtschaftlichen Verwertung der Opfergefälle bzw. des gesamten Tempelguts liegt die letzte Ursache für die Entstehung des Handels an den Heiligtümern. Hier erwachsen allmählich Märkte, deren Organisation dann in den Kultgesetzen geregelt wird.«[3] Diese Gesetze betreffen vornehmlich die Normierung der Entgeltungs- bzw. Tauschmittel, die sowohl für den kultischen Gabenverkehr und die Opfer als auch für den mit der Opferpraxis gleichzeitig entstehenden Tausch- und Marktverkehr vorausgesetzt sind.

Diese Hypothese über die kultisch-sakrifizielle Entstehung des Geldes in Griechenland wird allerdings durch andere Versuche, den Ursprung des Geldes und der Geldwirtschaft historisch zu rekonstruieren, infrage gestellt bzw. als Sekundäreffekt betrachtet. So versucht Gunnar Heinsohn nachzuweisen, daß die den mykenischen Feudalismus ablösende »Privateigentumsgesellschaft der Polis in der archaischen Zeit Griechenlands«[4] zur Entstehung des Geldes führt. Diese Entstehung soll genauer aus der vertraglichen Beziehung zwischen als Gläubiger und Schuldner auftretenden Privateigentümern so resultieren, daß zunächst die Schuldknechtsarbeit des Schuldners die Sicherheitsgarantie für das Sicherheitsrisiko des Gläubigers darstellt. Da aber der Gläubiger vor dem bleibenden Risiko steht, »vor Rückerhalt des Verborgten selber illiquide zu werden«,[5] wird die Schuldknechtschaft durch den Zinsanspruch des Gläubigers ersetzt. »Erst das individualisierte Risiko führt zum Risiko beim Verleihen der individuellen Sicherheitsvorräte, und erst dieses Verleih- bzw. Illiquiditätsrisiko rechtfertigt den Zins, und erst der Zins wird zu einem Anspruch auf in der Wirklichkeit noch nicht vorhandene Güter, deren Beschaffung nicht mehr eine

1 Laum 1924, 39; vgl. Müller-Armack 1968, 73; Apel 1982, 98; Lanczkowski 1984.
2 Vgl. Gerloff 1947; 1952, 30ff.
3 Laum 1924, 103.
4 Heinsohn 1984, 7.
5 Ebd., 118.

relativ stationäre, sondern eine dynamische, also geldwirtschaftliche Produktion erzwingt.«[6] Führt der Zins als Vergütung des Sicherheitsrisikos des Gläubigers zur Geldwirtschaft, so entfällt allerdings die Notwendigkeit, die Hypothese über die kultisch-sakrifizielle Entstehung des Geldes als konkurrierendes Erklärungsmodell zu betrachten. Da nämlich die vertraglichen Regelungen zwischen den Gläubigern und Schuldnern häufig in den Tempelbezirken abgewickelt werden, fungiert die Autorität der in den Tempeln verehrten Götter zugleich als »*Mahnungs*- und Eintreibungsmittel für die in Schuldscheinen festgehaltenen Ansprüche der Gläubiger«,[7] wofür beispielsweise auch der Name ›Juno Moneta‹ (›mahnender Juno‹)[8] für den »ersten überlieferten römischen Tempel mit Münzprägung«[9] spricht. Überdies treten die Tempel selber als die Kreditgeber hervor, wobei sie diese Kredite aus den Mitteln bestreiten, die sie von Gläubigern als Entgeld für die Eintreibung von deren Außenständen erhalten. »Funktioniert der Tempel selbst als Kreditgeber, wenden also die Priester ihre Gottheit ganz offen im geschäftlichen Interesse an, wird die Übereinstimmung der Terminologie für Schuld und Schulden nur um so inniger ausfallen.«[10]

Es ist hier nicht darum zu tun, in den Streit um die divergierenden Erklärungsmodelle zur historischen Entstehung des Geldes (besonders im archaischen Griechenland) einzugreifen. Denn für die gegenwärtige Geltung und Bedeutung des Geldes und des durch es bestimmten Weltumgangs ist es gleichgültig, ob das Geld und die Geldwirtschaft ihren ursprünglichen oder bloß sekundären und abgeleiteten Ursprung in der kultischen Opfer- und Tempelpraxis haben. In jedem Fall stellt der Geldmechanismus unter den gegenwärtigen Bedingungen der kapitalistischen Wirtschaftsweise eine eigenständige Institution dar, zu deren Geltung und ihrer Erklärung der Rekurs auf den nicht eindeutig rekonstruierbaren Ursprung direkter oder indirekter religiöser Provenienz nichts beizutragen vermag. Sofern dieser Ursprung nicht hypostasiert wird, vermag die Erinnerung an ihn allein zur Kultivierung des Bewußtseins beitragen, daß die Religion unter gegenwärtigen Bedingungen nicht über die gesamtgesellschaftliche Integrationsfunktion verfügt, die sie unter archaischen Verhältnissen, soweit sich das überhaupt rekonstruieren läßt, wahrgenommen haben soll.

---

6 Ebd., 123.
7 Ebd., 124.
8 Zur etymologischen Deutung von ›Moneta‹ vgl. auch Thomas von Aquin, De regimine principium ad regem Cypri II, 13; dazu vgl. W. Weber 1974, 225f.
9 Heinsohn 1984, 124.
10 Ebd., 125; dazu vgl. auch Nietzsche 1980a, 297ff.

2. Gott und Mammon

Werden Religion, Religionstheorien und Theologie daraufhin befragt, ob und inwieweit sie Formen der Kommunikation implizieren, die aufgrund ihrer Verabsolutierung als geldbestimmte Kommunikationsformen zu bezeichnen sind, so ist deutlich, daß derartige Kommunikationsformen erst innerhalb der ausdifferenzierten bürgerlichen Gesellschaft auftreten können; denn die bürgerliche Gesellschaft realisiert mit ihrer Unterscheidung vom politischen Staat zugleich den Primat der Ökonomie. Diese These könnte mittels des Arguments bestritten werden, daß auch schon die vormoderne religiöse Dogmatik bestimmte Sachverhalte der Christologie und der Soteriologie, des ›*ordo salutis*‹, nach Regeln des Tausches konzipiert habe. In diesem Zusammenhang mag an Luthers Rede vom »fröhlichen Wechsel« erinnert werden, der gemäß der Glaube als *commercium* des ›*do, ut des*‹ aufzufassen sei: Dem Glaubenden werden die Heilsgüter und die Seligkeit Christi in dem Maße zu eigen, in dem Christus die Untugenden der Sünde des Menschen übereignet werden.[11] Aber dieser zwischen dem Glaubenden und Christus statthabende Wechsel erfüllt insofern nicht die Bedingungen der verabsolutierten Tausch- und Kommunikationslogik, als für seinen Vollzug die Konstitution der christologisch begründeten Einheit von Gott und Mensch beansprucht wird. Mit dem Wechsel zwischen Glaube und Christus wird die Einheit von Gott und Mensch keineswegs konstituiert; vielmehr wird durch ihn allein die Aneignung der immer schon christologisch begründeten Einheit von Gott und Mensch im Glauben thematisiert.[12]

Ebensowenig erfüllt die christologische Lehre von der ›*communicatio idiomatum*‹ die Bedingungen, die für eine geldbestimmte Kommunikation zu veranschlagen sind. Denn die wechselseitige Übertragung der Idiome göttlicher und menschlicher Natur erfolgt *aufgrund* der logisch vorausgehenden Konstitution der *unio personalis*, so daß sich die wechselseitige Mitteilung der göttlichen und menschlichen Eigenschaften als Selbstmitteilung entsprechend der schon konstituierten Selbstvermittlung des christologischen Subjekts vollzieht.[13]

Obwohl sich die genannten Aussagen zur Soteriologie Luthers und zur lutherischen Christologie ihrer verwendeten Terminologie zum Trotz nicht auf durch Geld und verabsolutierte Kommunikation bestimmte Vorgänge reduzieren lassen, hat Luther selber den positiven und negativen Zusammenhang zwischen Gott und Geld wiederholt explizit thematisiert. So wird das Geld in der

11 M. Luther 1959, 15.

12 Vgl. Jüngel 1978, 87ff.

13 Vgl. Schütte 1975, 204ff.; Wagner 1975b, 165f.; vgl. auch Marx o.J. [1857/58], 237, der allerdings übersieht, daß die Vermittlung von Gott und Mensch aufgrund der Selbstvermittlung des christologischen Subjekts erfolgt.

Auslegung des ersten Gebotes im Großen Katechismus an die Spitze der Beispiele gestellt, durch die im Sinne eines »Widerspiels« Instanzen des individuellen und sozialen Weltumgangs die Stelle und Funktion Gottes usurpieren. »Es ist mancher, der meinet, er habe Gott und alles genug, wenn er Geld und Gut hat; er verläßt und brüstet sich darauf steif und sicher, daß er auf niemand etwas gibt. Siehe: dieser hat auch einen Gott, der heißet Mammon, das ist Geld und Gut, darauf er all sein Herz setzet, welches auch der allgewöhnlichste Abgott auf Erden ist. Wer Geld und Gut hat, der weiß sich sicher, ist fröhlich und unerschrocken, als sitze er mitten im Paradies, und umgekehrt: wer keins hat, der verzweifelt und verzagt, als wisse er von keinem Gott, denn man wird ihrer gar wenig finden, die guten Mutes seien, nicht trauern noch klagen, wenn sie den Mammon nicht haben; es klebt und hängt der Natur an bis ins Grab.«[14] Nach Luther werden durch das Vertrauen und den Glauben des menschlichen Herzens beide, Gott und Abgott, hervorgebracht und konstituiert (»Deum et idolum [...] facere et constituere«[15]). Daß der Mensch selber aufgrund seines Vertrauens und Glaubens Gott und Abgott produziere, besagt allerdings nicht, daß Luther im Sinne der Feuerbachschen Religionskritik Gott zu einem bloßen Produkt des Menschen erklärt. Denn der Glaube an Gott hängt seinerseits von der Vorstellung Gottes als des Schöpfers ab, so daß Luther in der Erklärung des 1. Artikels des apostolischen Glaubensbekenntnisses formuliert: »Also daß man aus diesem Artikel lerne, daß unser keiner das Leben noch alles, was jetzt aufgezählet ist und aufgezählt werden mag, von sich selbst hat noch erhalten kann, wie klein und gering es ist. Denn es ist alles einbegriffen in das Wort ›Schöpfer‹.«[16] Bezieht Luther zwar sowohl das Vertrauen und den Glauben als auch das ›Machen und Konstituieren‹ (*facere et constituere*) gleichermaßen auf Gott und Abgott, Gott und Geld, so ist aufgrund des Glaubens an Gott den Schöpfer doch deutlich ausgesprochen, daß er nicht daran denkt, Gott selber zum bloßen Produkt des menschlichen Denkens und Wollens zu erklären. Luther kommt es auf den richtigen Glauben und das richtige Vertrauen an, von denen der »rechte Gott« abhängt. Und beachtet man den Zusammenhang zwischen den Aussagen zum ersten Gebot und denen zum 1. Artikel des Glaubensbekenntnisses, so wird deutlich, daß sich der richtige Glaube durch das Vertrauen auf das schöpferische und erhaltende Tun Gottes getragen weiß. Insofern wird man nicht in genereller Weise behaupten können, daß Luther »die Feuerbach-Frage zweifellos schon gekannt und gehabt«[17] habe. Denn dann hätte Luther behaupten müssen, daß

14 Luther 1961, 20f.; zum ersten Mal benutzt Luther die Gegenüberstellung von Gott und Geld im Zusammenhang des 1. Gebots in einer Katechismuspredigt vom 14. September 1528 (WA 30 I, 28); dazu vgl. Marquardt 1983, 177f., 182.

15 Luther 1961, 83.

16 Ebd., 24.

17 Gegen Marquardt 1983, 212.

der als Schöpfer geglaubte Gott, der Welt und Mensch hervorgebracht hat und erhält, seinerseits vom Menschen abhänge oder gar von ihm produziert sei. Wenn Luther auch das ›Machen und Konstituieren‹ auf Gott und Abgott gleichermaßen bezieht, so ist doch von vornherein klar, daß der Glaube an den Abgott des Geldes als falscher Gottesdienst eingeführt wird, nämlich als ein Beispiel für ein von Menschen gemachtes Surrogat Gottes, das dem »einigen rechten Gott« zuwiderläuft.

Der Zusammenhang zwischen Gott und Geld, den Luther in seiner Zeit beobachtet, bezieht sich zunächst einmal darauf, daß viele Menschen auf das Geld als universales Sicherungsmittel vertrauen, so daß die Gott zugeschriebene Funktion der Lebenserhaltung und Lebenssicherung durch das funktionale Äquivalent des Geldes ersetzt wird. Aber da Luther diese Ersetzung Gottes durch das Geld als ein Beispiel ansieht, daß der wahren Intention des Gottesglaubens entgegen steht, ist zugleich deutlich, daß das Geld nur insoweit als funktionales Äquivalent Gottes fungieren kann, als von ihm die Ausübung der Funktion des universalen Sicherungsmittels erwartet wird. Gott und Geld sind aber nicht direkt austauschbar, denn das Geld usurpiert in der Sicht Luthers nur eine Funktion, die der ›rechte‹ Glaube nicht dem Geld, sondern Gott zuschreibt. Die Gott zum Abgott machende Ersetzung Gottes durch das Geld entspricht so der Beschreibung, die Georg Simmel am Ende des 19. Jahrhunderts von dem Zusammenhang zwischen Gott und Geld gegeben hat: »Indem das Geld immer mehr zum absolut zureichenden Ausdrucke und Äquivalent aller Werte wird, erhebt es sich in ganz abstrakter Höhe über die ganze weite Mannigfaltigkeit der Objekte, es wird zu dem Zentrum, in dem die entgegengesetztesten, fernsten, fremdesten Dinge ihr Gemeinsames finden und sich berühren; damit gewährt tatsächlich auch das Geld jene Erhebung über das Einzelne, jenes Zutrauen in seine Allmacht wie in die eines höchsten Prinzips [...]. Diese Sicherheit und Ruhe, deren Gefühl der Besitz von Geld gewährt, diese Überzeugung, in ihm den Schnittpunkt der Werte zu besitzen, enthält so rein psychologisch, sozusagen formal, den Gesichtspunkt, der jene Klage über das Geld als Gott unserer Zeit die tiefere Begründung gibt.«[18]

Die Kritik Luthers an der Ersetzung Gottes durch das Geld in seiner Funktion als universales Sicherungsmittel dürfte sich nicht zu einer generellen ›Kapitalismus-Kritik‹ ausziehen lassen, auch dann nicht, wenn man sich des seinerseits schillernden Begriffs des ›Frühkapitalismus‹ bedient.[19] Denn Luthers Wirtschaftsethik bewegt sich noch weitgehend in den Bahnen des mittelalterlichen Denkens, was sich insbesondere in der Zinsfrage zeigt, bei der Luther die in der

18 Simmel 1983a, 90.
19 Vgl. Fabiunke 1963.

dominikanischen Tradition ausgebildeten Argumente aktualisiert.[20] Aber Luther »übersieht weder die volkswirtschaftliche Bedeutung des Handels, noch ist er unbedingter Zinsgegner, noch verlangt er einseitig bauern- und handwerkerfreundliche Wirtschaftspolitik«[21]. Doch bleibt ihm »die gerade entstehende Geldwirtschaft fremd«[22]. Bezeichnet man seine Haltung in Wirtschafts- und Geldfragen gleichwohl als ›antikapitalistisch‹[23], so ist zu beachten, daß Luther weniger den Mechanismus des sich selber verwertenden Kapitals, sondern, wie seine Kritik an Wucher und Geiz verdeutlicht, vorrangig das Geld in der Gestalt von Wucherkapital, Prellerei und Schatzbildung vor Augen hat. »So gehet es auch mit voller Macht und Gewalt weiter auf dem Markt und in den allgemeinen Händeln, da einer den anderen öffentlich mit falscher Ware, Maß, Gewicht, Münze betrügt und mit Kunstgriffen und seltsamen Kniffen oder geschwinden Ränken übervorteilt, weiter mit dem Kauf überteuert und nach seinem Mutwillen beschweret, schindet und plagt.«[24]

Bedenkt man, daß die Disqualifizierung des Zinses als Wucher dem mittelalterlichen Sprachgebrauch entspricht, daß aber Luther das Zinsnehmen nicht grundsätzlich verwirft, und beachtet man des weiteren, daß Luther durch den Handel und durch die entstehende Kapitalwirtschaft das im kommunalen und territorialen Gemeinwesen gelebte Ethos bedroht sieht,[25] so wird man nicht in genereller Weise behaupten können, daß Luther seiner Theologie »eine epochale Bestimmung gegeben« habe: »als Theologie angesichts des Kapitalismus«[26]. Indem Luther erklärt, daß der Mensch das Geld zum Gott mache, wenn er es zum Grund seines Glaubens und Vertrauens erklärt, ist er einer primär personalen und individualethischen Betrachtungsweise verpflichtet, für die der individuelle Gebrauch des Geldes entscheidend ist. Sachlich gesehen, ist es die Funktion des absoluten Sicherungsmittels, die die Ersetzung Gottes durch das Geld ermöglicht. Aber diese funktionale Vergleichbarkeit von Gott und Geld ist wesentlich an die personale Perspektive gebunden, der zufolge der Glaube an Gott, d. h. das Bewußtsein Gottes durch das Bewußtsein des zum Gott oder besser, weil *a contrario*: zum Abgott gemachten Geldes substituiert werden kann. Die Konkurrenz von Gott und Geld, die Luther beschreibt, bewegt sich also in der Perspektive des personalen Vertrauens und Glaubens und liegt insofern auf der Linie der überlieferten Einsicht: »Ihr könnt nicht Gott dienen und dem Mammon« (Matthäus 6,24). Ob das Geld zum Gott gemacht wird, hängt in der Sicht

20 Vgl. Knoll 1967, 56f.
21 Elert 1965, 485.
22 Honecker 1983, 167; vgl. 1984, 286f.
23 Vgl. Marquardt 1983, 184ff.
24 Luther 1961, 60.
25 Vgl. Elert 1965, 476ff.
26 Marquardt 1983, 205.

Luthers von der individuellen Einstellung und vom Verhalten der Einzelnen ab. Daß er die Konkurrenz von Gott und Geld aktualisiert und zuspitzt, wird zwar aus der Beobachtung embryonaler Formen des sich anbahnenden ›Frühkapitalismus‹ resultieren. Aber die Tatsache, daß das Geld als sich verwertendes Kapital alles, was mit ihm kommuniziert, seinem Verwertungsmechanismus unterwirft und insofern zum ›god term‹ des ökonomisch bestimmten Weltumgangs wird, kann in der personalbestimmten Sicht der Konkurrenz von Gott und Geld nicht direkt untergebracht werden.

3. Zum Defizit theologischer Geldtheorien

Die angeführten Beispiele aus der Soteriologie und Christologie und die Behandlung des Konkurrenzverhältnisses von Gott und Geld bei Luther bestätigen die bisher entwickelte und weiter zu entfaltende These, daß religiöse und theologische Inhalte unbeschadet der für sie verwendeten Redefiguren des Tausches, Wechsels oder der Kommunikation dann und nur dann nicht der Logik der verabsolutierten Tausch- und Kommunikationsvorgänge folgen, wenn ihre Mitteilung auf der Basis ihres schon durchgeführten und insofern vorausgesetzten Konstituiertseins statthat. Die Frage, ob und inwieweit die moderne, d.h. unter den Bedingungen der ökonomisch bestimmten bürgerlichen Gesellschaft agierende theologische Religionstheorie dem Muster verabsolutierter und insofern geldgesteuerter Kommunikation verpflichtet ist, kann nur dann sinnvoll gestellt und beantwortet werden, wenn die beiden Extreme, innerhalb deren sich die bisherige theologische Geldtheorie[27] bewegt, vermieden werden.

27 Die Abhandlung von G. Uhlhorn (1882) beschränkt sich auf eine historische Darstellung und endet in Appellen: »Das Grundgesetz des christlichen Lebens ist das Gebot der Liebe; es ist auch das Grundgesetz aller Volkswirtschaft.« (155) Die Naivität und Arglosigkeit dieser Behauptung wird auf dem Hintergrund des bis heute – 60 Jahre später – gültigen Urteils von E. Troeltsch 1924, 341, sichtbar: »Der moderne Wirtschaftsmensch hat keine religiöse Heimat mehr, mit der er innerlich harmonisierte und die seinen Gefühlen und Hoffnungen einen festen Halt böte, und es ist sicherlich eine der entscheidenden Zukunftsfragen, ob und wie er eine solche geistige Heimat wieder wird finden können. Wir können uns nicht verbergen, daß wir heute keine wirkliche Antwort auf diese Frage haben.« – S. Wendt (1959) stellt zwar zu Recht fest: »Zwischen dem Geld und der seelisch-sittlichen Ordnung des Zusammenlebens bestehen enge Wechselwirkungen.« (303) Worin diese bestehen, wird aber nicht gesagt. – Die Artikel von M. Honecker bieten keine neuen Perspektiven. – H. Schröder (1979) orientiert sich an den zeitgenössischen Realien.

a. Friedrich Delekat

Das eine Extrem wird durch den ›dialektisch-theologischen‹ Versuch Friedrich Delekats repräsentiert, das Geld und seine Objektivationen unter die Vorstellung der »Schicksalsmacht« zu subsumieren. In Aufnahme des neutestamentlich-paulinischen Begriffs der *exusiai* werden die Schicksalsmächte in der Weise als »dämonische Mächte« gedeutet, daß sie, insofern sie auch als »Engelsmächte« zu bezeichnen seien, der Schöpfung unterstellt sind. Aber die so vorgestellten Schicksalsmächte sind der Königsherrschaft Christi entgegenzusetzen. »Es handelt sich bei diesem Gegensatz [...] um einen *Kampf* zwischen Christus und den Mächten dieser Welt, bei dem es darum geht, ob die Menschen an die exusia Christi oder an die der Weltmächte *glauben*, und der erst sein Ende findet, wenn alle archai, exusiai, dynameis entmächtigt sind (1. Kor. 15,24).«[28] Ohne daß Delekat den Bezug auf die im ›Kirchenkampf‹ der 30er Jahre ausgebildete Exegese von Römer 13,1–7 explizit macht,[29] ist doch deutlich, daß die Konzeption des Geldes als Schicksalsmacht dazu dient, den unter der Bedingung des ›Dritten Reiches‹ ausgebildeten Gegensatz von Herrschaft Christi und dämonischer Schicksalsmacht des Staates[30] unter der Bedingung der Bundesrepublik Deutschland so aufrechtzuerhalten, daß der »Dämon der politischen Macht« hinter dem »Dämon Kapital« zurücktritt.[31] Indem die Herrschaft Christi als Negation der Schicksalsmächte aufgebaut wird, tritt die Schicksalsmacht des Geldes im Modus ihrer christologischen Entmächtigung und eschatologischen Entwertung vor Augen. »Die Grenzen der Macht des Geldes und die Grenzen des Käuflichen liegen im Glauben, und zwar sowohl im Glauben an Gott den Schöpfer wie an Gott den Erlöser.«[32] Indem Delekat implizit von der unter der Bedingung der NS-Herrschaft ausgebildeten »dogmatische[n] Voraussetzung« ausgeht, »daß Gott das Weltregiment nicht in die Hände des Götzen Mammon, sondern in die Hände Jesu Christi gelegt hat«, verbindet er die eschatologische Distanznahme zum Geld mit individualethischen Appellen »zu seinem rechten Gebrauch«: »Nur da, wo man zum Gelde eschatologisch Distanz hat, verliert es seine ›numinose‹ Anziehungskraft und wird als bloßer Gebrauchsgegenstand angesehen.«[33] Die christologisch-eschatologisch proklamierte »Entmythisierung« des Geldes kann jedoch an die existente Objektivität des Geld- und Kapitalumgangs in der bürgerlich-kapitalistischen Gesellschaft gar nicht heranreichen. Denn die Herrschaft Christi und die Schicksalsmacht des Geldes werden

28 Delekat 1957, 7.
29 Vgl. Dehn 1936; zur exegetischen Kritik vgl. Strobel 1956; Käsemann 1959; 1965, bes. 211 ff.
30 Vgl. Schütte 1973.
31 Delekat 1957, 8.
32 Ebd., 65.
33 Ebd., 67. 68.

im Sinne eines in der Weltzeit nicht aufhebbaren Gegensatzes festgeschrieben, so daß der in Klugheitsregeln ausmündende Appell zum individuellen »Umgang mit dem Gelde« allein dazu beiträgt, daß die weit über die Ökonomie hinausreichende Omnipräsenz des Geldes sachlich und theologisch unbegriffen bleibt. Weil das Geld von vornherein unter die Globalformel einer Schicksalsmacht subsumiert und so durch die ihr entgegenstehende Königsherrschaft Christi entmächtigt und entwertet werden soll, überspringt Delekat das jenseits aller kerygmatischen Verbalradikalismen theologisch einzig relevante Problem, nämlich die Frage, ob und inwieweit die geldbestimmte Kommunikation auch auf Bereiche von Religion und Theologie übergreift. Das Wissen nämlich, daß das absolute Mittel des Geldes nicht das Absolute ist,[34] kann nur dann die Verwirklichung von Freiheit einleiten, wenn das Geld nicht bloß als Schicksalsmacht kerygmatisch hypostasiert, sondern in seinem alles bestimmenden Charakter sozio-ökonomisch und soziokulturell aufgedeckt wird. Die christologisch-eschatologisch proklamierte Entmächtigung des Geldes kann angesichts seiner Omnipräsenz nicht verhindern, daß auch in Religionstheorien vom Absoluten gesprochen, aber das Geld gemeint wird.

Durch den Dualismus von christologisch-eschatologischer Entwertung und individualethischer Indienstnahme des Geldes wird die Geldgeprägtheit des Weltzustandes und des ihm korrespondierenden Bewußtseins eher verstärkt als verhindert. Gleichwohl verleiht Delekat dem Bewußtsein Ausdruck, daß das verabsolutierte Geldmedium dahin tendiert, das Absolute zu ersetzen.

b. Wilhelm F. Kasch

Dieses Bewußtsein geht auf der Seite des Delekat entgegengesetzten Extrems verloren, wenn Wilhelm F. Kasch Glaube und Geld, Geldfunktionen und theologische Theorie als vorab tausch- und kommunikationsfähig ansieht: »Dynamisches Geld [...] ist Gestalt gewordener Erlösungs- und Versöhnungsglaube.«[35] So sollen die wechselseitig konstatierten Defizite von Theologie und ökonomischer Geldtheorie so beseitigt werden, daß die Theologie auf die Basis der ökonomischen Geldfunktionen zu stellen und die Ökonomie unter Voraussetzung des Glaubens auszuarbeiten seien. Für Theologie und Ökonomie habe dann gleichermaßen und gleichgültig zu gelten, »daß aufweisbare Aporien der je eigenen Position in der Verweigerung der Berücksichtigung der anderen ihren

34 Vgl. Liebrucks 1972, 301.

35 Kasch 1979, 62; die Abhandlung von W. Weber 1979, stellt einen Beitrag zur Geschichte und Typologie der Geldkritik dar.

Grund haben«[36]. Ohne die Frage zu berühren, ob und inwiefern Theologie und ökonomische Geldtheorie überhaupt vergleich- und vermittelbar sind, operiert Kasch mit der für sie immer schon unterstellten wechselseitigen Kommunizierbarkeit. Theologische und ökonomisch-geldtheoretische Inhalte werden dann wie tauschfähige Warenobjekte behandelt, woraus erhellt, daß die von Kasch vorgelegten Überlegungen zum Verhältnis von Geld und Glaube auf der »Geldstufe des Bewußtseins« formuliert werden. Indem die Inhalte ökonomischer und theologischer Provenienz auf ihre allgemeine Mitteilbarkeit reduziert werden, werden sie zu Signalen einer ebenso abstrakt-allgemeinen Identitäts- und Freiheitserfahrung; aus ihr ist aber allein dies zu erfahren, daß Identität Identität sei und Geld als ›Instrument der Identitätserfahrung‹[37] das menschliche Selbst identifiziere. Eine so inszenierte »Theologie des Geldes« wird zum Geld der Theologie, durch das Gott innerhalb der Geldzirkulation »zur Kenntnis« genommen werden soll,[38] und umgekehrt Sachverhalte der Christologie und Soteriologie so gegen den Strich ihrer dogmatisch-theologischen Bedeutung gebürstet werden, daß sie zum Darstellungsmittel geldmäßiger Funktionalität werden.

4. Zur Geldbestimmtheit moderner Religionstheorien

Anstatt das Geld entweder als welthafte Gegenmacht Gottes auf- und abzuwerten oder zum Darstellungsmittel theologischer Inhalte zu erklären, soll hier der Versuch unternommen werden, exemplarisch ausgewählte moderne Religionstheorien zwischen Schleiermacher und der Gegenwart daraufhin zu überprüfen, inwieweit sie der ökonomischen Verfaßtheit und dem zum Geld geronnenen Geist der bürgerlichen Gesellschaft verpflichtet sind. Das Kriterium zur Auswahl derartiger Theorien besteht darin, daß in ihnen Bezüge enthalten sind, die der Logik des Tausches oder der verabsolutierten Kommunikation entsprechen.

a. Gegenseitige Mitteilung als Sozialform der Religion (Friedrich Schleiermacher)

Friedrich Schleiermacher gründet in seinen *Reden über die Religion* die gegenüber Metaphysik und Ethik abgegrenzte Selbständigkeit der Religion so auf Anschauung und Gefühl, daß mit der das Selbst erweiternden Anschauung und

36 Ebd., 35.
37 Vgl. ebd., 39.
38 Ebd., 66. 39.

mit dem das Selbst verändernden Gefühl Ursprünglichkeit und Individualität des religiösen Vollzuges ausgesagt werden; sie gewährleisten, daß die Religion aus sich selbst verstanden werden kann. Weil das individuelle Religionhaben an einzelne, den Individuen zuteil werdende Anschauungen und Gefühle gebunden ist, verbindet sich mit ihm das Bewußtsein des Beschränktseins der eigenen Religion. Die Überwindung dieser Beschränkung sucht Schleiermacher in einer »gesellige[n] Resonanz«,[39] die auf »gegenseitige[r] Mitteilung«[40] aufbaut. Ihr zufolge ist jeder Redner und Hörer, Priester und Laie zugleich. Indem jedes Individuum seine individualisierte Religion anderen Individuen mitteilt, teilen diese die mitgeteilte Religion mit dem sie mitteilenden Redner. Die mitgeteilte Religion wird so in intersubjektive Zugänglichkeit überführt. Die gegenseitige Mitteilung setzt aber voraus, daß die Individuen zur Mitteilung ihrer individuellen Anschauungen und Gefühle fähig sind. Solche Individuen müssen sonach nicht nur »schon Religion haben«, sondern auch »Menschen von einiger Bildung« sein.[41] Die »wahre Kirche«,[42] die als eine Form religiöser Geselligkeit auf den Vollzug gegenseitiger Mitteilung zielt, stellt so eine »Gemeinschaft wahrhaft religiöser Gemüter« dar,[43] die dem intersubjektiven Austausch des individuellen Religionhabens dient. Der wechselseitige Austausch und die gegenseitige Ergänzung erlauben zwar ein gewisses Allgemeinwerden der Religion, aber nur ein solches, das über die Erweiterung und Verbreiterung des individuellen Religionhabens nicht hinausgelangt. Die als »Chor von Freunden«[44] verstandene »wahre Kirche« kann das Allgemeinwerden der Religion kaum befördern. Abgesehen davon, daß Schleiermacher dem Begriff der Allgemeinheit sowieso reserviert gegenübersteht, läuft die gegenseitige Mitteilung bloß auf eine Umfangerweiterung und Bereicherung des je eigenen Religionhabens hinaus. Mit dem wechselseitigen Austausch verbindet sich die Hoffnung, daß der eigenen Entäußerung die der anderen Individuen entspricht. Zu diesem Austausch ist aber allein der fähig, der sich schon im Besitz von Religion weiß. So bleibt die »wahre Kirche« auf diejenigen beschränkt, die, sieht man von der moralischen Bestimmtheit ab, Johann Salomo Semler die »Fähigen« nennt.

Sozialgeschichtlich betrachtet, sind es also die Kreise des gebildeten Bürgertums, die zur Bereicherung und Intensivierung ihrer religiösen Anlage fähig sind. Damit zeigt sich jedoch, »daß von den Voraussetzungen des neuen, freien und individuellen Verständnisses der Religion her das Problem der Partikula-

39 Timm 1978, 58f.
40 Schleiermacher 1967, 128.
41 Ebd., 133. 135.
42 Ebd., 135.
43 Ebd., 159.
44 Ebd.

rität nicht verschwindet, sondern in neuer Gestalt wiederkehrt«[45]. Nicht nur der Träger der »wahren Kirche« ist ein aus der Menschheit und Gesellschaft ausgegrenztes Subjekt; auch die Vollzüge der gegenseitigen Mitteilung führen über die partikulare Verfaßtheit der individualisierten Religion nicht hinaus. Mittels des wechselseitigen Austauschs kommt es zu einer unendlich-endlos fortschreibbaren Ergänzung individueller Religionen, die den einzelnen maß-los bereichert. Gleichwohl setzt die gegenseitige Mitteilung eine über das individuelle Religionhaben hinausgehende Allgemeinheit insofern voraus, als im Zuge der Ergänzung individueller Religionen diese *als* Religion gewußt werden müssen. So verweist die gegenseitige Mitteilung von Religion auf ein Allgemeines der Religion, das für jene Mitteilung unausgewiesen beansprucht wird. Obschon Schleiermacher sich weigert, ein derartiges Wissen um die Allgemeinheit der Religion zu artikulieren, kann er ihm doch nicht entgehen. Diese Allgemeinheit muß so allerdings *abstrakt* bleiben. Sie besteht in der Mitteilbarkeit der Anschauungen und Gefühle, die diese ihres individuellen Charakters zum Trotz mit anderen teilen müssen, um mitteil- und austauschbar zu sein. Angesichts der allgemeinen Austauschbarkeit kann in der Tat alles zum Stoff individualisierter Religion dienen. Solange jede individuelle Religion die Mitteilbarkeit mit anderen teilt, kann sie zum Zwecke der individuellen religiösen Ergänzung und Bereicherung zugelassen werden. Die religiösen Anschauungen und Gefühle erhalten so den Charakter beliebiger Inhalte, deren Bedeutung sich allein nach ihrer allgemeinen Austauschbarkeit bemißt. Eine individualisierte Religion ist »so gut wie die andre, wenn ihr Tauschwert gleich groß ist«[46]. So basiert die »wahre Kirche« nicht bloß auf dem sozialen Träger des gebildeten Bürgertums; der Religionsaustausch der Bürger gehorcht überdies den Gesetzen ihrer originärsten Einsicht – denen der Ökonomie. Mit der »Wirkung und Gegenwirkung« ihres wechselseitigen Austauschs werden die bestimmten Anschauungen und Gefühle auf ein »Prinzip« bezogen, das »uns zur Äußerung des Eigenen antreibt« und das zugleich »innig verwandt« ist »mit dem, was uns zum Anschließen an das Fremde geneigt macht«.[47] Angesichts dieses Prinzips der Mitteil- und Austauschbarkeit sind alle bestimmten Gefühle und Anschauungen gleichgültig. Sie sind auf eine Allgemeinheit bezogen, die sie schließlich indifferent werden läßt: Alles ist zugelassen, wenn anders es den Kriterien der allgemeinen Austauschbarkeit genügt.

Von der auf den kleinen Kreis der gebildeten Bürger beschränkten »wahren Kirche« unterscheidet Schleiermacher die »große Verbindung« bzw. »die große

45 Rendtorff 1966, 130.
46 Marx 1947, 42.
47 Schleiermacher 1967, 136.

kirchliche Gesellschaft«[48]. Sie ist eine Vereinigung der Menschen, die zur Ausbildung einer eigenen Religion nicht oder noch nicht fähig sind, und entspricht so dem durch Aufklärung und Pietismus kritisierten statuarischen Kirchenglauben der positiven bzw. öffentlichen Religion. Aufgrund der Unfähigkeit ihrer Mitglieder beruht die öffentlich organisierte Kirche auf einer »einseitige[n] Mitteilung«[49] von Begriffen, Meinungen und Lehrsätzen, die von den Adressaten der Mitteilung passiv und ohne Gegenwirkung aufgenommen werden, weil sie die ihnen mitgeteilte Religion nicht selber mitteilen können. So werden auch die Rollen der Priester und Laien hierarchisch festgeschrieben. Gleichwohl sucht Schleiermacher nach einer Institution, die die Vermittlung zwischen den Unfähigen und der »wahren Kirche« übernehmen kann. Sie ist weder bei sektenartigen Verbindungen noch bei der von staatlicher Aufsicht abhängigen Großkirche zu finden. So setzt Schleiermacher seine Hoffnung auf die religiöse Sozialisation in der Familie. Aber auch die Familie ist nur aufgrund bestimmter Bedingungen in der Lage, die Aufgabe der religiösen Vermittlungen zu übernehmen. Diese Bedingungen betreffen die zumindest partielle Aufhebung entfremdeter Arbeit, die Schleiermacher als Folge von Arbeitsteilung und merkantilistisch-frühkapitalistischer Produktionsweisen sichtbar macht. Die Erfüllung dieser Bedingungen erhofft sich Schleiermacher vom wissenschaftlich-technischen Fortschritt. In seinem Gefolge soll die entfremdete Arbeit durch mehr Freizeit kompensiert werden. Die gewonnene freie Zeit soll dann von den Familien zu religiöser Erziehung und Bildung genutzt werden. Indem Schleiermacher jedoch weiß, daß die Bedingungen zur Realisierung »diese[r] bessere[n] Zeit«[50] noch nicht gegeben sind, kann er auch nicht ahnen, daß die weitgehende Erfüllung dieser Bedingungen der in sie gesetzten Erwartung nicht entspricht: Die gewonnene Freizeit wird von der »Kulturindustrie« in Beschlag genommen werden, so daß sie vielfach als fortgesetzter Verwertungsprozeß erscheint.[51]

Angesichts derartiger Zukunftsaussichten bleibt die Pflege der religiösen Geselligkeit eine Angelegenheit der wenigen, dem gebildeten Bürgertum angehörenden Subjekte. Die »wahre« Sozialgestalt der Religion wird entsprechend der Zwecksetzung des religiösen Bewußtseins eingerichtet. Als solche beruht sie auf den Mitteilungsvollzügen des religiösen Bewußtseins, wodurch sie gleichwohl die Züge der im Entstehen begriffenen bürgerlichen Gesellschaft ungewollt imitiert: Nur dasjenige religiöse Individuum ist zur Teilnahme an der religiösen Geselligkeit fähig, das seine Religion in allgemeine Mitteil- und Austauschbar-

48 Ebd., 136. 142.
49 Ebd., 139.
50 Ebd., 158.
51 Vgl. Horkheimer / Adorno 1965, 128ff.; vgl. oben III/2.

keit überführt. Der soziale Wert einer Religion bemißt sich nicht an der substantiellen Inhaltlichkeit einer religiösen Anschauung, sondern an den Erfordernissen gegenseitiger Mitteilung, durch die der Inhalt auf die *allgemeine* Bedeutung reduziert wird, mit anderen Inhalten seine Mitteilbarkeit zu teilen. Der Inhalt ist kommunikativ, der sich den Erfordernissen individueller Ergänzung und Bereicherung dadurch fügt, daß er der allgemeinen Tauschregel des gegenseitigen Mitteilens folgt. Für das Allgemeinwerden als Vergesellschaftung der Inhalte ist der Preis zu entrichten, daß ihre Besonderheit hinter ihrer generellen Austauschbarkeit zurücktritt. Die inhaltliche Bestimmtheit wird durch die funktionale Äquivalenz beliebiger Inhalte substituiert, so daß die allseitige Mitteilbarkeit eines Inhalts seine intersubjektive Bedeutung und Geltung verbürgt. Indem nur die Individuen zur freien religiösen Geselligkeit fähig sind, die ihre individuelle Religion intersubjektiv mitteilbar machen, bemißt sich die Bedeutung einer Religion und ihrer Inhalte an der Äquivalenzlogik des Tausches. An die Stelle sachlogischer Kriterien rückt die Logik der Mitteilung. Ihr zufolge ist es beliebig, welche Inhalte in den Prozeß religiöser Vergesellschaftung eingehen, wenn anders sie dem Kriterium genügen, ihre Mitteilbarkeit mit anderen Inhalten zu teilen. Auf diese Weise werden die ›Arbeitsprodukte‹ des religiösen Bewußtseins, Anschauung und Gefühl, als immer schon tauschfähige Warenobjekte behandelt. »Die bürgerliche Gesellschaft kann auch auf dem Gebiet der Religion oder dem der Wirtschaft oder dem der Kunst prinzipiell verbindlich nur die Möglichkeit zur Ansammlung von individuellem Reichtum institutionalisieren und formale Kriterien aufstellen, nach denen die Resultate privater Tätigkeit allgemeine Geltung beanspruchen können oder nicht. Aber sie kann den individuellen Erfahrungen keine gesellschaftliche Verarbeitungsperspektive inhaltlich anbieten.«[52]

Tauschen beispielsweise religiöse Subjekte ihre individuellen Anschauungen über das Göttliche aus, so werden die eigenen durch fremde Vorstellungen ergänzt. Das Göttliche erscheint dann in differenten Perspektiven und verschiedenen Vorstellungsweisen. Dabei ist nicht auszuschließen, daß sich die pluralen Vorstellungsweisen, obwohl sie einander ergänzen sollen, widersprechen. Das ist sicher dann der Fall, wenn dem Göttlichen z. B. Zorn und Gnade, Macht und Liebe, Gerechtigkeit und Barmherzigkeit, Strenge und Güte zugleich zugeschrieben werden. Wird gleichwohl an der Austauschbarkeit und Ergänzungsfähigkeit dieser Vorstellungen festgehalten, so gehen sie ihrer Bestimmtheit verlustig. Im Zuge ihrer gegenseitigen Neutralisierung wird überdies der mittels ihrer gemeinte Gehalt des Göttlichen so entleert, daß dieses als Behälter für alles Mögliche dient und als Fluchtpunkt beliebiger Vorstellungen deren Gleichgültigkeit ausdrückt.

52 zur Lippe 1975, 239.

So offenbart die Form gegenseitiger Mitteilung als Konstituens der religiösen Vergesellschaftung, daß das religiös-individuelle Bewußtsein nicht nur das gebildete Bürgertum zu seinem Träger hat, sondern daß auch der Aufbau der religiösen Geselligkeit der Tauschlogik der ökonomisch fundierten bürgerlichen Gesellschaft verpflichtet ist. Schleiermachers Theorie der religiösen Geselligkeit ist nicht nur auf der Höhe seiner Zeit, sondern im Blick auf die deutschen Verhältnisse eilt er ihr sogar voraus. Aber diese Höhe der Zeit muß nicht die Zeit der Religion sein. Denn werden die religiösen Inhalte nur danach beurteilt, ob sie ihre Mitteilbarkeit mit anderen Inhalten teilen können, so geht mit ihrer Substanzialität auch ihre relative Selbständigkeit verloren. Die auf Austauschbarkeit reduzierten Inhalte werden verschlissen, weil sie nur noch Ausdruck eines abstrakt Allgemeinen sind, das sie mit allen anderen teilen. Sie sind disponibel, solange sie konvertibel sind. Aber über ihre Konvertibilität entscheidet nicht ihre inhaltliche Bestimmtheit, sondern ihre allgemeine Tauschwertigkeit. Denn dem religiös-individuellen Bewußtsein dienen nur die Inhalte zur Bereicherung, die mitteilbar sind, weil sie der allgemeinen Austauschbarkeit entsprechen. So leitet das religiöse Bewußtsein selbst die Vergleich-Gültigung der religiösen Inhalte ein. Die Substanz der Inhalte wird durch das religiöse Subjekt so paralysiert, daß die Inhalte nach dem Kurswert ihrer Mitteilbarkeit bemessen werden. Die religiöse Geselligkeit wird zur Börse des religiösen Bewußtseins.

b. Religion als Wertsteigerung aufgrund des Tausches relativer gegen absolute Abhängigkeit (Albrecht Ritschl)

Den Allgemeinbegriffen des philosophisch-metaphysischen Erkennens, durch das die Bestimmtheiten des Geistes aufgrund der Nichtbeachtung des Unterschiedes von Geist und Natur verdinglicht werden sollen, setzt Albrecht Ritschl das »*religiöse Erkennen*« entgegen, das seinen Ausgang beim Selbstgefühl des Ich nimmt. »Das Gefühl ist die Grundfunction des Geistes insofern, als in ihm das Ich ursprünglich für sich gegenwärtig ist. Im Gefühl von Lust oder von Unlust stellt das Ich für sich fest, ob seine Empfindung, die das Selbstgefühl berührt, zur Verstärkung oder zur Hemmung desselben dient.«[53] Die das Selbstgefühl bestimmende Empfindung unterscheidet sich von Sinnesempfindungen durch den höheren Grad ihres Vermitteltseins. »Die religiöse Evidenz der Gegenwart Gottes« soll demzufolge »von einem Zusammenhang religiöser Gemeinschaft und Erziehung mit sittlicher Selbstbildung und Selbstbeurtheilung«[54] abhängen. Das durch Förderung oder Hemmung des Lebens, Lust oder

53 Ritschl 1888, 194.
54 Ritschl 1887, 48.

Unlust erregte Selbstgefühl des Geistes ist für Ritschl der zureichende Erkenntnisgrund, um den Wert der menschlichen Existenz unter der Bedingung ihrer Gefährdung zu sichern. Als wertvoll erscheint das, wodurch das Selbstgefühl des Geistes bestärkt wird. Eine Hemmung des Geistes wird demgegenüber als Wertminderung erfahren.[55] Diese Sicht faßt Ritschl so zusammen, daß er das religiöse Erkennen durch selbständige Werturteile konstituiert sein läßt, »welche sich auf die Stellung des Menschen zur Welt beziehen, und Gefühle von Lust und Unlust hervorrufen, in denen der Mensch entweder seine durch Gottes Hilfe bewirkte Herrschaft über die Welt genießt, oder die Hilfe zu jenem Zwecke schmerzlich entbehrt«[56]. Durch das religiöse Erkennen sollen somit das Selbstgefühl des Geistes, seine Hemmung durch die Natur und ihre Überwindung durch die geistige Macht Gottes als ein einheitlicher Zusammenhang konzipiert werden können. »In aller Religion wird mit Hilfe der erhabenen geistigen Macht, welche der Mensch verehrt, die Lösung des Widerspruches erstrebt, in welchem der Mensch sich vorfindet als Theil der Naturwelt und als geistige Persönlichkeit, welche den Anspruch macht, die Natur zu beherrschen. Denn in jener Stellung ist er Theil der Natur, unselbständig gegen dieselbe, abhängig und gehemmt von den anderen Dingen; als Geist aber ist er von dem Antriebe bewegt, seine Selbständigkeit dagegen zu bewähren. In dieser Lage entspringt die Religion als der Glaube an erhabene geistige Mächte, durch deren Hilfe die dem Menschen eigene Macht in irgend einer Weise ergänzt oder zu einem Ganzen in seiner Art erhoben wird, welches dem Drucke der Naturwelt gewachsen ist.«[57]

Anders als etwa bei Kant und Schleiermacher zielt Religion nicht auf die Konstitution oder das Konstituiertsein der Selbständigkeit des menschlichen Geistes. Vielmehr setzt Ritschl die Selbstmacht und Selbständigkeit des menschlichen Geistes schon als Faktum voraus. Sein Interesse richtet sich auf die Erhaltung der als selbstverständlich vorausgesetzten geistigen Selbständigkeit. Sie kann aufgrund der natürlich und gesellschaftlich bedingten Hemmungen nicht durch die Selbsterhaltung des Geistes gesichert werden. Weil die Selbständigkeit des Geistes durch Fremdeinwirkungen gefährdet ist, kann diese Gefährdung nur durch eine entgegenwirkende Fremderhaltung überwunden werden.

Damit formuliert Ritschl aber keine zeitlos gültige Einsicht in das Wesen des religiösen Bewußtseins. Vielmehr reflektiert sich in der Gestalt, die Ritschl dem religiösen Bewußtsein zuteil werden läßt, bewußt oder unbewußt die Erfahrung, die das bürgerliche Bewußtsein im Zuge der Gründung des zweiten deutschen

55 Vgl. Haenchen 1965, 419.
56 Ritschl 1888, 195.
57 Ebd., 189f.

Reiches zu verarbeiten hat: Die seit dem Ausgang des 18. Jahrhunderts erhobene Forderung des bürgerlichen Liberalismus nach nationaler Einheit wird zwar durch die Reichsgründung erfüllt. Indem aber diese Einheit »von oben«, nämlich durch die alten Mächte des Adels, des Militärs und der Großgrundbesitzer vollzogen wird, bleibt die andere Forderung des liberalen Bürgertums weitgehend unerfüllt: die freie Selbstbestimmung der Individuen. Die gleichwohl vorausgesetzte Selbständigkeit und Selbstbestimmung der bürgerlichen Subjekte kann nun nicht mehr aus eigener Kraft durchgesetzt werden. Gewinn und Erhaltung der bürgerlichen Selbständigkeit sind durch Fremderhaltung vermittelt, wie sie in den wechselnden und spannungsgeladenen Koalitionen zwischen Bürgertum und Großgrundbesitz sichtbar wird. So sind die Herrschaft der alten Mächte und die erstrebte Selbständigkeit des Bürgertums gleichermaßen bedingt und gehemmt. Die Überwindung dieses Gehemmtseins kann angesichts der konkurrierenden Interessen des Großagrariertums und des auf Industrialisierung, Technik und Wissenschaft gegründeten Bürgertums nur dadurch angebahnt werden, daß im Zuge eines Austauschs der Interessen die Eigenerhaltung durch Fremderhaltung bedingt wird.[58]

Ritschls religiöse Werturteilstheorie, die der Erhaltung der Selbständigkeit des menschlichen Geistes unter der Bedingung seines Gehemmtseins dient, entspricht ihrer Struktur nach der durch Fremderhaltung bedingten Selbsterhaltung des bürgerlichen Subjekts. Wie die Subjekte des Bürgertums ihre Selbständigkeit nur insofern erhalten und stärken können, als sie sich auf die Interessen der traditionellen Mächte einlassen, so gilt Entsprechendes für die Selbständigkeit des Geistes, der sich das religiöse Bewußtsein verpflichtet weiß: »Allerdings sind wir in unserem natürlichen Dasein, als Theile der Welt, in der Wechselwirkung aller Theile der Welt, so unselbständig wie möglich, allen möglichen Hemmungen unserer Freiheit ausgesetzt, gefährdet durch alle möglichen Übel der Natur und der menschlichen Gesellschaft, deren Reihe unausdenkbar ist, deren Druck uns das Gewicht aller übrigen Theile der Welt gegen uns darstellt. Worauf soll sich unser Selbstgefühl stützen, daß wir doch nicht sind wie der Wurm, welcher sich krümmt? Weder auf unsere geistigen Gaben, denn sie können aufgerieben werden; noch auf unsere Erkenntnis, daß es nicht anders sein kann, und daß es so nothwendig sei, wenn wir von der Maschine der Welt zermalmt werden, denn das heißt, auf sein Selbstgefühl und seinen Adel verzichten. Es ist kein anderer Ausweg für den Menschen, der sich durch seine Gottähnlichkeit über die Welt erhaben fühlt, als mit derselben Ernst zu machen. Man muß sich in der Unterordnung unter Gott begeben, um die bleibende Abhängigkeit unseres natürlichen Daseins aufzuwägen, um unsere Bestimmung zu sichern, daß die ganze Welt kein Äquivalent für unser Leben ist, daß wir als

58 Vgl. Böhme 1969; 1972; Wehler 1979.

geistige Personen jeder ein Ganzes über der Welt sind.«[59] Der menschliche Geist kann seine Selbständigkeit nicht bewahren, indem er die auf ihn einwirkenden Hemmungen eigenständig hinwegarbeitet. Er kann seinem Bedingtsein nur entkommen, wenn er es gegen ein anderes Bedingtsein austauscht. Das religiöse Subjekt begibt sich in die Abhängigkeit von Gott, weil die Abhängigkeit von Natur und Gesellschaft durch die rein geistige Macht Gottes negiert werden kann. Die religiöse Abhängigkeit von Gott wird so *gegen* die Naturabhängigkeit des um seine Selbständigkeit bangenden Geistes aufgeboten. Das religiöse Bewußtsein ist also nicht, wie Schleiermacher voraussetzt, *mit* dem gesamten Weltlauf zusammen von Gott abhängig. Vielmehr mobilisiert es seine religiöse Abhängigkeit von Gott *gegen* seine Abhängigkeit von der Natur. Weil das religiöse Bewußtsein seine auf dem Selbstgefühl des Geistes basierende Selbständigkeit schon als gegebenes Faktum in Anspruch nimmt, ist das Abhängigsein von Gott allein noch für die Aufrechterhaltung der in ihren Folgen gefährdeten Selbständigkeit des Geistes zuständig. Der menschliche Geist begibt sich in die Abhängigkeit von Gott, weil er so einen Mehrwert geistiger Selbständigkeit gegen Natur und Gesellschaft erwartet.

Die Ausbildung von Religion verdankt sich nach Ritschl dem Interesse der geistig-sittlichen Persönlichkeit, sich angesichts ihres Bedrohtseins durch Natur und Gesellschaft behaupten zu können. Weil der geistig-sittlichen Persönlichkeit deutlich genug vor Augen steht, daß sie ihr Überlegenheitsgefühl über die Natur nicht aus eigenem Vermögen realisieren kann, erhofft sie die Erfüllung ihres Strebens nach geistiger Selbstbehauptung von einer Macht, die der Natur überlegen ist. Mittels des Gottesgedankens soll das vereinigt werden, was auf der Ebene der sittlich-religiösen Persönlichkeit auseinanderfällt: Geistige Selbständigkeit und die Erfahrung ihres Gehemmtseins durch Natur und Gesellschaft stehen nicht länger gegeneinander, weil die göttliche Macht den Naturwiderstand überwindet. Während beim menschlichen Geist die Selbständigkeit durch die Natur gehemmt wird, gilt von der geistigen Macht Gottes das Umgekehrte: Ihre Selbständigkeit richtet sich genau *gegen* die Natur, so daß diese gehemmt wird, den menschlichen Geist zu hemmen. Für den durch die Natur geschwächten menschlichen Geist figuriert Gott als die Natur beherrschende Macht. Gott und Mensch stehen so in einem umgekehrt proportionalen Verhältnis: Ist der Mensch der durch die Natur gehemmte Geist, so ist Gott der die Natur hemmende Geist; die passiv bestimmte Aktivität wird bei Gott zur jene Passivität bestimmenden Aktivität. Indem sich aber der menschliche Geist in Gestalt des religiösen Bewußtseins der Macht Gottes unterstellt, wird das umgekehrt proportionale Verhältnis als Tauschwertverhältnis vollzogen: Der menschliche Geist tauscht, indem er sich von der göttlichen Macht bestimmen

59 Ritschl 1889, 16.

läßt, seine durch Natur und Gesellschaft bedrohte Selbständigkeit gegen die über Natur und Gesellschaft obsiegende Selbständigkeit aus. Indem sich der Mensch der göttlichen Macht fügt, wird die schon passiv bestimmte Selbständigkeit als solche gesetzt und so mit sich zusammengeschlossen. Für das in Gestalt des Tauschwertverhältnisses auftretende religiöse Bewußtsein übt Gott die Funktion des Tauschvermittlers aus. Das Bedingtsein durch die Natur wird so zu einem durch Gott bedingten Bedingen der Natur.

Als Vermittler des Tausches wird aber Gott selbst durch den Tausch bestimmt. Denn die göttliche Macht vollzieht den Tausch erst als Folge der Bedingung, daß der menschliche Geist aufgrund seiner widersprüchlichen Lage Gott als Garanten ihrer Auflösung bestellt. Gottes Funktion als Tauschvermittler verdankt sich dem Bewußtsein der Krise, in die der menschliche Geist gerät, weil er dem Gehemmtsein durch die Natur nicht aus eigener Kraft widerstehen kann. So ist die göttliche Macht dadurch bedingt, daß der menschliche Geist einen begrenzten Gebrauch von ihr macht: Der Wert Gottes bemißt sich nach den Erfordernissen des Tausches, den er vermitteln soll. Dem Mehrwert, den der menschliche Geist aus diesem Tausch zieht, korrespondiert negativ die Wertminderung Gottes, insofern dessen Macht über die Welt durch das Bedürfnis des menschlichen Geistes nach Machtbestätigung limitiert wird. Der zur Krisenbewältigung des menschlichen Geistes bestellte Gott wird durch die Krise überwältigt. Das auf selbständigen Werturteilen aufbauende religiöse Erkennen führt so zu einem Verhältnis des religiösen Bewußtseins zu Gott, in dem sich Gott nicht nur nach Maßgabe des religiösen Bewußtseins zu verhalten hat, sondern überdies der allgemeinen Tauschbarkeit unterstellt wird.

Das religiöse Bewußtsein wird von Ritschl zur Bewältigung der Krise des menschlich-sittlichen Geistes eingeführt. Aber was Ritschl als Widerspruch oder Hemmung des menschlichen Geistes behauptet, rührt allein daher, daß er die unmittelbare, weil bloß auf sich bezogene Selbständigkeit des Geistes ebenso unmittelbar *gegen* die Natur und die durch Naturproduktion vermittelte Gesellschaft kehrt. Geistesgeschichtlich geurteilt, mag dies ein Reflex der Abwehr materialistischer Weltanschauungen und der zur Blüte gelangenden Naturwissenschaften sein. Das macht die Frontstellung des Geistes gegen die Natur aber kaum plausibler. Verstehen läßt sich diese Frontstellung auch daraus, daß Ritschl die Kantische Unterscheidung von Naturkausalität und Kausalität durch Freiheit, offensichtlich Kant zuwiderlaufend, zu einem Dualismus von positivistisch-verdinglichender Metaphysik und dezisionistisch getönter religiöser Erkenntnis umbiegt. Ihre Erklärung findet der Gegensatz von Geist und Natur allein dadurch, daß Ritschl die *Selbständigkeit* des menschlichen Geistes von vornherein so ansetzt, daß sie gegen die Natur gerichtet ist. »[W]ir üben religiöses Erkennen […] immer nur in der Erklärung der Selbständigkeit des menschlichen Geistes gegen die Natur.«[60] Ritschl geht also *einerseits* davon aus, daß der im Selbstgefühl des Ich gründende menschliche Geist *immer schon* und *unmittelbar* selbständig ist. *Andererseits* läßt er aber *zugleich* diese Selbständigkeit *gegen* die Natur gerichtet sein. Die gegen die Natur gewendete Selbständigkeit dementiert jedoch deren Begriff. Denn Selbständigkeit, die die Natur bloß als solche voraussetzt, besagte, daß sie als Nicht-Natur nicht von ihr abhängt. Richtet sie sich aber gegen die Natur, so steht ihr die Natur nicht nur entgegen, sondern das Entgegenstehen soll auch nicht sein. Die Selbständigkeit des Geistes ist dann davon bestimmt, daß das Entgegenstehen der Natur nicht sein soll. Da das Nicht-Sein-Sollen des Entgegenstehens der Natur um der Selbständigkeit des Geistes willen gefordert ist, ist der Geist nur selbständig, wenn das, was nicht sein soll, auch tatsächlich nicht ist. So wird die Selbständigkeit des menschlichen Geistes durch das, was nicht sein soll, aber gleichwohl ist, beschränkt. Aber weil Ritschl zugleich an der unmittelbaren Selbständigkeit des Geistes festhält, *muß* das Zugleichsein von unmittelbarer und beschränkter Selbständigkeit als Widerspruch hervortreten. Dieser Widerspruch ist jedoch nur dann plausibel, wenn die Selbständigkeit nicht aus der Auseinandersetzung des Geistes *mit* der Natur resultieren, sondern unmittelbar und *unabhängig von* dieser Auseinandersetzung feststehen soll. Die Fixation des Gegensatzes von Geist und Natur ist so die Folge eines unmittelbar-abstrakten Verständnisses der Selbständigkeit des Geistes: Die Selbständigkeit des Geistes verflüchtigt sich zu einer von der Natur abstrahierenden *subjektiven Geistigkeit*, der die gleichwohl bestehende Natur zum Gegner werden muß. Folglich kann die geforderte Unabhängigkeit des Geistes *von* der Natur nur durchgehalten werden, wenn er sich fortlaufend *gegen* die Natur wendet. Daß der Geist die von der Natur und der Gesellschaft ausgehenden Einwirkungen als Hemmungen empfindet, ist durch seine abstrakte Geistigkeit bedingt: Der von der Natur abgehobenen Geistigkeit erscheint es als Unglück, daß ihr die Natur entgegensteht. Das Unglück drängt sie, zum religiösen Bewußtsein sich zu bilden. Denn dieses tauscht die unglückliche Abhängigkeit von der Natur gegen die Abhängigkeit von Gott aus, die es insofern als Glück empfindet, als es mit Gottes Hilfe seine immer schon vorausgesetzte Selbständigkeit gegen Natur und Gesellschaft mobilisieren kann.

Weil aber die Natur der abstrakten Geistigkeit als Widerpart erscheint, ist es ihr auch in Gestalt des religiösen Bewußtseins nicht möglich, das durch Gott zuteil werdende Glück in vollen Zügen zu genießen. Denn die vorausgesetzte unmittelbare Selbständigkeit des Geistes kann durch den Vollzug »der geistigen Herrschaft des Menschen über die Natur«[61] nicht endgültig eingeholt werden. »So viele Theile der Welt man also durch die Arbeit beherrscht, das Ganze in

60 Ritschl 1888, 208.
61 Ebd., 576.

dieser Art zu beherrschen darf sich keiner zutrauen, auch wenn er sich in einem Moment gehobener Stimmung mit der fortschreitenden Macht der menschlichen Culturbewegung identificirt.«[62] »Die Herrschaft des Geistes über die Welt«[63] wird durch das Bewußtsein der Enttäuschungen, Hemmungen und des Leidens begleitet. »Aber für diese Eindrücke des Leidens bietet eben die direct religiöse Weltanschauung, nämlich die Gewißheit, daß man Gegenstand der Leitung und Fürsorge Gottes zur Erreichung des überweltlichen Lebenszieles ist, das Gegengewicht. [...] [D]as Gegengewicht des Gedankens, daß man Gegenstand der göttlichen Fürsorge ist, hat den Sinn, daß man als geistiges Ganzes von Gott aus einen höhern Werth hat, als die ganze Naturwelt. Hiedurch ist es bedingt, daß indem man in der Geduld gegen das Leiden sich selbst beherrscht, man auch die ganze Welt beherrscht, welche unserem leidenden und unglücklichen Selbst correlat ist.«[64] Unglück und Leiden, die im Blick auf die nicht endgültig und total beherrschbare Naturwelt der geistig-sittlichen Persönlichkeit entstehen, sollen durch das in Gott verankerte Wertbewußtsein kompensiert werden. Aber diese Kompensation ist keine Lösung der Krise, in die die geistig-sittliche Persönlichkeit aufgrund ihrer unmittelbar-abstrakten Geistigkeit gerät. Der höhere geistige Wert, durch den sich das geistige Selbst über die Naturwelt erhoben weiß, bietet nur einen schwachen Trost, wenn das Leiden an der Natur zugleich durch Geduld und Selbstbeherrschung ertragen werden soll. Die Berufung auf den höheren Wert der geistig-sittlichen Persönlichkeit wird dann zur Ideologie: Leiden und Unglück bleiben, aber im Bewußtsein des durch Gott garantierten Mehrwerts lassen sie sich ertragen. Es ist die abstrakt behauptete und gegen die Natur gekehrte Geistigkeit, die in dem falschen Bewußtsein ihr Heil sucht, die Beschwörung ihres geistigen Mehrwerts mindere das Leiden, das sie sich aufgrund des Gegensatzes von Geist und Natur selber bereitet. Ein derartiges Bewußtsein kann sich dem sarkastischen Spott Nietzsches nicht entziehen: »Nachdem erst der Begriff ›Natur‹ als Gegenbegriff zu ›Gott‹ erfunden war, musste ›natürlich‹ das Wort sein für ›verwerflich‹, – jene ganze Fiktions-Welt [sc. der christlichen Religion] hat ihre Wurzel im *Hass* gegen das Natürliche [...], sie ist der Ausdruck eines tiefen Missbehagens am Wirklichen ... *Aber damit ist Alles erklärt.* Wer allein hat Gründe sich *wegzulügen* aus der Wirklichkeit? Wer an ihr *leidet.* Aber an der Wirklichkeit leiden heisst eine *verunglückte* Wirklichkeit sein ...«[65]

---

62 Ebd.
63 Ebd., 577.
64 Ebd.
65 Nietzsche, 1980b, 181f.

c. Religion als Tausch Schlechtweggekommener (Dietrich Rössler)

Aller außertheologischen (Feuerbach, Marx, Nietzsche, Freud u. a.) und innertheologischen Religionskritik (Barth, Hirsch, Tillich u. a.) zum Trotz geht die gegenwärtige Theologie, die Begriff und Thema der Religion und des religiösen Bewußtseins zu rehabilitieren gedenkt, von der ungebrochenen Behauptung aus, Religion sei, obwohl »Privatsache«, »überall«[66]. Das gelte vor allem für die in der Nachfolge insbesondere Herders und Schleiermachers gebildete Figur der »gelebten Religion«, die zwar »unsichtbar« sei, aber gleichwohl »ihren Ort und ihre Funktion im Zusammenhang des kulturellen und gesellschaftlichen Lebens im ganzen«[67] habe. Deshalb wird die zur »Sache der individuellen Innerlichkeit«[68] erklärte gelebte Relegion so thematisiert, daß ihre soziale Bedeutung als zentral erscheint. Das geschieht insofern in Aufnahme und Revision Schleiermachers und Ritschls u. a., als die gelebte Religion in das Verhältnis von gesellschaftlicher Abhängigkeit und individueller Freiheit eingespannt wird. »Religiös ist das Bedürfnis, das aus der Erfahrung der Dependenz, der Abhängigkeit entspringt.«[69] Da die aus der »Erfahrung der Defizienz, der Unzulänglichkeit, des eigenen Mangels«[70] resultierende Abhängigkeit überwunden oder aber nicht überwunden werden kann, trägt die religiöse Grunderfahrung ein Janusgesicht: Sie wird einerseits als nicht selber inszenierte und insofern »gnadenhafte« Überschreitung bestimmter Abhängigkeiten und andererseits als »fügsames« Akzeptieren des Mangels und der Defizienz erlebt. Diese doppelgesichtige Erfahrung der Abhängigkeit wird unter der Bedingung der gesellschaftlich institutionalisierten Religion so vergrundsätzlicht, daß die als Anwalt des Individuums verstandene Idee der religiösen Institution der gesellschaftlichen Abhängigkeit die individuelle Freiheit entgegenhält. Die religiöse »Institution verwaltet die Idee der Freiheit: Sie ist die Instanz, die diese Idee ihrer Gegenwart interpretiert und die alle Maßnahmen zur Realisierung solcher Freiheit ergreift. So verstanden ist es die religiöse Institution, die die Gesellschaftsfähigkeit des Menschen herstellt: Die von ihr verwaltete Religion setzt den Menschen in den Stand, unter den Bedingungen der Gesellschaft – und d. h.: überhaupt – zu leben.«[71]

Nicht nur durch religiöse Riten und Feiern, sondern ebenso durch das religiöse Ethos und die ihm entsprechenden Gesinnungen soll die der gesellschaftlichen Abhängigkeit entgegenstehende individuelle Freiheit so realisiert

66 Rössler 1976a, 7.
67 Ebd., 10; vgl. 1976b; 1978.
68 Rössler 1976b, 201.
69 Rössler 1976a, 17 [im Original kursiv].
70 Ebd.
71 Ebd., 27.

werden, »daß der Mensch zu Recht von der Bedeutung seiner Person und vom Wert seiner Individualität und vom Mehrwert möglicher neuer Erfahrungen überzeugt ist«[72]. Das religiös bestimmte Individuum wird dann der Gesellschaft so entgegengesetzt, »daß die Invidualität nur in Widerspruch zu den Gesetzmäßigkeiten sozialer Anonymität und Austauschbarkeit wahrgenommen werden kann«[73]. Auch für die gesinnungsbildende ethische Überzeugung der Religion ist es zentral, daß durch sie die »Erfahrung von Verweigerungen, von Unterlegenheit, Benachteiligungen und Ungerechtigkeit«[74] aufgehoben werden soll. Diese Aufhebung komme durch einen Lernprozeß zustande, der nicht auf »von Resignation getragene Anpassung«, sondern auf »eine von Grund auf positive und produktive Einstellung zum Verzicht im ganzen wie zu den Versagungserfahrungen im einzelnen«[75] führt. »Sie kommt zustande durch einen Vorgang, der als ›Tausch‹ bezeichnet werden könnte: Diejenigen Güter, auf die Verzicht geleistet werden muß – also Neigungen, Triebbefriedigungen, Gewinne an Macht, an Besitz, an Liebe –, sie werden eingetauscht gegen Werte, die von Überzeugungen getragen sind und aus ihnen hervorgehen.«[76] Diesen Überzeugungen soll das Bewußtsein innewohnen, daß das menschliche Individuum im Vorhandenen nicht aufgeht, weil es »›mehr‹«[77] ist, als es seiner gesellschaftlichen Bedingtheit und Abhängigkeit zufolge erscheint.

Von der ökonomisch verankerten Tauschlogik des Geldes scheint eine solche Faszination auszugehen, daß sie auch dort, wenn auch konjunktivisch-verhalten, noch Anwendung findet, wo es gar nichts zu tauschen gibt: Güter, auf die man verzichtet, weil man sie gar nicht besitzt, sollen gegen höhere Werte eingetauscht werden, die auf Überzeugungen beruhen. Was aber ein Individuum nicht besitzt, kann es auch nicht gegen etwas anderes eintauschen. Der Tauschlogik, die für die Mehrwertbildung der ethisch-religiösen Überzeugung veranschlagt wird, fehlt ihr Fundament, so daß ihr nicht ein Tausch, sondern eine *Kompensation* zugrunde liegt. Der Verzicht auf die Güter, die das Individuum nicht besitzt oder nicht gewinnen kann, wird sonach durch Werte kompensiert, die »›jenseits‹ alles dessen angesiedelt« sind, »was den Zufällen des Weltlaufs unterworfen ist«[78]. Die Perspektive des Nichthabens wird so durch die

72 Ebd., 50.
73 Ebd., 52.
74 Ebd., 59.
75 Ebd.
76 Ebd., 59f.
77 Ebd., 60.
78 Man könnte zwar den Versuch machen, diese Aussage dadurch im Sinne einer Tauschlogik zu interpretieren, daß das Nichthaben von welthaften Gütern gegen die als ›Jenseits‹ vorgestellte Negation des diesseitigen Weltlaufs eingetauscht wird. Aber diese Art des Tausches stellte eine bloße Tautologie dar: Ein bestimmtes Negatives, nämlich das Nichthaben welthafter Güter wird durch das Negativsein des ›Jenseits‹ gegen das ›Diesseits‹ ersetzt.

Perspektive abgelöst, mehr sein zu können, als man faktisch ist und hat. Der um jeden Preis und so auch gegen seine eigene Logik durchgeführte »Tausch« wird zum Tausch der Tauschunfähigen, der »Schlechtweggekommenen«. In der Form des »privatisierten« Tauschs sollen auch noch diejenigen an die Tauschlogik angeschlossen werden, die außer sich selbst, d. h. außer ihrer Ware Arbeitskraft nichts oder wie Kranke, Alte, Rentner und Arbeitslose – nicht einmal sie zum Tausch anbieten können.

Während Ritschl für den Tausch der bedingten Natur- und Gesellschaftsabhängigkeit der Persönlichkeit gegen die absolute Abhängigkeit von Gott noch die, wenn auch gehemmte, unmittelbare Selbständigkeit des Individuums voraussetzt, erscheint der von Dietrich Rössler vorstellig gemachte Tausch als ungedeckter Wechsel. Das Individuum, das nichts hat und besitzt und insofern mit dem Verzicht vorlieb nehmen muß, soll doch zugleich überzeugt sein, mehr wert zu sein, als es seiner gesellschaftlich-alltäglichen Verfaßtheit nach ist. Aber weil dieses Mehrwertsein nur durch solche Überzeugungen ausgesprochen werden kann, die auf dem Boden der »gedeuteten Religion«, d. h. der Theologie in mehrdeutiger Weise vorgestellt werden, kann das Mehrwertsein faktisch allein als ein produziertes und gesetztes Mehrwertseinsollen auftreten. Dieses mehrdeutige Mehrwertseinsollen verdankt sich dann der Perspektive, der zufolge das Nichthaben durch mehrdeutige Überzeugungsvorstellungen vom jenseits des Weltumgangs verorteten individuellen Mehrwert kompensiert werden soll. Diese Vorstellungen werden zwar nicht nur als Ausdruck des gesellschaftlichen Elends, sondern auch als Protest gegen dieses Elend geltend gemacht. Aber da diese Vorstellungen nicht bloß in den subjektiv-individuellen Überzeugungen verankert werden, sondern überdies mehrdeutig ausfallen, bleibt der mit ihnen verknüpfte Mehrwert selber mehrdeutig.

Indem die pluralen Überzeugungsvorstellungen ihre Mehrdeutigkeit miteinander teilen, können sie zwar wie immer schon tauschfähige Warenobjekte konsumiert werden. Aber es ist ein Irrtum anzunehmen, daß die Grundlage der gelebten Religion von dieser produzierten Mehrdeutigkeit unberührt bleibt. Denn den für die gelebte Religion veranschlagten Mehrwert des Individuums gibt es nicht unabhängig von den mehrdeutigen Auslegungen des behaupteten Mehrwertes. Der zur Grundlage der gelebten Religion erklärte Mehrwert stellt das hypostasierte Abstraktionsprodukt von den mehrdeutigen Vorstellungen dar, denen die Rede vom religiösen Mehrwert allein ihr Dasein verdankt. Das religiöse Mehrwertsein wird sonach auf dem Boden mehrdeutiger Vorstellungen produziert, die aufgrund der Mehrdeutigkeit, die sie miteinander teilen, beliebig mitteil- und austauschbar sind. So fällt das Mehrwertsein des religiösen Bewußtseins selber mehrdeutig aus. Diese Mehrdeutigkeit seines Mehrwertes läßt das religiöse zum »unglücklichen« Bewußtsein werden: Es setzt auf einen Mehrwert, der doch nur auf mehrdeutige Weise produziert und vorgestellt werden kann. Der an immer schon kommunikable und tauschfähige Vorstellungen gebundene Mehrwert des religiösen Subjekts wird dann so pluralisiert, daß vielfältige, aber gleichgültigen Mehrwert versprechende Vorstellungen ihrer Konsumtion harren. Die mehrwertträchtigen Vorstellungen werden solcher Art von den religiösen Subjekten wie Warenobjekte verwertet. Die Tausch- und Mitteilbarkeitsabstraktion ist an bestimmte, aber divergierende theologie- und frömmigkeitsgeschichtliche Inhalte gebunden, die in Ausscheidung ihrer Konstitutionsbedingungen so entspezifiziert und formalisiert werden, daß sie »Tauschbarkeit garantieren«[79]. In dieser Weise übermittelt die mehrdeutige Vorstellungen produzierende Theologie den religiösen Verbrauchern plurale Vorstellungsweisen, während die religiösen Verbraucher der produzierenden Theologie, wenn es gut geht, ihre Rezeptivität bereitstellen.

Solange die Verwertung der religiösen Warenobjekte den von den religiösen Individuen erwarteten Mehrwert abwirft, solange haben sie Konjunktur. So erscheint der »Reichtum« der Mehrwert abwerfenden mehrdeutigen Vorstellungen der Religion als eine »ungeheure Warensammlung«[80], der zufolge ein Warenobjekt so gut wie jedes andere ist, solange es als Mittel der religiösen Mehrwertbildung verwertbar ist. Denn alle religiösen Warenobjekte teilen ihre allgemeine und gleichgültige Kommunikabilität miteinander, nämlich in gleicher Weise für das religiöse Bewußtsein mehrwertträchtig zu sein. Jedoch bleibt dieses Trachten nach mehrwertverheißenden Vorstellungen trügerisch: Die mehrdeutigen mehrwertträchtigen religiösen Warenobjekte werden zwar durch die Tätigkeit der plural-positionellen Theologien geschaffen; aber eignet dem Kapital der Theologie auch die Deckung, um auf Dauer religiöse Wertbildungsprozesse inszenieren zu können?

5. Positionelle als verwertende Theologie

Es ist zu vermuten, daß nicht nur singuläre theologische Theorien des religiösen Bewußtseins, sondern der Prozeß der modernen, spätestens seit Schleiermacher unter der Bedingung der bürgerlich-kapitalistischen Gesellschaft ausgebildeten Theologien einer Kommunikationsform verpflichtet ist, die, ohne direkt mit oder gegen Geld zu kommunizieren, gleichwohl durch die Logik des Geldmediums bestimmt ist. Für diese Vermutung ist zunächst von dem anderweitig[81] genauer erläuterten Begriff der *positionellen Theologie* auszugehen.

79 Prokop 1974, 113.
80 Marx 1947, 39.
81 Der zunächst von Rössler (1970), eingeführte Begriff der positionellen Theologie wird in seiner Struktur genauer expliziert bei Wagner 1981, 61–67; Formulierungen dieses inzwi-

a. Zur modernen Theologie des 19. und frühen 20. Jahrhunderts

Die moderne, im 19. und 20. Jahrhundert auftretende Theologie stellt gegenüber der *darstellenden Theologie* der Scholastik und der altprotestantischen Orthodoxie insofern einen Fortschritt dar, als sie die tradierten Inhalte der christlichen Religion nicht länger als unmittelbar gegeben hinnimmt und bloß sekundär etwa mittels des Instruments der analytischen Methode in eine dem Verständnis der Theologie als *scientia practica* entsprechend final bestimmte Ordnung bringt. Die moderne Theologie, die von der grundsätzlichen *Unterscheidung* zwischen lebensweltlich gegebener *Religion* und wissenschaftlich argumentierender *Theologie* ausgeht, tritt als konstruierend-rekonstruierende Theologie auf, insofern sie in Bestätigung der Kantischen kopernikanischen Wende alle Inhalte von der obersten Bedingung des Wissen-Könnens abhängig macht, welches als ein sich wissendes Wissen der Struktur von Selbstbewußtsein überhaupt entspricht. Allerdings geht die moderne Theologie nicht vom allgemeinen und apriorischen Selbstbewußtsein aus, vielmehr erfaßt sie es als besonderes, nämlich inhaltlich bestimmtes Selbstbewußtsein. Derart kann es als frommes, moralisches, geistiges, erwecktes, wiedergeborenes, bekehrtes Selbstbewußtsein oder in der Form sittlich-religiöser Persönlichkeit auftreten. Der positionelle Charakter dieser Theologien ergibt sich dann daraus, daß das Konstruktionsprinzip jeder Theologie auf einer besonderen inhaltlichen Bestimmtheit des Selbstbewußtseins aufbaut. Jedes inhaltlich bestimmte Konstruktionsprinzip einer theologischen Position ist folglich auf die anderen möglichen Konstruktionsprinzipien vorangehender oder gleichzeitig agierender Theologien negativ bezogen. Daraus resultiert ein Prozeß der Konkurrenz der Positionen, der beispielsweise für Schleiermacher darin besteht, daß er seine eigene Position in Abwehr des Rationalismus und des Supranaturalismus gewinnt. Oder die durch Hegel geprägte ›spekulative Theologie‹ konkurriert nicht bloß mit dem Rationalismus und Supranaturalismus, sondern überdies mit der Schleiermacherschen Theologie. Auf eine entsprechende Weise verhält sich im letzten Drittel des 19. Jahrhunderts die Theologie Albrecht Ritschls beispielsweise zur Erlanger Erfahrungstheologie, besonders Franz Hermann Reinhold Franks.

Für den hier zu diskutierenden Zusammenhang ist der positionelle Umgang mit den theologischen *Inhalten* entscheidend. Jede Position rekonstruiert die Inhalte unter der Ägide ihres inhaltlich bestimmten Konstruktionsprinzips. Die Inhalte werden dann nicht an sich selbst, sondern so erfaßt, daß sie zur

---

schen vergriffenen Beitrages werden hier aufgenommen. [*Dieser Aufsatz wurde wieder abgedruckt in: Wagner, Falk: Was ist Theologie? Studien zu ihrem Begriff und Thema in der Neuzeit, Gütersloh 1989, 394–454, hier 399–406*].

Durchsetzung des sich mittels ihrer realisierenden und gestaltenden Konstruktionsprinzips dienen. Das Konstruktionsprinzip wird als Funktion angesetzt, um die Inhalte von der Gotteslehre über die Christologie und Soteriologie bis zur Ekklesiologie und Eschatologie als einheitlichen Zusammenhang zu fokussieren. Die funktional bestimmten Inhalte sind nur insoweit relevant, als sie in ihrem Sein für anderes dem zugrundeliegenden Konstruktionsprinzip entsprechen. Die Inhalte sind allein so gegeben, wie sie im Blick auf das jeweilige Konstruktionsprinzip gesetzt und produziert werden. Angesichts des Pluralismus der konkurrierenden Positionen verfallen die Inhalte in die positionellen Weisen ihres funktionalen Bestimmtseins durch das jeweilige Konstruktionsprinzip. Ein Hinweis auf Schleiermacher mag das verdeutlichen. Schleiermacher baut die überlieferten Inhalte des Christentums so auf, »daß überall die unmittelbare Beschreibung der Gemütszustände selbst zugrunde gelegt wird«[82]. Die (Re-)Konstruktion der Inhalte wird davon abhängig gemacht, daß mittels ihrer das christlich-fromme Selbstbewußtsein sich entfalten kann. Den Inhalten eignet nicht ein Selbstzweck, sondern sie dienen als Vehikel zur Erfassung und Darstellung des Selbstbewußtseins.

Jede Position steht zwar unter der Bedingung der Rekonstruierbarkeit, aber so, daß diese mit einer inhaltlichen Bestimmtheit des Selbstbewußtseins identifiziert wird. Diese inhaltlichen Bestimmtheiten stehen zueinander im Bezug der Konkurrenz. Jede Position verhält sich zu den anderen (bzw. früheren) in negativer und kritischer Weise; sie beansprucht, die andere(n) Position(en) in sich aufzuheben, und macht ihr (ihnen) so den Anspruch streitig, eine legitime und gelungene Position zu vertreten. Einerseits ist also der negative und kritische Bezug auf die andere(n) Position(en) für die Ausformulierung der eigenen Position konstitutiv. Andererseits muß aber jede Position um ihrer Selbständigkeit willen auch den negativ-kritischen Bezug auf die andere(n) Position(en) negieren, d.h. sie muß sie, obwohl sie auf sie bezogen ist, von sich ausschließen. Auf die andere(n) Position(en) negativ bezogen zu sein und zugleich die andere Position von sich auszuschließen, besagt, daß jede Position sich selbst widerspricht. Denn sie schließt mit der(n) anderen Position(en), auf die sie negativ bezogen ist, sich von sich selber aus. Weil jede Position mit dem Ausschluß einer anderen Position sich von sich selbst ausschließt, widerspricht sie sich selbst.

Um es also noch einmal in drei Sätzen zu wiederholen: (1) Jede Position ist das, was sie ist, nur durch die negative Bezugnahme auf andere Positionen. (2) Um der Selbständigkeit einer Position willen ist aber auch die negative Bezugnahme auf andere Positionen auszuschließen. (3) Da aber auch die negative Bezugnahme für jede Position konstitutiv ist, schließt sich die Position durch

82 Schleiermacher 1960, § 31.

Ausschluß der anderen Positionen von sich selbst aus, d.h. sie widerspricht sich selbst.

Der Widerstreit, die Konkurrenz der Positionen und damit auch der Pluralismus sind sonach im *Selbstwiderspruch* einer jeden Position begründet. Der Pluralismus ist nichts anderes als das Äußerlichwerden dieses Selbstwiderspruchs.

Bei der Explikation der theologischen Inhalte wird von der *Konstruierbarkeit* Gebrauch gemacht. Mit der Konstruierbarkeit geht die Differenz von Inhalt und Form, von Sachverhalt und Aussage, von Gedanke und Denken, von Vorgestelltem und Vorstellungsweise oder von Objekt und Subjekt einher. Im Falle der pluralistischen Positionen ist die Entfaltung des Inhalts durch das inhaltlich bestimmte Konstruktionsprinzip vermittelt. Der Inhalt wird *nicht an sich selbst* gedacht, sondern so, wie er durch das jeweilige Konstruktionsprinzip vermittelt gesetzt wird. Sie dienen folglich der Bewährung des Konstruktionsprinzips; von diesem Prinzip aus werden die Inhalte nicht so artikuliert, daß sie mit sich selbst übereinstimmen; vielmehr sollen sie die Entsprechung des Konstruktionsprinzips mit sich selbst verbürgen. So wird, um diesen Sachverhalt beispielhaft zu verdeutlichen, Jesus Christus bei Schleiermacher als das Urbild wahrer Gottesgemeinschaft expliziert. Das geschieht deshalb, weil sich das christlich-fromme Selbstbewußtsein als Konstruktionsprinzip der Theologie mit dem Urbild der Gottesgemeinschaft in seiner Selbsttätigkeit gegeben weiß. Oder bei Albrecht Ritschl wird Jesus Christus in der Weise konstruiert, daß er seinen Beruf bis zum Tod treu ausgeübt hat. In Ausübung dieser Berufstreue findet die Reinheit der geistig-sittlichen Persönlichkeit gegenüber allen Naturwidrigkeiten ihren höchsten Ausdruck. Die Konzeption der Berufstreue Jesu dient also der Durchsetzung des inhaltlich bestimmten Konstruktionsprinzips der Ritschlschen Theologie. Und schließlich läßt sich im Hinblick auf die Barthsche Christologie sagen, daß in ihr Jesus Christus als der Gott gehorsame Christus und der Christus gehorsame Jesus konstruiert wird. Denn nur durch diesen doppelten Gehorsam entspricht Jesus Christus der souveränen und absoluten Selbstbestimmung Gottes, die für die Konstruktion der Barthschen Theologie leitend ist.

Was zeigt diese pluralistisch-positionelle bestimmte Konstruktion der Inhalte? Der Inhalt ist in der Weise präsent, wie er durch das jeweilige Konstruktionsprinzip vermittelt gesetzt und produziert wird. Der Inhalt ist so das, was er ist, nur als Gesetztsein, nur als Produziertes, nur so, wie er relativ zum jeweiligen Konstruktionsprinzip vorgestellt und gedacht werden kann. Im Hinblick auf den Pluralismus, die Vielfalt der Positionen, zerfällt der Inhalt in die vielen Weisen seines positionell bestimmten Gesetztseins. Der vorgestellte Inhalt ist in die Pluralität der Vorstellungsweisen atomisiert.

Nun könnte man sagen, daß dieser pluralistische Umgang mit einem vorgestellten Inhalt dessen Komplexität und Reichtum zeigt. Die christlichen Inhalte sind so reich und komplex, daß sie es zulassen, auf mannigfaltige Weise gesetzt und konstruiert zu werden. Aber eine derartige Argumentation überspielt die *Aporie*, die mit der Differenz von vorgestelltem Inhalt und Vorstellungsweise einhergeht. Wird der Inhalt nur noch als Produkt, Konstrukt, Gesetztsein der positionell bestimmten Konstruktion betrachtet, so besteht die primäre Aporie gar nicht im Pluralismus oder in der Inflation der Vorstellungsweisen, sondern darin, daß der Inhalt bloßes Produkt und Konstrukt ist. Insofern der Inhalt Produkt des inhaltlich bestimmten Konstruktionsprinzips ist, wird die Religions*kritik* ins Recht gesetzt: Die theologischen Inhalte – ob Gott, Jesus Christus oder Geist – sind allein von Gnaden des konstruierenden Selbstbewußtseins. Der Inhalt ist nichts an sich selber, sondern das, was von ihm gesagt wird, verdankt sich seinem Produziertsein. Damit ist, prinzipiell gesehen, der Beliebigkeit Tür und Tor geöffnet.

Diese Beliebigkeit ist die notwendige Konsequenz des Sachverhalts, daß jede Position von ihrem Begriff her einen Selbstwiderspruch repräsentiert. Wo aber der Selbstwiderspruch nicht nur zugelassen, sondern geradewegs die Grundlage des wissenschaftlichen Theologisierens ausmacht, stellt die Beliebigkeit der theologischen Aussagen nicht einen vermeidbaren Betriebsunfall dar, sondern sie gehört dann zum Inbegriff der positionell verfaßten Theologie selber.

Zusammenfassend läßt sich sagen: Eine theologische Aussage über einen bestimmten Inhalt (Sachverhalt) ist unter der Bedingung der pluralistisch-positionell verfaßten Theologie deshalb beliebig und willkürlich, weil der Begriff der theologischen Position sich an sich selber widerspricht. Eine Position zu beziehen, heißt nicht nur einer *contradictio in adiecto*, sondern einer *contradictio in subiecto* das Wort zu reden. Wo aber dieser Selbstwiderspruch nicht nur zugelassen, vielmehr zur nicht überschreitbaren Verfaßtheit der Theologie erklärt wird, ist alles erlaubt. Wer in diesem Zusammenhang von Freiheit sprechen will, mag es tun. Er zeigte jedoch damit, daß er unter Freiheit die Beliebigkeit subjektiver Setzungen versteht. Diesem Freiheitsverständnis zufolge würde die Theologie das *bellum omnium contra omnes* des Naturzustandes oder wohl richtiger des zur zweiten Natur gewordenen Zustandes der bürgerlichen Gesellschaft sanktionieren. Theologie als pluralistisch-positionelle ist so *eo ipso* bürgerliche Theologie in dem Sinne, daß sie der Willkürfreiheit unmittelbar selbstbestimmender Subjekte verpflichtet ist.

Die konkurrierenden Positionen, durch die die theologischen Inhalte positionell funktionalisiert und pluralisiert werden, implizieren zugleich konkurrierende Verwertungsprozesse. Indem die bestimmten Inhalte dem jeweiligen Konstruktionsprinzip unterstellt sind, gelten sie aufgrund ihres funktionalen Seins für anderes als immer schon kommunikabel und mitteilbar. Aber diese Kommunikabilität und Mitteilbarkeit kommt ihnen nicht selber und als solchen zu, sondern sie haben sie allein aufgrund dessen, daß sie *für* das sie prinzipiierende Konstruktionsprinzip kommunikabel und mitteilbar sind. Weil die Inhalte mit dem sie bestimmenden Konstruktionsprinzip Kommunikabilität und Mitteilbarkeit teilen, sind sie vorab als für das Konstruktionsprinzip verwertbar gesetzt. Ihre *besondere* Wertbestimmtheit erscheint in der Perspektive der durch das Konstruktionsprinzip repräsentierten *allgemeinen* Wertbestimmtheit; indem der besondere Inhalt als Wertbestimmtheit zum Zweck der Durchsetzung und Gestaltung des Konstruktionsprinzips fungiert, wird er als wertbestimmter Inhalt als Nicht-Nicht-Wertbestimmtheit und so als sich selbst gleiche und allgemeine Wertbestimmtheit erfaßt. Der Verwertungsprozeß der Inhalte läuft also darauf hinaus, daß ihnen aufgrund ihrer Kommunikabilität für das Konstruktionsprinzip eine gegenüber der Tradition und den konkurrierenden Positionen neue Wertbestimmtheit zuwächst, durch die jedoch der besondere Inhalt auf die allgemeine Wertbestimmtheit des jeweiligen Konstruktionsprinzips reduziert wird. Die auf ihre allgemeine Wertbestimmtheit reduzierten besonderen Inhalte werden sonach im Vollzug ihres Verwertungsprozesses wie Wertobjekte behandelt. Denn im Prozeß der Verwertung sind sie insofern für das Konstruktionsprinzip kommunikabel, als sie durch und für dasselbe produziert werden; folglich wird nicht ihre eigenständige und besondere inhaltliche Bestimmtheit realisiert, sondern die Wertbestimmtheit, die die Inhalte mit dem Konstruktionsprinzip vorab teilen. Die Inhalte werden wie Warenobjekte verwertet, weil ihre Tauschwertabstraktion, d. h. ihre mit dem Konstruktionsprinzip geteilte allgemeine Wertbestimmtheit durchgesetzt wird, aufgrund deren sie für das Konstruktionsprinzip kommunikabel sind. Anders als im ökonomischen Prozeß des sich verwertenden Kapitals fallen im theologisch-positionellen Verwertungsprozeß der durch das Konstruktionsprinzip prinzipiierten Inhalte das sich verwertende ›Kapital‹ und die wertbildende ›Arbeit‹ zusammen, weil das Konstruktionsprinzip nicht nur als sich verwertende allgemeine Wertbestimmtheit, sondern auch als die tätige Kraft auftritt, die den Inhalten die neue Wertbestimmtheit zusetzt.

Indem jede positionell bestimmte Theologie unter der Ägide ihres jeweiligen Konstruktionsprinzips einen Verwertungsprozeß der theologischen Inhalte einleitet, entspricht die Konkurrenz der aufeinander folgenden oder gleichzeitig negativ aufeinander bezogenen Positionen der ökonomischen Konkurrenz der Einzelkapitale. Diese Strukturentsprechung besteht genauer gesagt darin, daß sich die konkurrierenden Positionen mittels ihrer Konstruktionsprinzipien dieselben Inhalte aneignen (›Kaufen‹; Geld – Ware), um sie als für die Konstruktionsprinzipien funktionale und kommunikable Wertbestimmtheiten wie Warenobjekte zu verwerten (›Verkaufen‹; Ware – Geld); die Tauschwertabstraktion der als Warenobjekte verwerteten theologischen Inhalte tritt dabei nicht als in Arbeitszeitquanten ausgedrückter ökonomischer Wert in Erscheinung; vielmehr besteht ihre Tauschwertabstraktion darin, daß sie aus der mit den Konstruktionsprinzipien geteilten allgemeinen Wertbestimmtheit ihren Wert beziehen, durch den sie für die Konstruktionsprinzipien kommunikabel sind. Die positionelle Theologie des 19. und des beginnenden 20. Jahrhunderts kann sonach in einem genau angehbaren Sinn als *Theologie der bürgerlichen Gesellschaft* bezeichnet werden, insofern die Struktur ihrer konkurrierenden Verwertungsprozesse der Struktur der sich verwertenden und miteinander konkurrierenden Einzelkapitale entspricht. Allerdings erscheinen die konkurrierenden Verwertungsprozesse der positionellen Theologien auf der Oberfläche der Zirkulation,[83] so daß die Konstruktionsprinzipien zwar nicht als Geld bzw. Kapital auftreten, aber gleichwohl wie Geld bzw. Kapital funktionieren. Denn die Konstruktionsprinzipien werden als allgemeine Wertbestimmtheiten so geltend gemacht, daß die mit ihnen kommunizierenden Inhalte wie Warenobjekte verwertet werden können.

b. Zur ›dialektischen Theologie‹ (Karl Barth)

In der ›dialektischen Theologie‹ wird die positionelle Theologie, die die theologischen Inhalte unter der Ägide inhaltlich bestimmter Konstruktionsprinzipien als Explikationsweisen von Selbstbewußtsein rekonstruiert, zum Gegenstand der Kritik. Damit kann die ›dialektische Theologie‹, insbesondere die Karl Barths, nicht mehr direkt als positionelle bezeichnet werden. Indem sie das konstruierend-rekonstruierende Tun der Theologie als Tun von Theologen reflektiert, ist es ihr darum zu tun, die theo-logischen Inhalte an sich selbst zu erfassen.

Die Kritik der ›dialektischen Theologie‹ richtet sich gegen die inhaltlich bestimmte, also positionell verfaßte Weise, in der das konstruierend-rekonstruierende Tun die Selbstbestimmung von Selbstbewußtsein aufbaut. Die Aufhebung des positionell verfaßten Selbstbewußtseins erfolgt im Namen der an sich selbst gedachten Selbstbestimmung der absoluten Subjektivität Gottes.[84] Die Selbstbestimmung der in der Geschichte agierenden menschlichen Subjekte wird zugunsten der einen und unbedingten Selbstbestimmung Gottes suspendiert. Wie aber ist eine Aussage über die absolute Selbstbestimmung Gottes am Ort des Bestimmtseins durch Gott möglich? Die Dependenz der Aussage über die absolute Selbstbestimmung vom Ort des Bestimmtseins muß aufgehoben werden. Aber wie kann der Aussage-Ort über die absolute Selbstbestimmung suspendiert werden, ohne daß die Suspendierung wiederum als Tätigkeit des

83 Vgl. Müller 1977, 202ff.
84 Vgl. Rendtorff 1972; Graf 1975; Wagner 1975a.

sich selber aufhebenden menschlichen Aussage-Subjekts erscheint? Diese Schwierigkeit soll bei Barth durch die Einführung des *christologischen Reflexionsprinzips* gelöst werden. Steht die Aussage über die absolute Selbstbestimmung unter der Bedingung des sich wissenden Selbstbewußtseins, so wird eben dieses sich wissende Selbstbewußtsein mit der Aufstellung des christologischen Reflexionsprinzips so stillgestellt, daß es mit dem christologischen Reflexionsprinzip identifiziert wird. Die Tilgung des sich wissenden Selbstbewußtseins als seine Identifizierung mit dem christologischen Reflexionsprinzip ist *in einem* seine Suspendierung und sein Fortbestehen als das objektivierte ›Ich denke‹, das alle theo-logischen und theologischen Vorstellungen muß begleiten können. Die Aufhebung des selbstbestimmenden Selbstbewußtseins im christologischen Reflexionsprinzip wird als der theologisch gültige Ausdruck dafür angesehen, daß das Verhältnis zwischen erkennendem Subjekt und Gott als Subjekt der Theologie gelöst ist. Theologie wird so zur Angelegenheit des gegenständlichen Bewußtseins, das sich mit seinem Gegenstand eins weiß.

In theologisch verschlüsselter Weise hat die ›dialektische Theologie‹ der Einsicht den Weg gebahnt: Wer sein Leben verliert, der wird es retten. Die theologische Verschlüsselung besteht darin, daß die ›dialektische Theologie‹ diese Einsicht so vorgebracht hat, wie sie schon bei den Synoptikern zu lesen ist: Wer sein Leben verliert um meinetwillen, d. h. um der unbedingten Selbstbestimmung Gottes willen, der wird es retten. Die vermittels des christologischen Reflexionsprinzips vorgenommene Selbstdarstellung der unbedingten Selbstbestimmung Gottes duldet als Örtlichkeit aller Orte keinen Ort neben sich. Jede Position, die neben der unbedingten Selbstbestimmung Gottes etabliert werden könnte, muß daher wegerklärt werden. Das bedeutet jedoch, daß die unbedingte Selbstbestimmung Gottes durch das jeweils Negierte und Kritisierte negativ bestimmt bleibt. Das religiöse Bewußtsein als Entdeckungszusammenhang der Theologie wird so durch den theologischen Begründungszusammenhang *einseitig* verabschiedet; der Zusammenhang zwischen der Religion, die nicht von vornherein als christologisch vermittelt auftritt, und der Theologie wird getilgt. Nur durch unmittelbare Entsprechung und d. h. Gleichschaltung kann die Theo-Logie an den Ort der Religion als Darstellung des religiösen Bewußtseins zurückgebracht werden, was also nichts anderes bedeutet, als daß die relative Eigenständigkeit des Ortes endlichen Subjektseins aufgelöst wird. Das ›starke‹ Anderssein Gottes wird auf das ›schwache‹ Anderssein der trinitarisch-christologischen Selbstvermittlung Gottes reduziert. Die ›dialektische Theologie‹ hat in Kritik der positionellen Theologie des 19. Jahrhunderts den Versuch gemacht, von den an sich selbst erfaßten Inhalten der christlichen Theologie – unverstellt durch inhaltlich bestimmte Konstruktionsprinzipien – auszugehen. Gleichwohl ist sie aufgrund der *Unmittelbarkeit* der von ihr vorgetragenen Kritik doch noch der positionellen Bestimmtheit der Theologie verhaftet geblieben. Denn sie hat die christlichen Inhalte noch einmal am Leitfaden eines von diesen Inhalten unterschiedenen Prinzips konstruiert, nämlich am Leitfaden der aus und durch sich selbst seienden Souveränität und Selbstbestimmung Gottes (K. Barth). Damit hat die ›dialektische Theologie‹ zwar die inhaltlich bestimmte Selbstbestimmung als Konstruktionsprinzip der Theologie zugunsten der an sich selbst gedachten Selbstbestimmung Gottes verabschiedet. Indem aber die an sich selbst begriffene Selbstbestimmung des absoluten Subjekts das Kriterium für die Konstruktion der einzelnen Inhalte darstellt, hat sie die theologischen Inhalte dann noch nicht an sich selbst entfaltet. Vielmehr hat sie die Inhalte vermittels ihrer Konstruktion unter der Ägide der unbedingten Selbstbestimmung verstellt. Von dieser unbedingten Selbstbestimmung soll nämlich gelten, daß sie sich in den verschiedenen Inhalten der Theologie zu entsprechen hat. Dieses unmittelbare Entsprechungsverhältnis führt dazu, daß das der unbedingten Selbstbestimmung andere – der Mensch und seine Sünde, der Mensch Jesus, die empirische Existenz der Kirche etc. – in seinem Charakter anderes zu sein, negiert und so *als* anderes ausgeschlossen wird. Aufgrund dieses bloß negativ-kritischen Umgangs mit dem anderen, mit dem, was sich nicht unmittelbar der göttlichen Selbstbestimmung fügt, ist die ›dialektische Theologie‹ auf den Status einer Position zurückgefallen.

Obwohl die ›dialektische Theologie‹ im Ausgang von der unbedingten Selbstbestimmung Gottes die konkurrierenden Konstruktionsprinzipien der positionellen Theologien aufhebt, schert sie doch nicht aus dem Prozeß der Verwertung theologischer Inhalte aus. Insbesondere Barth radikalisiert diese Verwertung derart, daß die Strukturentsprechung zur Aufhebung des Konkurrenz- in den Monopolkapitalismus in die Augen springt. Mittels des christologischen Reflexionsprinzips werden die tradierten Inhalte der Theologie so rekonstruiert, daß sie der unbedingten Selbstbestimmung Gottes entsprechen können. Die Inhalte werden also genauso wenig wie in der positionellen Theologie an sich selbst begriffen. Sie werden vielmehr so erfaßt, daß sie für die unbedingte Selbstbestimmung Gottes kommunikabel und mitteilbar sind. Dieses funktionale Sein für die Selbstbestimmung Gottes kann Barth aber nur dadurch zum Zuge bringen, daß er die Inhalte auf ihre christologische Bestimmtheit reduziert; denn nur sie soll in Negation des eigenständigen Andersseins der Inhalte der unbedingten Selbstbestimmung entsprechen können. Während in der positionellen Theologie des 19. und des beginnenden 20. Jahrhunderts die konkurrierenden Konstruktionsprinzipien dadurch durchgesetzt werden, daß sie *an der Stelle* der rekonstruierten Inhalte ihre allgemeine Wertbestimmtheit realisieren, läßt Barth die allgemeine Wertbestimmtheit des christologischen Reflexionsprinzips *an die Stelle* der verschiedenen Inhalte treten, um sie auf diese Weise mit der einen und einzigen Wertbestimmtheit der unbedingten Selbstbestimmung Gottes gleichzuschalten. Die allgemeine Wertbestimmtheit des Konstruktionsprinzips wird nicht an der Stelle des Andersseins der Inhalte zum Zuge gebracht; vielmehr ersetzt die allgemeine Wertbestimmtheit mittels des christologischen Reflexionsprinzips so die Stelle der anderen Inhalte, daß deren eigenständiges Anderssein vorab negiert ist. Die besonderen Inhalte sind nichts anderes als funktionale Wertbestimmtheiten für die allgemeine Äquivalentform der christologisch sich durchsetzenden unbedingten Selbstbestimmung Gottes. Die allgemeine Äquivalentform des christologischen Reflexionsprinzips ist so generalisiert, daß für sie nicht länger konkurrierende funktionale Äquivalente bestehen. Die besonderen Inhalte sind also dann und nur dann für die eine Selbstbestimmung Gottes kommunikabel und mitteilbar, wenn ihre Wertbestimmtheit durch die allgemeine Äquivalentform des christologischen Reflexionsprinzips ausgedrückt wird. Wie die allgemeine Äquivalentform des Geldes so stellt auch die christologische Äquivalentform den Ort aller Örter dar, so daß »alle eigentlichen Örter des Lehrbegriffs«,[85] d.h. alle besonderen Inhalte nur insoweit relevant sind, als sie durch die allgemeine Äquivalentform ersetzt werden können. Indem die allgemeine Äquivalentform des christologischen Reflexionsprinzips die Stellen der besonderen Inhalte substituiert, funktionieren die besonderen Inhalte als beliebig austauschbare und ersetzbare Warenobjekte. Die auf ihre allgemeine und reine Tauschabstraktion reduzierten Inhalte drücken nur noch ihre Ersetzbarkeit durch die allgemeine Äquivalentform aus.

Durch die Barthsche Theologie werden also die konkurrierenden Verwertungsweisen der positionellen Theologien dadurch aufgehoben, daß die besonderen Inhalte auf ihre christologische Bestimmtheit reduziert werden, die es, Barth zufolge, allein gewährleistet, daß die Selbstbestimmung Gottes sich entspricht. Indem Barth so aber die besonderen Inhalte nicht an der Stelle ihrer besonderen und insofern relativ eigenständigen Bestimmtheit konstituiert, bleibt er dem verwertenden Tun der positionellen Theologien momentan verpflichtet. Mit der Reduktion auf die christologische Bestimmtheit treten die besonderen Inhalte allein in der Perspektive in den Blick, für die eine Selbstbestimmung Gottes kommunikabel zu sein.

c. Zur Theologie der Gegenwart

Die Situation der gegenwärtigen, d.h. ›nachdialektischen‹ Theologie ist weitgehend dadurch gekennzeichnet, daß der Ausgang von der einen Selbstbestimmung Gottes durch vielfältige methodische Zugangsweisen ersetzt wird, wodurch ein Pluralismus divergierender Ansätze etabliert wird. Nur in Aus-

85 Schleiermacher o.J. [1811], § 219.

nahmefällen verdichtet sich ein derartiger Ansatz zu einer Gesamtkonzeption der Theologie, durch die im Sinne ungleichzeitiger Gleichzeitigkeit das Strukturmuster der positionellen Theologie des 19. und frühen 20. Jahrhunderts variiert wird. In der Mehrzahl der Fälle wird die theologische Szene durch den Pluralismus gleichberechtigter und gleich-gültiger Perspektiven beherrscht, die sowohl durch wissenschaftstheoretisch vermittelte Methoden als auch durch bestimmte Traditionselemente der überkommenen Theologie besetzt werden können. Theologie kann so in der Perspektive hermeneutischer, sprachanalytischer, transzendentaler, religionstheoretischer und anderer Methoden, in der Perspektive bestimmter philosophischer Richtungen (Heidegger, Bloch, ›Kritische Theorie‹ u. a.) oder in der Perspektive lutherischer, aufklärerischer, Schleiermacherscher, Barthscher, Tillichscher und anderer Tendenzen betrieben werden. Weil diese Perspektiven unter der Bedingung des herrschenden Pluralismus als gleichberechtigt gelten, wird zugleich vorausgesetzt, daß die perspektivisch bearbeiteten Inhalte nur ansatzweise bestimmt werden können; ihre immer auch bleibende Unbestimmtheit kann allenfalls unter Berücksichtigung der Perspektivenvielfalt approximativ in Bestimmtheit überführt werden. Gleichwohl wird auf dem Boden dieser Perspektivenvielfalt davon ausgegangen, daß jeder besondere Inhalt für jede bestimmte Perspektive, wenn auch nur partiell, erfaßbar ist. Daß die besonderen Inhalte damit vorab das Allgemeine miteinander teilen, für beliebige Perspektiven mitteilbar zu sein, läßt sich anhand von zwei Haupttendenzen der gegenwärtigen Theologie näher erläutern.

Einerseits ist eine Konjunktur von Genetiv-Theologien zu beobachten. Eine Theologie der … (Hoffnung, Revolution, Befreiung, des Glücks, des Leidens, des Geldes etc.) geht so vor, daß sie tradierte theologische Inhalte in der Perspektive eines besonderen Inhaltes verwertet. Diese Verwertung findet so statt, daß für den einen besonderen Inhalt, den eine Genetiv-Theologie ins Zentrum stellt, beliebige andere Inhalte vorab kompatibel und kommunikabel sind. Die beliebigen Inhalte können immer schon an die Stelle des besonderen Inhaltes treten, weil sie mit diesem ihre Kommunikabilität und Tauschfähigkeit teilen. Sie werden wie Warenobjekte gehandhabt, die mit dem besonderen Inhalt und zugleich mit beliebigen anderen Inhalten so kommunizieren, daß nichts anderes als ihre allgemeine Tauschbarkeit realisiert wird. Die Frage, warum beliebige Inhalte in der Perspektive des Wertes eines besonderen Inhalts verwertet werden können, wird dadurch beantwortet, daß alle möglichen Inhalte ihre allgemeine Mitteilbarkeit immer schon miteinander teilen. Jeder Inhalt ist in der Perspektive eines anderen Inhalts kommunizierbar, weil alle Inhalte wie gleichgültige Warenobjekte fungieren, so daß in beliebiger Weise jeder Inhalt an die Stelle eines anderen Inhalts treten kann.

Andererseits impliziert der Ansatzfetischismus der gegenwärtigen Theologie die Gleich-gültigkeit der auf sich bezogenen Entwürfe. Jeder perspektivisch durchgeführte Ansatz kann dann nicht nur durch die Perspektive eines anderen Ansatzes ersetzt werden. Da überdies von jedem perspektivischen Ansatz mehr oder weniger die gleichen Inhalte verarbeitet werden, ist für den Ansatzpluralismus vorausgesetzt, daß die Inhalte durch beliebige Perspektiven mehrdeutig verwertet werden können. Aber wer in dieser perspektivischen Mehrdeutigkeit nicht allein den Reichtum der Theologie, sondern überdies einen »Ausdruck für die Freiheit der Subjektivität«[86] erblickt, übersieht, daß durch die Mehrdeutigkeit der perspektivisch verwerteten Inhalte ihre abstrakte Allgemeinheit universaler Mitteilbarkeit realisiert wird, die sich gleich-gültig miteinander teilen. Die Besonderheit eines bestimmten Inhalts besteht dann allein in seiner Allgemeinheit, die er so mit allen anderen Inhalten teilt, daß er für jeden Ansatz zu jeder Zeit und überall kommunizierbar und austauschfähig ist. Die als allgemeine Kommunikabilität sichtbar werdende Mehrdeutigkeit der Inhalte tritt als die Pluriformität von Warenobjekten in Erscheinung, die in ihrer entspezifizierten und formalisierten Gestalt doch nur die eine Uniformität ausdrücken: Mittel des absoluten Mittels und das Objekt universaler Tauschbarkeit zu sein. Aber allein »der Grad unseres Wissens davon, daß das Mittel aller Mittel, daß das absolute Mittel nicht das Absolute ist, bestimmt den Grad unserer Freiheit«[87].

6. Geld oder Gott als alles bestimmende Wirklichkeit

Das Geld erfüllt seine Funktion als Mittel des Tausches, des Rechnens und Messens und der Wertaufbewahrung. Aber diese mittelbare Funktion des Geldes kann so verselbständigt werden, daß das Geldmittel zum Selbstzweck wird. Dann werden alle Dinge, Sachen, Inhalte und Gedanken, die mit Geld kommunizieren, zu Mitteln des selbstzweckhaften Geldes herabgesetzt. Das zum Selbstzweck erhobene Geld zieht als der »irdische Gott«[88] die Funktion der alles bestimmenden Wirklichkeit an sich. Religion und Theologie können die damit gesetzte Vergleichbarkeit von Geld und Gott nicht verhindern. Aber sie können das Bewußtsein über die mögliche Differenz zwischen Geld und Gott schärfen. Der aus seinem Selbstzweckcharakter resultierende göttliche Gehalt des Geldes verschafft sich in der Gestalt eines geldgeprägten Pantheismus Geltung: Unter der Ägide des selbstzweckhaften Geldes wird alles – Güter, Sachen, kulturelle Inhalte – zum Mittel allgemeiner Mitteil- und Tauschbarkeit; alles wird um der Durchsetzung und Verwertung des Geldes willen auf seine Tauschabstraktion reduziert, die jeder zum Mittel gewordene Inhalt mit jedem anderen Inhalt teilt.

86 Rössler 1976a, 125.
87 Liebrucks 1972, 301.
88 Schacht 1967, 128; vgl. 130f.

Der geldgeprägte Pantheismus besteht sonach darin, daß aufgrund seiner Selbstzweckhaftigkeit allein dem Geld Sein und Selbständigkeit zukommen, während alles, was nicht Geld ist, aber mit Geld kommuniziert, als unselbständiges Mittel denaturiert wird. In seinem omnipräsenten und omnipotenten, also ›göttlichen‹ Charakter bedarf das Geld zwar zur Auslegung und Durchsetzung seiner selbst des Anderen, der Güter, Waren und Inhalte. Aber dieses Andere erscheint nur als unselbständiges und ephemeres Mittel, das jederzeit durch beliebige andere Mittel ersetzt werden kann.

a. Die Vernunft des christlichen Gottesgedankens als Kritik des Geldpantheismus

Wenn Religion und Theologie das Bewußtsein für die Differenz zwischen Geld und Gott schärfen wollen, so können sie das nur dann, wenn sie den Gottesgedanken so artikulieren, daß er nicht mit der pantheistischen Verwertungstendenz des Geldes verwechselt werden kann. Gott als die alles bestimmende Wirklichkeit ist dann so zu denken, daß zwar alles aus Gott, dem grundlosen Grund, ist; aber es muß zugleich gewährleistet sein, daß alles das, was nicht Gott ist, außer Gott in Selbständigkeit und Freiheit existieren kann. Anderes, Welt und Mensch, so zu bestimmen, daß es aus Gott hervorgeht, aber außer Gott in Selbständigkeit und Freiheit existiert, dürfte allerdings nur dann gelingen, wenn Gott aufgrund seiner internen Selbstdifferenzierung immer schon für die Möglichkeit freien Andersseins aufgeschlossen ist. Dazu steht der Theologie das Potential der Trinitätslehre zur Verfügung.[89] Die denkerische Aktualisierung der Trinitätslehre hängt aber davon ab, daß die Theologie erstens die Spannung zwischen abstrakter Gotteslehre und Trinitätslehre zugunsten des trinitarisch verfaßten Absoluten überwindet, und daß sie zweitens das Thema der Trinität auf vernünftige und insofern auf allgemeingültige Weise zu artikulieren weiß. Denn das Thema der Trinität zielt auf die Begründung der Selbständigkeit und Freiheit des gegenüber Gott Anderen, so daß dieses aus Gott ist, aber außer Gott in Freiheit existieren kann. Das Andere kann aber nur als aus Gott hervorgegangen außer Gott existieren, wenn sich Gott aufgrund seiner internen Selbstdifferenzierung (trinitarische Selbstunterscheidung) immer schon zur Offenheit für das freie Anderssein von Welt und Mensch bestimmt hat.

89 Zur denkerischen Erschließung dieses Potentials ist auch auf die von W. Cramer konzipierte Theorie des Absoluten zu verweisen; dazu vgl. F. Wagner, Theo-logie (Typoskript 1983). [*Bei diesem Typoskript könnte es sich um die Vorlage für folgenden Aufsatz handeln: Wagner, Falk: Theo-logie. Die Theorie des Absoluten und der christliche Gottesgedanke, in: Radermacher, Hans / Reisinger, Peter / Stolzenberg, Jürgen (Hg.): Rationale Metaphysik. Die Philosophie von Wolfgang Cramer, Bd. 2, Stuttgart 1990, 216–255*].

Bedarf es aber des Umweges über eine Theorie des Gottesgedankens, um den auf freier Selbstbestimmung beruhenden menschlichen Weltumgang zu begründen? Reicht die Berufung auf Recht und Ethik nicht aus, um dem Interesse an der Freiheit und Selbständigkeit des Menschen Nachdruck zu verleihen? Und würden Recht und Ethik, insofern sie sich des Gottesgedankens als Stütze bedienten, nicht gerade in ihrer Autonomie bedroht? Diese Fragen zu stellen, ist schon deshalb berechtigt, weil die radikale Religionskritik den Gottesgedanken zur Fiktion erklärt und folglich seine Vernünftigkeit bestreitet. Gott, von Menschen erfunden, diene dazu, den Menschen zu verkleinern. Stärke, Macht, Freiheit – diese menschlichen Fähigkeiten würden vom Menschen gelöst und zu dem göttlichen Wesen verselbständigt. Wer jedoch durchschaue, daß Gott bloß auf der Position menschlicher Fähigkeiten ins Imaginäre beruht, für den werde Gott zu einem Produkt der Unvernunft.

Dieser Kritik kann man nicht durch die immer wieder aufgewärmte Unterscheidung zwischen dem ›Gott der Philosophen‹ und dem ›Gott des Glaubens‹ entgehen. Im Gegenteil, wer aufgrund dieser Unterscheidung Gott an den Standpunkt des Glaubens bindet, trägt zur unfreiwilligen Bestätigung der Religionskritik bei: Gott ist so vom glaubenden Subjekt abhängig, daß er als dessen Erzeugnis erscheint. Das Reden von Gott wird dann zu einer Angelegenheit des Glaubens, eines subjektiven Fürwahrhaltens. Wird dieses Fürwahrhalten überdies vom Denken getrennt, so wird die geglaubte Wirklichkeit Gottes auf ein doppeltes Nichts reduziert: Die vom Denken getrennte, bloß geglaubte Wirklichkeit Gottes ist *erstens* ein Nichts des Denkens, d.h. der Glaube hat das Denken negiert und aus sich ausgeschlossen. *Zweitens* gilt dann auch: Der Glaube und die geglaubte Wirklichkeit Gottes sind für das Denken nichts, nämlich Nonsens. Gott, der nur noch geglaubt, aber nicht mehr auf vernünftige Weise gedacht werden kann, wird zur Angelegenheit subjektiver Beliebigkeit. Gott fristet dann sein Dasein allein in der unauslotbaren Tiefe subjektiver Gläubigkeit. Damit wird der Atheismus der sittlichen Welt anerkannt: Gott ist aus dem gesellschaftlichen und politischen Weltumgang des Menschen vertrieben. Aber nicht nur das. Die Wirklichkeit Gottes, die nur noch bezogen auf den subjektiven Glauben ausgesagt werden kann, steht verstärkt in der Gefahr, eine bloße Projektion des Glaubenden zu sein. Daran ändert die Rede vom Vertrauen nichts, mit der sich der Glaube schmückt. Die Basis des Glaubens bleibt das subjektive Fürwahrhalten. Entbehrt dieses subjektive Fürwahrhalten der objektiven und allgemeingültigen Begründungsmöglichkeit, so ist die Rede vom geglaubten Gott eitel. Daß faktisch viele Menschen an Gott glauben, besagt noch nicht, daß sich der Glaube auch auf einen allgemeingültig ausweisbaren Rechtsgrund berufen kann. Wer die religiöse Rede von Gott davon abhängig machen will, daß diese Rede faktisch geübt wird, redet, abgesehen von der damit verbundenen Tautologie, einem religiösen Positivismus das Wort. Wie aber, wenn dieser religiöse Positivismus, die bloße Tatsache, daß es Religion gibt, nichts anderes als Verblendung, Einbildung, Wahn ist? Theologie und christlicher Glaube entgehen also der Religionskritik dann nicht, wenn sie sich auf den subjektiven Standpunkt der geglaubten Wirklichkeit zurückziehen. Dazu sitzt der Zweifel zu tief.

Die Religionskritik kommt also zu dem Resultat: Gott ist kein für die Religion notwendiger Gedanke, weil sich die Entstehung der Religion aus dem menschlichen Leben, aus dem Handeln individueller und gesellschaftlicher Art oder aus der Verfaßtheit der menschlichen Psyche ohne Rückgriff auf Gott verständlich machen lasse. Diese Argumentation läßt sich so zusammenfassen: Der Mensch kann sich und seine Welt aus eigener Vernunft erklären. Dieses Argument ist nicht zu bestreiten. Die Theologie ist immer schlecht beraten, wenn sie glaubt, den Anspruch auf vernünftige Erklärung des Weltgeschehens unter Hinweis auf noch nicht erklärte Sachverhalte aus den Angeln heben zu können. Wenn jedoch die Vernunft alles erklären kann, so muß sie auch sich selbst erklären können. Wie aber steht es mit der Selbsterklärung oder Selbstbegründung der Vernunft?

Man kann, wie es der kritische Rationalismus tut, gegen diese Fragestellung das Münchhausen-Trilemma aufbieten: Der Versuch einer Selbstbegründung sei zum Scheitern verurteilt, weil dieser Versuch *entweder* auf einen endlosen Regreß *oder auf* einen logischen Zirkel, bei dem das zu Begründende schon als Begründungsinstanz in Anspruch genommen wird, *oder* auf den Abbruch des Verfahrens durch willkürliche Setzung eines Prinzips hinauslaufe. Aus dem Aufweis dieses Trilemmas kann jedoch nicht das Verbot abgeleitet werden, die Frage nach der Selbstbegründung der Vernunft zu stellen. Ein Versuch zur Selbstbegründung der Vernunft hat dann dieses Trilemma allerdings zu vermeiden.

Die Vernunft, die sich selbst erklärt und begründet, ist als absolute Vernunft zu denken. Im Sinne ihrer Selbstbegründung erklärt sich die Vernunft aus und durch sich selbst. So ist sie von allen gegebenen Bedingungen abgelöst – sie ist unbedingt oder absolut. Der Gottesgedanke, der auf dem Gedanken der göttlichen Selbstmitteilung und Selbstoffenbarung beruht, entspricht seinem gedanklichen Gehalt nach dem Sachverhalt der absoluten, weil sich selbst begründenden Vernunft. Gott muß dann als absoluter Ausgang gedacht werden, nämlich als der Ausgang, der aus und durch sich selber ist, und aus dem zugleich alles, was ist, hervorgeht. Philosophie und Theologie haben hier ein gemeinsames Betätigungsfeld. Nur wenn es gelingt, Gott als das sich selbst erklärende Subjekt zu denken, das zugleich Ausgang der Erklärung der Welt ist, ist das Argument, daß die Vernunft alles erklären kann, berechtigt. Die Vernunft wird haltlos, wenn sie zur Selbstüberschreitung auf das absolute Subjekt nicht fähig ist. Die Vernunft würde dann zwar beanspruchen, alles erklären zu können; gleichwohl wäre sie nicht einmal fähig, sich selbst zu erklären. Die Vernunft, die sich um ihre Selbsterklärung willen nicht auf das Absolute, Gott, hin überschreitet, wird zur bloß faktischen Vernunft, deren Recht durch die Berufung auf andere Faktizitäten jederzeit bestritten werden kann. In diesem Sinne ist Gott ein für die Vernunft notwendiger Gedanke.

Ist die Vernunft nicht mehr fähig, ihr faktisches Dasein aus dem Absoluten als aus dem sich selbst begründenden Subjekt zu begreifen, so versinken Vernunft und Welt in den Bedingtheiten und Abhängigkeiten des faktisch Gegebenen. Ohne Aussicht auf die Denkbarkeit Gottes kann man dann nur noch, mit Adorno gesagt, »versuchen, so zu leben, daß man glauben darf, ein gutes Tier gewesen zu sein«[90].

Wie ist der Sachverhalt, daß sich der Mensch zur Erklärung seiner selbst das Absolute voraussetzen muß, theologisch zu interpretieren? Wird Gott als sich selbst erklärendes Subjekt vorausgesetzt, so ist damit Gott *für* die Selbsterklärung des Menschen in Anspruch genommen. Damit kann Gott nicht quasi als Super-Subjekt gegen den Menschen ausgespielt werden. Das Scheitern der menschlichen Selbsterklärung kann nicht in der Weise zum Triumph der Theologie umgemünzt werden, daß diese Gott als allmächtiges Wesen dem Menschen entgegensetzt. Denn diese Entgegensetzung von unendlich-allmächtigem Wesen Gottes und der Endlichkeit des Menschen führte dazu, daß so etwas wie menschliche Freiheit nicht gedacht werden kann. Damit wäre zugleich der Ausgangspunkt für die Frage nach Gott unterschlagen: Der Mensch kann sich nicht erklären, so daß er zur Erklärung *seiner selbst* Gott beansprucht. Der Gedanke der göttlichen Selbsterklärung ist also nicht ohne den Menschen durchführbar.

Genau diese Einsicht macht den Ausgangspunkt, den ›Anfang der christlichen Theologie‹ aus, wie dieser Anfang in der Vorstellung der ›Menschwerdung Gottes‹ angelegt ist. *Cur deus homo?* Die Antwort auf diese Frage darf nicht primär soteriologisch, sondern sie muß theologisch gegeben werden. Sie folgt aus der Logik des göttlichen Wesens selbst. Gott als unmittelbar allmächtiges, selbstbestimmendes, aus sich selbst seiendes Wesen scheitert aufgrund seiner eigenen Voraussetzung. Die göttliche Macht kann nicht ohne Differenz zur menschlichen Ohnmacht, das göttliche Herrschen nicht ohne das Beherrschte gedacht werden. Das abhängige Moment, Ohnmacht und Beherrschtes, kann zwar aus und durch Gott erklärt werden. Was aber nicht erklärbar ist, ist die dafür beanspruchte *Differenz*. Die Differenz kann nur dadurch erklärt werden, daß die in Differenz stehenden Momente aufgehoben werden. Macht und Ohnmacht, Aktivität und Passivität, Ursache und Wirkung setzen sich wechselseitig voraus. Der Gott der Selbstmacht und der unmittelbaren Selbstbestimmung geht so zugrunde. Er scheitert an der eigenen Voraussetzung, eine

90 Adorno 1966, 292.

Differenz machen zu müssen, die nur dann aufgehoben werden kann, wenn der Unterschied zwischen den in Differenz stehenden Momenten – Macht und Ohnmacht, Gott und Mensch – aufgehoben wird. Die Rettung der Differenz in dem Sinne, daß sie als Voraussetzung der Auslegung Gottes als Selbstmacht aufgehoben wird, führt zum Untergang des sich selbst voraussetzenden allmächtigen Gottes. Dieser Untergang ist als Anfang der christlichen Theologie zu denken: Der auf sich gestellte Gott (Substanz, Macht) scheitert, da die Manifestation des Selbstandes des differenten, vorausgesetzten Moments der Unselbständigkeit (Passivität) bedarf. Das wird durch die Inkarnation Gottes anerkannt: Gott macht sich zu dem, als was er sich voraussetzt: zur passiven Substanz (zum Menschen). Die Voraussetzung *für* die Manifestation Gottes ist als Voraussetzung nur so einhol- und aufhebbar, daß sie als solche thematisiert wird: Gott übersetzt sich in seine Voraussetzung als in die Passivität, das Menschsein. So entfaltet sich Gott an der Stelle des Menschen als an der Stelle seines Andersseins. In besonderer Weise ist Jesus Christus der an der Stelle des Andersseins ausgesagte und sich explizierende Gott. Der Grund der christologischen Selbstexplikation Gottes an der Stelle des Andersseins, des Menschen, ist die trinitarische Selbstentfaltung als Selbstunterscheidung Gottes. Der sich selbst gleiche Gott (Allgemeinheit als ›Vater‹) ist in seinem Unterschied (Besonderheit bzw. Bestimmtheit als ›Sohn‹) bei sich selbst und mit sich identisch (Geist).

Aufgrund der inkarnatorischen Selbstentfaltung Gottes an der Stelle des Andersseins ist der Mensch als Mensch anerkannt und frei; der Mensch ist in seinem Verhalten und Handeln gleichnisfähig für Gottes Tun. Weil der Mensch als Mensch aufgrund der göttlichen Selbstdarstellung an der Stelle des Menschen als freies Subjekt anerkannt ist, wird der Atheismus zur realen Möglichkeit menschlicher Weltgestaltung. Denn die durch Gott zuteil gewordene Anerkennung und Freiheit kann der Mensch als ›titanische‹ Freiheit realisieren. Dann setzt sich der Mensch an die Stelle des vormals selbstmächtigen Gottes. Der Mensch macht von der durch die Menschwerdung Gottes vermittelten Freiheit so Gebrauch, daß er von der Vermittlung abstrahiert. Er ergreift die Freiheit in der Form *unmittelbarer* Selbstbestimmung, Selbsterhaltung und Selbstbehauptung. Freiheit als unmittelbare, d.h. bloß auf sich bezogene Selbstbestimmung führt dazu, daß Selbstbestimmung gegen Selbstbestimmung, Selbstbehauptung gegen Selbstbehauptung stehen. Freiheit als Durchsetzung der unmittelbaren Selbstbestimmung mündet in den Kampf aller gegen alle. Die Folgen dieser Freiheitsrealisierung sind an der gegenwärtigen soziokulturellen Situation ablesbar: Dem Prozeß der unter Konkurrenzbedingungen sich realisierenden Selbstbestimmung wohnt eine ›Dialektik der Aufklärung‹ inne, die auf eine ›Selbsterhaltung ohne Selbst‹ hinausläuft. Die Selbstbestimmung der Individuen wird zugunsten der Selbsterhaltung und Selbstbestimmung allgemeiner Subjekte bzw. sozialer Systeme suspendiert. Diese auf Kosten der Freiheit der Individuen sich durchsetzende Selbsterhaltung ist jedoch im *principium individuationis*, nämlich im Prinzip unmittelbarer Selbstbestimmung des menschlichen Subjekts selber angelegt.

Die christliche Theologie kann angesichts dieser Situation nicht triumphieren. Denn sie ist an der Entstehung dieser Situation nicht unbeteiligt. Sie hat Gott jahrhundertelang als unmittelbar selbst- und allmächtiges Wesen gefaßt, ohne zu sehen, daß diese Bestimmung des Gottesgedankens der Menschwerdung Gottes und der für sie vorausgesetzten trinitarischen Struktur widerstreitet. Die menschliche Freiheit konnte insofern weitgehend nur gegen den selbstmächtig herrschenden Gott durchgesetzt werden. Dadurch ist sich der Mensch der Vermitteltheit seiner Freiheit durch die Menschwerdung Gottes und d. h. durch die Anerkennung des Menschen durch Gott nicht inne geworden. Die Freiheit des Menschen ist zwar durch die Menschwerdung Gottes möglich geworden, jedoch hat sie der Mensch wegen des fehlenden Bewußtseins der Vermittlung vorrangig in der Weise ›titanischer‹ Freiheit, d. h. unmittelbarer Selbstbestimmung verwirklicht.

Weil die christliche Theologie an dieser fehlgeleiteten Freiheitsrealisierung wegen des Festhaltens an dem abstrakt-allmächtigen Gott mitgewirkt hat, ist sie zu einem ›bittweisen‹ Vorgehen genötigt, das aber zugleich in der Struktur des christlichen Gottesgedankens selber begründet ist. Aufgrund seiner Menschwerdung realisiert sich Gott als Geist, d. h. in seiner trinitarisch-christologischen Struktur: Gott ist nur in seinem Anderssein mit sich identisch. Gott und Mensch stehen so im Verhältnis der Anerkennung. Der Geist ist die Gott-Mensch-Einheit in dem Sinne, daß Gott sich an der Stelle des Menschen (des Mensch gewordenen Gottes) und der Mensch sich an der Stelle Gottes expliziert. Damit ist der Mensch als frei und unverlierbar anerkannt, und Gott ist nicht mehr fern, sondern Geist als ›Gott-Mensch-Einheit‹. So ist der Mensch nur dann wahrhaft frei, wenn er seine Freiheit als Anerkennung seines Anerkanntseins vollzieht. Dieser Freiheitsvollzug impliziert, daß der Mensch seine Freiheit nicht als unmittelbare Selbstbehauptung durchsetzt, sondern auf vermittelte Weise realisiert. Der Mensch bringt seine besonderen Interessen so zum Zuge, daß er sie zugleich an der Stelle des allgemeinen Interesses entfaltet; in entsprechender Weise ist von der Aufschließbarkeit und Offenheit des Allgemeinen für die besonderen Bedürfnisse auszugehen. In der so sich realisierenden Freiheit ist Gott in der Struktur des Geistes, der Selbstdarstellung an der Stelle des Andersseins, gegenwärtig. Jedoch muß diese Gegenwart Gottes als Geist nicht explizit theologisch ausgearbeitet werden. Inhalt und Sache sind wichtiger als die Form der Aussage oder des Handelns. Wo der Mensch seine Freiheit als Anerkennung seines Anerkanntseins vollzieht, ist er vom Zwang unmittelbarer Selbstbestimmung und Selbstbehauptung frei. Er verwirklicht seine Freiheit dann zugleich als Freiheit seiner Mitmenschen. Wird die Freiheit so als Anerkennung des eigenen Anerkanntseins gestaltet, so ist der Atheismus faktisch aufgehoben. Er tritt aber dort nicht ab, wo der Mensch Freiheit als unmittelbare Selbstbestimmung durchzusetzen trachtet. Der Mensch kann jedoch wissen, daß der daraus resultierende Kampf aller gegen alle das Dasein der Freiheit als vermittelter Selbstbestimmung gefährdet.

b. Präsenz des Absoluten als Geld oder Gott

Wo das Absolute als Pantheismus des Geldes herrscht, haben die Menschen ihre Verstrickung in die Naturgeschichte noch nicht überschritten. Aus dem Geldverkehr ist zwar die offene Gewalt des Kampfes aller gegen alle, des Fressens und Gefressenwerdens, verbannt. Aber die unmittelbare Selbsterhaltung als Erbstück der Naturgeschichte setzt sich im Medium des geldbestimmten Weltumgangs derart fort, daß Sachen und Personen unter der Ägide des Geldes als austauschbare Mittel fungieren, die nur solange gefragt sind, solange sie zur Verwertung taugen. Unter dieser Bedingung erscheint Freiheit als unbegrenztmaßlose Möglichkeit, Sachen und Personen als Mittel in Dienst zu nehmen. Freiheit, nicht im Sinne unmittelbarer, sondern vermittelter Selbstbestimmung, nämlich als Selbstdarstellung der eigenen Besonderheit an der Stelle und unter Berücksichtigung anderer und schließlich allgemeiner Belange, verkehrt sich angesichts des geldbestimmten Weltumgangs in einen verwertbaren Gedanken; aber die bloß als Gedanke verwertete Freiheit ist der euphemistische Ausdruck für ihre nicht zustande kommende Realisierung.

Sofern sich die Theologie überhaupt mit dem Geld und mit der Beziehung zwischen Geld und Gott beschäftigt, wird sie, von Ausnahmen (zum Beispiel Luther) abgesehen, nicht gewahr, daß mit Geld und Gott konkurrierende Gottesverständnisse thematisch werden können. Diese Ignoranz ist darin begründet, daß die Theologie das Problem des Geldes nicht theo-logisch, sondern primär ethisch behandelt. Der ethische Umgang mit dem Geld wird zwar immer wieder als sozialethische Behandlungsart apostrophiert. Jedoch gelangen entsprechende sozialethische Überlegungen oftmals über Maximen einer verkappten Individual- oder Personalethik nicht hinaus. »Eine Einschränkung der Macht des Geldes erfordert [...] eine Veränderung des Lebensstiles und der Einstellung zum Geld. Sparsamkeit im Umgang mit den Gütern der Welt, Bereitschaft zur Askese und Überprüfung der Anspruchsinflation können zur Genesung eines kranken sozialen Körpers und damit zur Genesung kranken Geldes beitragen. [...] Theologische Ethik, die nicht mehr von Verzicht und Opfer sprechen würde, hätte in der Tat zum Thema Geld nichts Eigenes zu sagen.«[91] Aber der Appell an die Opfer- und Askesegesinnung einzelner Subjekte übersieht, daß der systemische Mechanismus des Geldmediums längst auch den religiös oder kirchlich geleiteten Lebensstil bestimmt. So stehen nicht nur bei einzelnen Kasualien wie zum Beispiel bei der Konfirmation Geldinteressen im Vordergrund,[92] sondern die kirchlichen Kasualien selber können, soziologisch oder kirchenkritisch geurteilt, als Dienstleistung angesehen werden, für die man wie für eine Ware mit dem Kirchensteuergeld bezahlt. Aber »die Ware, die der volkskirchliche Kunde für sein Kirchensteuergeld erwirbt, hat nicht die technischen Eigenschaften, die er nach allgemeinem Volksglauben an ihr erwarten kann und erwartet«[93]. Denn die Erwartung, für sein Geld »Moralbildung« und »eine Art Garantie für das Jenseits« zu erwerben, wird durch eine kirchliche Theologie enttäuscht, die »den Dienst volkskirchlicher Kasualien«[94] durch eine nicht anschlußrationale Verkündigung des Wortes Gottes ersetzt.

Daß Kirchen und Religionsgemeinschaften »sich in einem harten Konkurrenzkampf um das Interesse von Leuten befinden, deren Erwartungen sich immer mehr angleichen und vom Konsumverhalten einer Überflußwirtschaft geprägt sind«,[95] dürfte nicht nur für die denominationalen Organisationen in den USA zutreffen, sondern auch für die pluralistische Situation in der Bundesrepublik Deutschland, in der die Kirchen zwar nicht untereinander, aber mit den Bemühungen kultureller, politischer und weltanschaulicher Vereinigungen und Vereine um die Gunst von Mitgliedern und Besuchern konkurrieren. Für die ökumenische Aktivität des amerikanischen Denominationalismus versucht Peter L. Berger im Sinne eines »Marktmodells« nachzuweisen, daß ihr die Funktion zukommt, den Konkurrenzkampf durch Kartellierung zu rationalisieren: »Die Kartellierung rationalisiert den Konkurrenzkampf, indem die Zahl der konkurrierenden Einheiten durch Zusammenschluß verringert wird und durch die Aufteilung des Marktes unter die größeren Einheiten, die übrigbleiben.«[96] Diese durch ökumenische Aktivitäten vermittelte oligopolistische Tendenz kommt weitgehend durch »Produktstandardisierung« zustande, also dadurch, daß die religiösen Inhalte wie Konsumgüter auf ihre allgemeine Austauschbarkeit reduziert werden, so daß die »Marginaldifferenzierung«[97] zwischen den Kirchen zu einer Angelegenheit der Verpackung und Aufmachung

91 Honecker 1984, 296; vgl. Leuenberger 1982, 459f.
92 Vgl. Schibilsky 1983.
93 Schlemmer 1967, 24.
94 Ebd., 25; der Titel dieser Schrift (Geld und Geltung) entspricht allerdings nicht ihrem kirchenreformerischen Inhalt; das Interesse an der Verkäuflichkeit hat wohl bei der Wahl des Titels Pate gestanden.
95 Berger 1965, 240.
96 Ebd., 243.
97 Ebd., 244f.

der kommunizierten Inhalte wird. Wenn sich diese auf den amerikanischen Denominationalismus bezogene Analyse auch nicht direkt auf die Situation in der Bundesrepublik Deutschland übertragen läßt, so wird man gleichwohl sagen können, daß sich für die Volkskirchen unter der Bedingung eines weltanschaulichen Pluralismus und d.h. unter der Bedingung ihrer säkularisierten Umwelt ähnliche Tendenzen nachweisen lassen. Dabei wird man zwischen einer Innen- und Außensicht zu unterscheiden haben. Während für die Innensicht der Amtskirche Differenzen in Fragen der Lehre von substantieller Bedeutung sind, reduzieren sich diese Differenzen für die Außensicht, d.h. für die Sicht der politischen, kulturellen und weltanschaulichen Umwelt oftmals auf die Wahrnehmung sekundärer Modalitäten. Sind die Kirchen dieser Sicht zufolge für die Aufrechterhaltung der Moral und für die individuelle Gewissensbildung zuständig, so scheint es in der Tat gleichgültig zu sein, durch welche Vorstellungen diese Moral- und Gewissensbildung erreicht wird. Diese soziale Tendenz zur Vergleichgültigung an sich differenter religiöser Vorstellungen wird überdies durch den Zusammenhang zwischen der üblichen Tauf- und Kirchensteuerpraxis verstärkt. »So wie die Kindertaufe die Reproduktion der Mitgliedschaft der Kirche sichert, so die staatlich geregelte Steuerleistung die Reproduktion der materiellen Existenzmittel. Wenn sich nun das einstmals als Unmündiger getaufte Kirchenmitglied bei der Steuerbezahlung die Vermittlung des Staates gefallen läßt, wiederholt sich gleichsam eine Episode des Taufaktes. Der Staat als anonyme Vater- und Patenfigur vollzieht anstelle des Getauften das Bekenntnis zur Kirche und bewahrt diesen damit in der Rolle relativer geistlicher Unmündigkeit.«[98]

Die durch den Geldmechanismus mitbestimmte kirchliche und religiöse Praxis sieht sich einer Vergleichgültigung ihrer spezifischen Inhalte und Belange ausgesetzt, die daraus resultiert, daß *sub specie pecuniae* alles zum prinzipiell austauschbaren Mittel werden kann. Angesichts dieser Universalität, Omnipräsenz und Omnipotenz des Geldes ist die Frage nach der Art der Präsenz des Absoluten im individuellen und sozialen Weltumgang zu stellen. Das Geld ist als das Absolute präsent, das alles in den Bann seiner Vergleichgültigung zieht, weil für das zum Selbstzweck erhobene Geld alles zum unselbständigen Mittel seiner Verwertbarkeit wird. Durch moralische Appelle und gut gemeinte Maximen werden weder die Theologie noch andere Bemühungen die alles bestimmende Wirklichkeit des Geldes einschränken können. Der im Interesse sozial gestalteter Freiheit der einzelnen und der Integrität besonderer Inhalte erhobene Protest gegen die alles vergleichgültigende Omnipräsenz des Geldes wird nur dann die Sphäre der Meinungen und Waren überschreiten können, wenn die Theologie das Geld als bestimmte Präsenz eines pantheistisch verfaßten Abso-

98 Leuenberger 1982, 451.

luten zu denken vermag. Das setzt allerdings voraus, daß die Theologie in der Lage ist, einen Begriff des Absoluten zu entwickeln, der mit der pantheisierenden Tendenz des Geldes nicht zu verwechseln ist. Ist die Theologie aber fähig, Gott so zu denken, daß alles aus Gott, aber zugleich in Freiheit und Selbständigkeit außer Gott sein kann?

Literaturverzeichnis

Adorno, Theodor W.: Zur gesellschaftlichen Lage der Musik, in: Zeitschrift für Sozialforschung 1 (1932), 103–124.

Adorno, Theodor W.: Über Jazz, in: Zeitschrift für Sozialforschung 5 (1936), 235–259 (Pseudonym: Hektor Rottweiler).

Adorno, Theodor W.: Zeitlose Mode. Zum Jazz, in: Ders.: Prismen. Kulturkritik und Gesellschaft, München (1963a), 118–132.

Adorno, Theodor W.: Dissonanzen. Musik in der verwalteten Welt, Göttingen [3]1963b.

Adorno, Theodor W.: Jargon der Eigentlichkeit. Zur deutschen Ideologie, Frankfurt a.M. 1964.

Adorno, Theodor W.: Negative Dialektik, Frankfurt a.M. 1966.

Adorno, Theodor W.: Résumé über Kulturindustrie, in: Ders.: Ohne Leitbild. Parva aesthetica, Frankfurt a.M. 1967, 60–70.

Adorno, Theodor W.: Einleitung in die Musiksoziologie. Zwölf theoretische Vorlesungen, Reinbek b. Hamburg 1968.

Adorno, Theodor W.: Glosse über Persönlichkeit, in: Ders.: Stichworte. Kritische Modelle 2, Frankfurt a.M. 1969, 51–56.

Adorno, Theodor W.: Ästhetische Theorie, Frankfurt a.M. 1973.

Adorno, Theodor W.: Philosophie der neuen Musik, in: Ders.: Gesammelte Schriften, Bd. 12, Frankfurt a.M. 1975.

Apel, Hartmut: Verwandtschaft, Gott und Geld. Zur Organisation archaischer, ägyptischer und antiker Gesellschaft, Frankfurt a.M. / New York 1982.

Arendt, Hannah: Vita Activa oder vom tätigen Leben, Stuttgart 1960.

Ariès, Philippe: Studien zur Geschichte des Todes im Abendland, München 1981.

Benjamin, Walter: Das Kunstwerk im Zeitalter der technischen Reproduzierbarkeit, in: Ders.: Gesammelte Schriften, Bd. I/2, Frankfurt a.M. 1980a, 433–508.

Benjamin, Walter: Zentralpark, in: Ders.: Gesammelte Schriften, Bd. I/2, Frankfurt a.M. 1980b, 655–690.

Berger, Peter L.: Ein Marktmodell zur Analyse ökumenischer Prozesse, in: Internationales Jahrbuch für Religionssoziologie 1 (1965), 235–249.

Böhme, Helmut: Prolegomena zu einer Sozial- und Wirtschaftsgeschichte Deutschlands im 19. und 20. Jahrhundert, Frankfurt a.M. [3]1969.

Böhme, Helmut (Hg.): Probleme der Reichsgründungszeit 1848–1879, Köln [2]1972.

Borneman, Ernest: Psychoanalyse des Geldes. Eine kritische Untersuchung psychoanalytischer Geldtheorien, Frankfurt a.M. 1977.

Boulding, Kenneth E.: Es ist vielleicht ein Merkmal besonders schöpferischer Geister, daß sie sehr große Nägel nicht ganz auf den Kopf treffen, in: Stearn, Gerald E. (Hg.): McLuhan. Für und Wider, Düsseldorf / Wien 1969, 58–67.

Brecht, Bertolt: Vom Geld, in: Ders.: Gesammelte Werke, Bd. 8, Frankfurt a.M. 1967, 303.

Brinkmann, Heinrich / Konersmann, Ralf: Art. Mode, in: Historisches Wörterbuch der Philosophie, Bd. 6, hg. v. Joachim Ritter / Karlfried Gründer, Basel / Stuttgart 1984, Sp. 41–45.

Brunner, Karl / Monissen, Hans G. / Neumann, Manfred J. M. (Hg.): Geldtheorie, Köln 1974.

Brunner, Karl / Meltzer, Allan H.: Die Verwendung von Geld. Geld in der Theorie der Tauschwirtschaft, in: Brunner, Karl / Monissen, Hans G. / Neumann, Manfred J. M. (Hg.): Geldtheorie, Köln 1974, 50–73.

Bucher, Anton von: Bairische Sinnenlust. Entwurf einer ländlichen Charfreytagsprozession, hg. v. einem Ordenspater 1782, Reprint München 1980.

Bürger, Peter: Institution Kunst als literatursoziologische Kategorie. Skizze einer Theorie des historischen Wandels der gesellschaftlichen Funktion der Literatur, in: Romanistische Zeitschrift für Literaturgeschichte 1 (1977), 50–76.

Bürger, Peter: Theorie der Avantgarde, Frankfurt a.M. ^{4}1982.

Bultmann, Rudolf: Die Geschichte der synoptischen Tradition, Göttingen ^{5}1961.

Burghardt, Anton: Soziologie des Geldes und der Inflation, Wien / Köln / Graz 1977.

Burke, Kenneth: A Grammar of Motives, New York 1962.

Claessens, Dieter / Claessens Karin: Kapitalismus als Kultur. Entstehung und Grundlage der Bürgerlichen Gesellschaft, Frankfurt a.M. 1979.

Cramer, Wolfgang: Das Absolute und das Kontingente. Untersuchungen zum Substanzbegriff, Frankfurt a.M. ^{2}1976.

Dalferth, Ingolf U.: Religiöse Rede von Gott, München 1981.

Delekat, Friedrich: Der Christ und das Geld. Eine theologisch-ökonomische Studie, München 1957.

Dehn, Günther: Engel und Obrigkeit, in: Theologische Aufsätze. Karl Barth zum 50. Geburtstag, hg. v. Ernst Wolf, München 1936, 90–109.

Dobb, Maurice: Wert- und Verteilungstheorien seit Adam Smith. Eine nationalökonomische Dogmengeschichte, Frankfurt a.M. 1977.

Ebeling, Gerhard: Das Wesen des christlichen Glaubens, Tübingen 1959.

Ehrlicher, Werner: Geld als Freiheit. Über die ordnungspolitische Funktion des Geldes, in: Kasch, Wilhelm F. (Hg.): Geld und Glaube, Paderborn u. a. 1979, 71–88.

Elert, Werner: Morphologie des Luthertums, Bd. II, Soziallehren und Sozialwirkungen des Luthertums, München ^{3}1965.

Elliot, George P.: McLuhans Lehre ist radikal, neu, fähig, Menschen zu gesellschaftlichem Handeln zu bewegen. Selbst wenn er sich irrt, geht es uns etwas an, in: Stearn, Gerald E. (Hg.): McLuhan. Für und Wider, Düsseldorf / Wien 1969, 67–77.

Fabiunke, Günter: Luther als Nationalökonom, Berlin (DDR) 1963.

Fisher, Irving: Feste Währung. Illusion und Wirklichkeit, Heidelberg ^{2}1948.

Freud, Sigmund: Charakter und Analerotik, in: Ders.: Studienausgabe, Bd. VII, Frankfurt a.M. 1978, 23–30.

Galbraith, John. K.: Friedmans Versuchskaninchen, in: Der Spiegel 34/48 (1980), 203.

Gerloff, Wilhelm: Die Entstehung des Geldes und die Anfänge des Geldwesens, Frankfurt a.M. ³1947.

Gerloff, Wilhelm: Geld und Gesellschaft. Versuch einer gesellschaftlichen Theorie des Geldes, Frankfurt a.M. 1952.

Graf, Friedrich. W.: Die Freiheit der Entsprechung zu Gott. Bemerkungen zum theoretischen Ansatz der Anthropologie Karl Barths, in: Rendtorff, Trutz (Hg.): Die Realisierung der Freiheit, Gütersloh 1975, 76–118.

Grün, Willi: Christ und Geld, Kassel 1963.

Habermas, Jürgen: Was heißt Universalpragmatik?, in: Apel, Karl-Otto (Hg.): Sprachpragmatik und Philosophie, Frankfurt a.M. 1976a, 174–272.

Habermas, Jürgen: Moralentwicklung und Ich-Identität, in: Ders.: Zur Rekonstruktion des historischen Materialismus, Frankfurt a.M. 1976b, 63–91.

Habermas, Jürgen: Handlung und System. Bemerkungen zu Parsons' Medientheorie, in: Schluchter, Wolfgang (Hg.): Verhalten, Handeln und System. Talcott Parsons' Beitrag zur Entwicklung der Sozialwissenschaften, Frankfurt a.M. 1979, 68–105.

Habermas, Jürgen: Theorie des kommunikativen Handelns, 2 Bde., Frankfurt a.M. 1981.

Haenchen, Ernst: Albrecht Ritschl als Systematiker, in: Ders.: Gott und Welt, Tübingen 1965, 409–475.

Hartmann, Klaus: Die Marxsche Theorie. Eine philosophische Untersuchung zu den Hauptschriften, Berlin 1970.

Haug, Wolfgang F.: Kritik der Warenästhetik, Frankfurt a.M. ⁷1980.

Hegel, Georg Wilhelm Friedrich: Grundlinien der Philosophie des Rechts, Hamburg ⁴1962.

Hegel, Georg Wilhelm Friedrich: Wissenschaft der Logik, hg. v. Georg Lasson, Bd. 2, Hamburg ²1963.

Hegel, Georg Wilhelm Friedrich: Berliner Schriften, in: Theorie-Werkausgabe, Bd. 11, Frankfurt a.M. 1970.

Heinemann, Klaus: Grundzüge einer Soziologie des Geldes, Stuttgart 1969.

Heinsohn, Gunnar: Privateigentum, Patriarchat, Geldwirtschaft. Eine sozialtheoretische Rekonstruktion zur Antike, Frankfurt a.M. 1984.

Heißenbüttel, Helmut: Das Medium ist die Botschaft, in: Merkur 22/11 (1968), S. 983–998 = Stearn, Gerald E. (Hg.): McLuhan. Für und Wider, Düsseldorf / Wien 1969, 293–314.

Hinz, Berthold: Zur Dialektik des bürgerlichen Autonomie-Begriffs, in: Müller, Michael et al. (Hg.): Autonomie der Kunst. Zur Genese und Kritik einer bürgerlichen Kategorie, Frankfurt a.M. 1972, 173–198.

Hölderlin, Friedrich: Über Religion, in: Sämtliche Werke, hg. v. Friedrich Beißer, Leipzig 1965, 997–1003.

Hörisch, Jochen: Identitätszwang und Tauschabstraktion. Alfred Sohn-Rethels soziogenetische Erkenntnistheorie, in: Philosophische Rundschau 25 (1978), 42–54.

Hörisch, Jochen: Gott, Geld und Glück. Zur Logik der Liebe in den Bildungsromanen Goethes, Kellers und Thomas Manns, Frankfurt a.M. 1983.

Honecker, Martin: ›Nicht Kupfer, sondern Glaube‹. Zum Ethos des Geldes, in: Zeitwende 54 (1983), 161–175.

Honecker, Martin: Art. Geld II. Historisch und ethisch, in: Theologische Realenzyklopädie, Bd. XII, hg. v. Gerhard Krause / Gerhard Müller, Berlin / New York 1984, 278–298.

Horkheimer, Max / Adorno, Theodor W.: Dialektik der Aufklärung. Philosophische Fragmente, Frankfurt a.M. 1965.

Jarchow, Hans-Joachim: Theorie und Politik des Geldes, Bd. I, Geldtheorie, Göttingen [4]1978.

Jhering, Rudolf von: Der Zweck im Recht, 2 Bde., Leipzig 1877–1883.

Josuttis, Manfred: Zwischen den Lebenden und den Toten, in: Evangelische Theologie 41 (1981), 29–45.

Jüngel, Eberhard: Zur Freiheit eines Christenmenschen. Eine Erinnerung an Luthers Schrift, München 1978.

Käsemann, Ernst: Römer 13,1–7 in unserer Generation, in: Zeitschrift für Theologie und Kirche 56 (1959), 316–376.

Käsemann, Ernst: Grundsätzliches zur Interpretation von Römer 13, in: Ders.: Exegetische Versuche und Besinnungen, Bd. 2, Göttingen [2]1965, 204–222.

Kanngießer, Siegfried: Sprachliche Universalien und diachrone Prozesse, in: Apel, Karl-Otto (Hg.): Sprachpragmatik und Philosophie, Frankfurt a.M. 1976, 273-392.

Kant, Immanuel: Kritik der reinen Vernunft, Hamburg 1956.

Kasch, Wilhelm F.: Geld und Glaube. Problemaufriß einer defizitären Beziehung, in: Ders.: Geld und Glaube, Paderborn u. a. 1979, 19–70.

Knoll, August M.: Zins und Gnade. Studien zur Soziologie der christlichen Existenz, Neuwied/Berlin 1967.

Kohlberg, Lawrence: Eine Neuinterpretation der Zusammenhänge der Moralentwicklung in der Kindheit und im Erwachsenenalter, in: Döbert, Rainer / Habermas, Jürgen / Nunner-Winkler, Gertrud (Hg.): Entwicklung des Ichs, Köln 1977, 225–252.

Kracauer, Siegfried: Die Angestellten, Frankfurt a.M. 1971.

Lanczkowski, Günter: Art. Geld I. Religionsgeschichtlich, in: Theologische Realenzyklopädie, Bd. XII, Berlin / New York 1984, 276–278.

Laum, Bernhard: Heiliges Geld. Eine historische Untersuchung über den sakralen Ursprung des Geldes, Tübingen 1924.

Lepenies, Wolf: Melancholie und Gesellschaft, Frankfurt a.M. [2]1981.

Leuenberger, Robert: Theologische Implikationen kirchlicher Ökonomie, in: Jüngel, Eberhard / Wallmann, Johannes / Werbeck, Wilfrid (Hg): Verifikationen. Festschrift für Gerhard Ebeling zum 70. Geburtstag, Tübingen 1982, 443–460.

Liebrucks, Bruno: Sprache und Bewußtsein, Bd. 1, Einleitung, Spannweite des Problems. Von den undialektischen Gebilden zur dialektischen Bewegung, Frankfurt a.M. 1964.

Liebrucks, Bruno: Über den logischen Ort des Geldes, in: Ders.: Erkenntnis und Dialektik, Den Haag 1972, 265–301.

zur Lippe, Rudolf: Bürgerliche Subjektivität: Autonomie und Selbstzerstörung, Frankfurt a.M. 1975.

Locke, John: Zwei Abhandlungen über die Regierung, hg. v. Walter Euchner, Frankfurt a.M. 1977.

Lorenzer, Alfred: Das Konzil der Buchhalter. Die Zerstörung der Sinnlichkeit. Eine Religionskritik, Frankfurt a.M. 1981.

Lotze, Hermann: Mikrokosmos. Ideen zur Naturgeschichte und Geschichte der Menschheit, 3 Bde., Leipzig [3]1976.

Luhmann, Niklas: Wirtschaft als soziales System, in: Ders.: Soziologische Aufklärung, Opladen [2]1971a, 204–231.

Luhmann, Niklas: Systemtheoretische Argumentation. Eine Entgegnung auf Jürgen Habermas, in: Habermas, Jürgen / Luhmann, Niklas: Theorie der Gesellschaft oder Sozialtechnologie - Was leistet die Systemforschung?, Frankfurt a.M. 1971b, 291–405.

Luhmann, Niklas: Knappheit, Geld und bürgerliche Gesellschaft, in: Jahrbuch für Sozialwissenschaft 23 (1972), 186–210.

Luhmann, Niklas: Einführende Bemerkungen zu einer Theorie symbolisch generalisierter Kommunikationsmedien, in: Ders.: Soziologische Aufklärung 2, Opladen 1975a, 170–192.

Luhmann, Niklas: Macht, Stuttgart 1975b.

Luhmann, Niklas: Funktion der Religion, Frankfurt a.M. 1977.

Luhmann, Niklas: Veränderungen im System gesellschaftlicher Kommunikation und Massenmedien, in: Ders.: Soziologische Aufklärung 3, Opladen 1981a, 309–320.

Luhmann, Niklas: Organisation im Wirtschaftssystem, in: Ders.: Soziologische Aufklärung 3, Opladen 1981b, 390–414.

Luhmann, Niklas: Symbiotische Mechanismen, in: Ders.: Soziologische Aufklärung 3, Opladen 1981c, 228–244.

Luhmann, Niklas: Subjektive Rechte: Zum Umbau des Rechtsbewußtseins für die moderne Gesellschaft, in: Ders.: Gesellschaftsstruktur und Semantik, Bd. 2, Frankfurt a.M. 1981d, 45–104.

Luther, Martin: Von der Freiheit eines Christenmenschen, in: Luthers Werke, hg. v. Otto Clemen, Bd. 2, Berlin [5]1959, 1–27.

Luther, Martin: Der Große Katechismus, in: Luther Deutsch. Die Werke Martin Luthers in neuer Auswahl für die Gegenwart, hg. v. Kurt Aland, Bd. 3, Der neue Glaube, Stuttgart / Göttingen [3]1961, 11–150.

Luther, Martin: Die Tischreden, Luther Deutsch. Die Werke Martin Luthers in neuer Auswahl für die Gegenwart, hg. v. Kurt Aland, Bd. 9, Stuttgart / Göttingen [4]1983.

Marquardt, Friedrich-Wilhelm: Theologie und Ökonomie bei Martin Luther, in: Entwürfe, Bd. 1, hg. v. Friedrich-Wilhelm Marquardt / Dieter Schellong / Michael Weinrich, München 1983, 176–216.

Marx, Karl: Das Kapital. Kritik der Politischen Ökonomie, Bd. 1, Berlin 1947.

Marx, Karl: Marx-Engels-Werke, Bd. 1, Berlin 1972.

Marx, Karl: Grundrisse der Kritik der Politischen Ökonomie, Frankfurt a.M. / Wien o. J. [1857/58].

Mattick, Paul: Die Zerstörung des Geldes, in: Ders. / Sohn-Rethel, Alfred / Haasis, Hellmut G. (Hg.): Beiträge zur Kritik des Geldes, Frankfurt a.M. 1976, 7–34.

Mauss, Marcel: Die Gabe. Form und Funktion des Austauschs in archaischen Gesellschaften, Frankfurt a.M. [3]1984.

May, Karl: Old Surehand, Bd. 2, Bamberg 1949.

McLuhan, Marshall: Die magischen Kanäle, Düsseldorf / Wien 1968.

Mitford, Jessica: Der Tod als Geschäft. The American Way of Death, Olten / Freiburg i.Br. 1965.

Moll, Bruno: Logik des Geldes, Berlin [4]1956.

Moltmann, Jürgen: Kirche in der Kraft des Geistes. Ein Beitrag zur messianischen Ekklesiologie, München 1975.

Müller, Rudolf W.: Geld und Geist. Zur Entstehung von Identitätsbewußtsein und Rationalität seit der Antike, Frankfurt a.M. / New York 1977.

Müller-Armack, Alfred: Religion und Wirtschaft. Geistesgeschichtliche Hintergründe unserer europäischen Lebensform, Stuttgart u. a. [2]1968.

Neuendorff, Hartmut: Der Begriff des Interesses. Eine Studie zu den Gesellschaftstheorien von Hobbes, Smith und Marx, Frankfurt a.M. 1973.

Niehans, Jürg: Theorie des Geldes. Synthese der monetären Mikro- und Makroökonomik, Bern / Stuttgart 1980.

Nietzsche, Friedrich: Zur Genealogie der Moral, in: Kritische Studienausgabe, hg. v. Giorgio Colli / Mazzino Montinari, Bd. 5, München 1980a, 245–412.

Nietzsche, Friedrich: Der Antichrist, in: Kritische Studienausgabe, hg. v. Giorgio Colli / Mazzino Montinari, Bd. 6, München 1980b, 165–253.

Parsons, Talcott: Das System moderner Gesellschaften, München [2]1976.

Parsons, Talcott: Social Systems and the Evolution of Action Theory, New York 1977.

Pasolini, Pier Paolo: Freibeuterschriften. Aufsätze und Polemiken über die Zerstörung des Einzelnen durch die Konsumgesellschaft, Berlin 1978.

Plessner, Helmuth: Über die gesellschaftlichen Bedingungen der modernen Malerei, in: Ders.: Diesseits der Utopie, Frankfurt a.M. 1974, 103–120.

Postman, Neil: Das Verschwinden der Kindheit, Frankfurt a.M. 1983.

Prokop, Dieter: Massenkultur und Spontaneität. Zur veränderten Warenform der Massenkommunikation im Spätkapitalismus, Frankfurt a.M. 1974.

Quiggin, Alison Hingston: A Survey of Primitive Money. The Beginnings of Currency, London 1949.

Recktenwald, Horst C.: Würdigung des Werkes, in: Adam Smith. Entstehung und Verteilung des Sozialprodukts, München 1974, XV–LXXIX.

Rendtorff, Trutz: Kirche und Theologie. Die systematische Funktion des Kirchenbegriffs in der neueren Theologie, Gütersloh 1966.

Rendtorff, Trutz: Radikale Autonomie Gottes, in: Ders.: Theorie des Christentums, Gütersloh 1972, 161–181.

Rendtorff, Trutz: Ethik. Grundelemente, Methodologie und Konkretionen einer ethischen Theologie, Bd. II, Stuttgart / Berlin / Köln 1981.

Rexroth, Tillman: Warenästhetik – Produkte und Produzenten. Zur Kritik einer Theorie W. F. Haugs, Kronberg/Ts 1974.

Ritschl, Albrecht: Theologie und Metaphysik. Zur Verständigung und Abwehr, Bonn [2]1887.

Ritschl, Albrecht: Die christliche Lehre von der Rechtfertigung und Versöhnung, Bd. III, Bonn [3]1888.

Ritschl, Albrecht: Die christliche Vollkommenheit, Bonn [2]1889.

Robinson, Joan / Eatwell, John: Einführung in die Volkswirtschaftslehre, Frankfurt a.M. 1980.

Röpke, Wilhelm: Die Lehre von der Wirtschaft, Erlenbach-Zürich [10]1965.

Rössler, Dietrich: Positionelle und kritische Theologie, in: Zeitschrift für Theologie und Kirche 67 (1970), 215–231.

Rössler, Dietrich: Die Vernunft der Religion, München 1976a.

Rössler, Dietrich: Religion und Theologie, in: Henke, Dieter (Hg.): Der Wirklichkeitsanspruch von Theologie und Religion, Tübingen 1976b, 199–206.

Rössler, Dietrich: Gelebte Religion als Frage an wissenschaftliche Theologie, in: Hanselmann, Johannes / Rössler, Dietrich (Hg.): Gelebte Religion. Fragen an wissenschaftliche Theologie und kirchenleitendes Handeln, München 1978, 9–27.

Rublowsky, John: Pop Art, New York 1965.

Schacht, Joachim: Die Totenmaske Gottes. Zur Kulturanthropologie des Geldes. Ein Versuch, Salzburg 1967.

Schibilsky, Michael: Alltagswelt und Sonntagskirche. Gemeindearbeit im Industriegebiet, München 1983.

Schlaffer, Hannelore: Kritik eines Klischees: »Das Kunstwerk als Ware«, in: Schlaffer, Heinz (Hg.): Erweiterung der materialistischen Literaturtheorie durch die Bestimmung ihrer Grenzen, Stuttgart 1974, 265–287.

Schleiermacher, Friedrich: Der christliche Glaube. Nach den Grundsätzen der Evangelischen Kirche im Zusammenhange dargestellt, Bd. I, Berlin [7]1960.

Schleiermacher, Friedrich: Über die Religion. Reden an die Gebildeten unter ihren Verächtern, Göttingen [6]1967.

Schleiermacher, Friedrich: Kurze Darstellung des theologischen Studiums, Darmstadt o. J. [1811].

Schlemmer, Johannes: Geld und Geltung. Zur Reform des Redens um Kirchenreform, München 1967.

Schmitt, Carl: Die Tyrannei der Werte, in: Schelz, Sepp (Hg.): Die Tyrannei der Werte, Hamburg 1979, 9–43.

Schmölders, Günter: Psychologie des Geldes, Reinbek 1966.

Schmölders, Günter: Geldpolitik, Tübingen / Zürich [2]1978.

Schröder, Heinz: Jesus und das Geld. Wirtschaftskommentar zum Neuen Testament, Karlsruhe [2]1979.

Schütte, Hans-Walter: Königsherrschaft Christi. Thesen zur Funktion einer theologisch-politischen Formel, in: Baumotte, Manfred et al. (Hg.): Kritik der politischen Theologie, München 1973, 16–28.

Schütte, Hans-Walter: Religion und Wirklichkeit. Einige Bemerkungen zur Mitteilung und Mitteilbarkeit von Religion, in: Volp, Rainer (Hg.): Chancen der Religion, Gütersloh 1975, 199–207.

Seidel, Christian: Macht und Ohnmacht der Geldwirtschaft, in: Kasch, Wilhelm F. (Hg.): Geld und Glaube, Paderborn u. a. 1979, 149–161.

Simmel, Georg: Philosophie des Geldes, Berlin [7]1977.

Simmel, Georg: Das Geld in der modernen Kultur, in: Ders.: Schriften zur Soziologie, hg. v. Heinz-Jürgen Dahme / Otthein Rammstedt, Frankfurt a.M. 1983a, 78–94.

Simmel, Georg: Zur Psychologie der Mode, in: Ders.: Schriften zur Soziologie, hg. v. Heinz-Jürgen Dahme / Otthein Rammstedt, Frankfurt a.M. 1983b, 131–139.

Smith, Adam: Der Wohlstand der Nationen, München 1978.

Sombart, Werner: Wirthschaft und Mode. Ein Beitrag zur Theorie der modernen Bedarfsgestaltung, Wiesbaden 1902.

Spengler, Oswald: Der Untergang des Abendlandes. Umrisse einer Morphologie der Weltgeschichte, München 1973.

Staats, Reinhart: Deposita pietatis – Die alte Kirche und ihr Geld, in: Zeitschrift für Theologie und Kirche 76 (1979), 1–29.

Stearn, Gerald E. (Hg.): McLuhan, Für und Wider, Düsseldorf / Wien 1969.

Stein, Jerome L.: Monetäre Wachstumstheorie im Überblick, in: Brunner, Karl / Monissen, Hans G. / Neumann, Manfred J. M. (Hg.): Geldtheorie, Köln 1974, 292–311.

Strobel, August: Zum Verständnis von Römer 13, in: Zeitschrift für Neutestamentliche Wissenschaft 47 (1956), 67–93.

Timm, Hermann: Die heilige Revolution. Das religiöse Totalitätskonzept der Frühromantik. Schleiermacher – Novalis – Friedrich Schlegel, Frankfurt a.M. 1978.

Troeltsch, Ernst: Religion und Wirtschaft, in: Deutsche Akademiereden, hg. v. Fritz Strich, München 1924, 320–341.

Turiel, Elliott: Entwicklungsprozesse des moralischen Bewußtseins des Kindes, in: Döbert, Rainer / Habermas, Jürgen / Nunner-Winkler, Gertrud (Hg.): Entwicklung des Ichs, Köln 1977, 253–269.

Uhlhorn, Gerhard: Das Christenthum und das Geld, in: Frommel, Wilhelm / Pfaff, Friedrich (Hg.): Sammlung von Vorträgen für das deutsche Volk, Heidelberg 1882, 119–157 (= Sammlung von Vorträgen VII).

Valéry, Paul: Herr Teste, Frankfurt a.M. 1965.

Veit, Otto: Reale Theorie des Geldes, Tübingen 1966.

Veit, Otto: Ansätze zu einer Philosophie des Geldes, in: Universitas 26 (1970), 507–524.

Wagner, Falk: Theologische Gleichschaltung. Zur Christologie bei Karl Barth, in: Rendtorff, Trutz (Hg.): Die Realisierung der Freiheit. Beiträge zur Kritik der Theologie Karl Barths, Gütersloh 1975a, 10–43.

Wagner, Falk: Christologie als exemplarische Theorie des Selbstbewußtseins, in: Rendtorff, Trutz (Hg.): Die Realisierung der Freiheit. Beiträge zur Kritik der Theologie Karl Barths, Gütersloh 1975b, 135–167.

Wagner, Falk: Systematisch-theologische und sozialethische Erwägungen zu Frieden und Gewalt, in: Bäumler, Christof et al. (Hg.): Friedenserziehung als Problem von Theologie und Religionspädagogik, München 1981, 53–121.

Wagner, Falk: Grundwerte als Pervertierung des Rechts, in: Behrendt, Ethel L. (Hg.): Rechtsstaat und Christentum, Bd. II: Besinnung auf Identitäten – Besinnung auf Differenzen, München 1982, 63–92.

Walker, Francis Amasa: Political Economy, London [3]1896.

Watzlawick, Paul / Beavin, Janet H. / Jackson, Don D.: Menschliche Kommunikation. Formen, Störungen, Paradoxien, Bern [2]1971.

Weber, Max: Wirtschaft und Gesellschaft. Grundriss der verstehenden Soziologie, Tübingen [5]1972.

Weber, Wilhelm: Art. Geld, in: Historisches Wörterbuch der Philosophie, Bd. 3, hg. v. Joachim Ritter, Basel / Stuttgart 1974, Sp. 224–226.

Weber, Wilhelm: Geld, Glaube, Gesellschaft, Opladen 1979.

Wehler, Hans-Ulrich: Krisenherde des Kaiserreichs 1871–1917. Studien zur deutschen Sozial- und Verfassungsgeschichte, Göttingen [2]1979.

Wendt, Siegfried: Sozialethische Probleme des Geldes in der neuzeitlichen Industriegesellschaft, in: Zeitschrift für Evangelische Ethik 3 (1959), 291–303.

Wiener, Norbert: Mensch und Menschmaschine, Frankfurt a.M. / Berlin 1958.

Wissmann, Jürgen: Pop Art und die Realität als Kunstwerk, in: Jauß, Hans R. (Hg.): Die nicht mehr schönen Künste. Grenzphänomene des Ästhetischen, München [2]1983, 507–530.

Ziegler, Jean: Die Lebenden und der Tod, Darmstadt / Neuwied 1977.

Personenregister

Bei Fragen zur Produktsicherheit wenden Sie sich bitte an:
If you have any questions regarding product safety, please contact:

Brill Deutschland GmbH
Robert-Bosch-Breite 10
37079 Göttingen
info@v-r.de